ISBN 978-1-332-77410-4
PIBN 10441349

1 MONTH OF
FREE
READING

at

www.ForgottenBooks.com

By purchasing this book you are eligible for one month membership to ForgottenBooks.com, giving you unlimited access to our entire collection of over 700,000 titles via our web site and mobile apps.

To claim your free month visit:

www.forgottenbooks.com/free441349

English
Français
Deutsche
Italiano
Español
Português

www.forgottenbooks.com

Mythology Photography **Fiction**
Fishing Christianity **Art** Cooking
Essays Buddhism Freemasonry
Medicine **Biology** Music **Ancient**
Egypt Evolution Carpentry Physics
Dance Geology **Mathematics** Fitness
Shakespeare **Folklore** Yoga Marketing
Confidence Immortality Biographies
Poetry **Psychology** Witchcraft
Electronics Chemistry History **Law**
Accounting **Philosophy** Anthropology
Alchemy Drama Quantum Mechanics
Atheism Sexual Health **Ancient History**
Entrepreneurship Languages Sport
Paleontology Needlework Islam
Metaphysics Investment Archaeology
Parenting Statistics Criminology
Motivational

A FIRST
LATIN READER

BY

H. C. NUTTING. Ph.D.

ASSISTANT PROFESSOR OF LATIN IN THE UNIVERSITY
OF CALIFORNIA

NEW YORK ·:· CINCINNATI ·:· CHICAGO

AMERICAN BOOK COMPANY

PREFACE

WITH the Primer previously published, this Reader provides for a course of study leading up to Caesar or some other author of like difficulty. Students who are to give five years or more to preparatory Latin would normally devote a year each to the Primer and the Reader; but the maturer pupils in the four-year course will cover easily in their first year the work outlined in both books.

It is hoped too, that, aside from use in this regular sequence, the Reader will be found to meet the needs of many teachers who are looking for a carefully graded text for supplementary reading or for translation at sight.

The plan for "beginning Latin" embodied in Primer and Reader differs from others most fundamentally, perhaps, in that it concentrates so definitely upon the problem of developing the student's power to read Latin; and it is quite in harmony with that general design that this second book is called a "Reader," and that in it the Latin-English exercises are massed at one point, with notes at the foot of the page.

Teachers using the Reader can best coöperate toward realizing the writer's aim if each recitation period is divided definitely into two parts, the first to be devoted, without distraction, to the business of learning to read, the other being reserved for grammatical drill and for composition work, oral or written. In this way, without loss in any essential particular, it will be found possible to bring the student along, by natural stages, to the point where he will

247517

attack a simple passage from Caesar or Nepos, not as a Chinesē puzzle by laborious effort to be tortured into something remotely resembling sense, but as a story from the reading of which some pleasure and profit is to be derived.

For the development of a system of Latin-English exercises so graded as to serve the purpose for which the Reader is made, of course no Latin author was available; and the text, therefore, is necessarily for the most part original. With the idea of stimulating interest, and to bring into play the necessary vocabulary and syntax while yet meeting halfway the many who do "not care for (foreign) war," the first hundred lessons have been made to deal almost entirely with matters of American history, the initial series (1–45) summing up briefly and chronologically the main events of the years 1492–1783, and the second group (46–100) comprising short anecdotes assembled without regard for chronological sequence. Next follow two narratives from Caesar simplified (101–125), and the concluding series (126–140) is made up of selections from the original text of Caesar, Nepos, Suetonius, Sallust, and Cicero. This final group, of course, is not a part of the gradatim plan, but was added that the student might have the satisfaction of reading some "real Latin." The passage from Suetonius (131), chiefly because of its large vocabulary, will probably be found too difficult for most pupils; if so, the intrinsic interest of the passage may make it seem worth the teacher's while to undertake a translation for the class.

With a view to discouraging the habit of constant recourse to the general vocabulary, a series of lesson preparations has been provided in the form of a word list showing the important new words in each successive exercise: moreover, with the exception of proper names and

numerals, all words which are used in but a single lesson
are defined in the footnotes on that exercise.   For teachers who are using the Reader as a text for sight reading,
the cross references of the notes may prove helpful as pro-
viding a means of locating familiar material with which
to elucidate the lesson of the day.

In preparing the Latin text, I have derived some help
from the handbooks in common use, but my main reliance
has been Merguet's "Lexikon zu den Schriften Cāsars."
I would also acknowledge gratefully the generous help of
my colleague, Dr. M. E. Deutsch, who has read a large
part of the text and given me the benefit of several valuable
suggestions.

H. C. N.

BERKELEY, CALIFORNIA.

TABLE OF CONTENTS

LATIN–ENGLISH EXERCISES

EARLY AMERICAN HISTORY

Tales of Land and Sea

Stories from Caesar Retold

THE WINTER OF 54-53 B.C.

AN AFRICAN CAMPAIGN

SELECTED PASSAGES FROM LATIN PROSE AUTHORS

LIST OF MAPS

NĀVIS

The above illustration is taken from a Pompeian wall painting. It is interesting particularly as showing the rather primitive steering-gear used by the Romans even for heavy ships of war. In large vessels two helmsmen worked together, each controlling a single sweep. On small boats one man attended to the steering, using either one oar or two, according to the construction of the craft.

LATIN-ENGLISH EXERCISES

EARLY AMERICAN HISTORY

LESSON 1

Christopher Columbus

Quōdam in oppidō Ītaliae ōlim nātus est puer, quī
Columbus appellābātur. Diū in patris officīnā labōrāvit.
Sed prope erat mare, puerque saepe ad lītus ībat, ut vidēret nāvēs, quae ē portū ad terrās exībant dīversās. In
5 nāvibus erant hominēs multī, et Columbus mare ipse trānsīre saepe voluit; tum autem pecūniam nūllam habēbat.
Sed posteā, cum iam iuvenis esset, usque ad Britanniam
et Āfricam nāvigāvit.

Illīs temporibus nautae timēbant mare Atlanticum, cur-
10 sumque prope lītus tenēbant. Interdum autem secundum
Āfricae ōram longē nāvigātum erat, quod Henrīcus, rēx
Lūsitāniae, invenīre viam volēbat, quā nāvēs circum Āfricam prōgressae, ad Asiam pervenīre possent.

Line 2. **officīnā**: officīna, -ae,
F., *workshop*.

7. **usque ad**: *all the way to*,
lit. *even to*.

9. **illīs temporibus**: *in those
days*.

10. **interdum**: not interim.

11. **ōram**: *i.e.* lītus (ōra, -ae,
F.). — **nāvigātum erat**: *people had
sailed*, lit. *it had been sailed* (impersonal passive).

12. **quā**: *by which*; antecedent, viam.

13. **possent**: *could*; subjunctive in a relative clause of purpose.
In translating the verb **possum**,
some other rendering than "be
able " should often be chosen.

Quīdam tum crēdēbant terram esse rotundam, Colum-
busque etiam spērāre coeperat sē trānsīre mare Atlanticum
posse, et ita ad Asiam pervenīre; nēmō enim intellegēbat
terram tam magnam esse, nec Columbus ipse suspicātus
5 est Americam interpōnı.

LESSON 2

Christopher Columbus (Continued)

Interim Henrīcus rex mortuus erat. Columbus tamen
in Lūsitanıam profectus est, ut rēgī tum ibi regnum obtinentī consilium suum aperīret; sed pecūniam, quam petē-
bat, dare nōlēbat rex. Ex Lūsitāniā igitur in Hispanıam
10 iter fēcit Columbus; ubi rex Ferdinandus Isabellaque bellum cum Maurīs gerēbant, nec quisquam advenam libenter
audiēbat. Itaque ille, ubi cognōvit regem et regınam nōlle
ea facere quae spērāverat, ad Galliam versus profectus est;
cum autem montēs trānsīret, nūntius est consecūtus, quī
15 dixit velle iam Isabellam parāre nāvēs pecūniamque dare.
Quā rē audītā, Columbus laetus rediit, nautāsque validōs
quaerere coepit; sed paene omnēs, perīculum veritī, cum
eo navıgare nōlēbant.
Postrēmō autem ē portū exiit tribus cum navıbus parvīs,
20 quae Pinta, Nīna, Santaque Marīa appellābantur; cumque

1. **quīdam**: masc. pl., used as
a noun. — **rotundam**: rotundus, -a,
-um, *round*, or *spherical*.
4. **nec**: *and . . . not*.
5. **interpōnī**: lit. *to lie between*.
7. **obtinentī**:   pres.   part.
modifying rēgī.
10. **ubi**: *(but) there*.
11. **nec quisquam**: *and nobody*.

12. **ubi**: temporal conjunction.
13. **ea**: (neut. pl.) *the things*.
15. **velle**: *was willing*.
16. **laetus**: *gladly*, or *with joy*.
A Latin adj. is often best translated by an adverb or a phrasę.
17. **veritī**: perf. part. of **vereor**;
to be translated as a present,
the Latin use being somewhat
inexact.

paucos diēs nāvigāsset, ad īnsulās quāsdam pervenit, in quibus inveniuntur plurimae aves, quarum cantus est pulcherrimus. Tum per ignotum mare fortiter progressus est.

LESSON 3

Christopher Columbus (Continued)

Cum multa mīlia passuum Columbus navigasset neque
5 terram vīdisset ūllam, nautae vehementer timere coeperunt, quod multa audīverant dē nāvibus, quae longe per mare Atlanticum progressae domum numquam postea redierant; in Hispāniam igitur statim redīre volēbant, dux tamen nōluit. Quare illī prīmo habuērunt in animō Co-
10 lumbum etiam in mare iacere; postrēmō autem corum animī īrātī a duce mītigātī sunt.

Olim nauta quīdam credēbat sē terram videre, et omnes gaudēbant; nūbem autem vīderat ille, non terram. Sed paucīs post diēbus ramum invenerunt et bacas in marī
15 natantēs, ac Columbus sēnsit se iam terrae appropinquare. Mox noctū ignem quoque in lītore vīdērunt, ac mane ad īnsulam pervenerunt parvam, ubi laetī in harenam egressī paucōs diēs morātī sunt.

Inde profectus, Columbus alias quoque īnsulās adiit, in
20 quibus erat ea, quae Cūba appellātur. Gazās tamen invenīre non potuit, quās quaerebat. Putābat enim se iam ad

1. nāvigāsset: *i.e.* nāvigāvisset.

2. plūrimae: see multus.

4. neque: cf. nec, p. 2, l. 4.

6. multa: *many (stories)*.

11. mītigātī sunt: *were calmed* (mītigō, 1).

13. nūbem: nūbēs, -is, F., *cloud*.

14. paucīs post diēbus: *a few days later*, lit. *afterward by a few days* (abl. of degree of difference).

15. natantēs: pres. part. of natō. — iam: *at length*.

21. potuit: see the note on possent, p. 1, l. 13.

Asiam pervenisse; quārē incolās eārum īnsularum, quas adierat, Indos appellāvit.

LESSON 4

Christopher Columbus (Concluded)

Indī Columbum amābant; isque, cum ad Hispaniam rediturus esset, in īnsula quādam colōniam parvam relīquit. 5 Colōnī tamen iniurias mox Indīs fecerunt ac brevī ad unum ab eīs interfectī sunt.

Interim Columbus ipse domum properabat; subitō autem, cum laetus per mare navigaret, tempestāte maxima coortā, nāvēs fluctibus paene complētae sunt. Tum ille scrīpsit 10 litterās, quas in dōlia conditas in mare iecit; crēdēbat enim nūllam iam esse spem, putābatque dōlia posse ad lītus ventīs ferrī, cīvesque suos ita certiores fierī dē eīs īnsulīs, quas ipse invenerat. Sed maris violentiam naves sustinuerunt, et Columbus in Hispāniam incolumis pervenit, ubi rex et 15 regīna eius rēbus gestīs gaudēbant, eumque fecerunt īnsulārum praefectum.

Posteā ad Americam Columbus semel atque iterum navigāvit. Rem autem haud fēlīciter gessit, inopsque postrēmō mortuus est. Etiam tum terrās, quās invēnerat, 20 Asiae partem esse credēbat.

3. reditūrus esset: *was about to return.*

5. brevī: *i.e.* mox. — ad ūnum: *to a man.*

8. laetus: cf. p. 2, l. 16.

10. dōlia: dōlium, -ī, N., *cask.* — conditās: freely, *he placed . . . (and)*; lit. what?

12. certiōrēs fierī: *be informed,* or *learn,* lit. *be made more certain.* Supply posse with this clause.

13. violentiam: violentia, -ae, F., *force.*

14. incolumis: for rendering, cf. laetus, l. 8. — ubi: *there.*

15. eius rēbus gestīs: *in his exploits.*

16. praefectum: cf. the predicate accusative (Indōs) with appellāvit, l. 2.

18. inops (-opis, adj.): *in poverty.*

The Cabots

Interim vir quīdam, nomine Cabot, ā Britanniā cum nave
parva nautīsque paucīs profectus est atque ad Americam
pervenit.   Quı̄ non sōlum īnsulās adiit, sed etiam eam terram, quae nunc Canada appellātur.   Posteā īdem cum fīliō
5 ad Americam iterum nāvigāvit, ac multa mīlia passuum
secundum lītus progressus, Indōs vīdit multōs.   Interim
nautae prope īnsulās quāsdam morabantur, ut piscīs caperent.   Quī, cum domum incolumes redīssent, amīcīs suīs
multa narrāverunt dē rēbus mīrīs, quas vīderant; quīn
10 etiam dīxerunt se ursas vīdisse in mare prōgredientēs, ut
piscīs raperent.

Cabot fīlius postea omnīs in partēs navıgavıt, ac diū
cōnātus est viam invenīre, qua cırcum Eurōpam navıgare
atque ita ad Asiam pervenīre posset; eam tamen viam
15 numquam invēnit, neque nunc nōta est.   Olim, cum iam
esset senex neque ipse diūtius navigare posset, dōna magna
dīcitur dedisse nautīs quibusdam, quos forte cognoverat
parva in nave ad terras īgnōtas profecturos esse; adeō
navıs nautāsque semper amāvit.

1. ā : *from.*

3. quī : *he.* — eam : *the.*

8. quī, cum : (*and*) *when they.*
— incolumēs : cf. p. 4, l. 14.

9. multa : cf. ea, p. 2, l. 13, and
multa, p. 3, l. 6.   This noun use
of the neuter of adjectives and
pronouns is exceedingly frequent
in Latin.   The English rendering
varies with the context.

10. ursās : ursa, -ae, F., *bear.*

12. fīlius : *the younger.*

13. quā : abl. of way by which;
cf. quā, p. 1, l. 12.

15. neque : cf. nec, p. 2, l. 4.

16. diūtius : (*any*) *longer.*

17. dīcitur : lit. *he is said.*
This personal passive construction is common in the present,
imperfect, and future tenses of
verbs of saying, thinking, and the
like.

18. profectūrōs esse : cf. rediturus esset, p. 4, l. 3.

LESSON 6

Captain John Smith

Quod colonī, quī ex Hispāniā in Americam dēductī erant, aurum multum et argentum ibi inveniēbant, Britannī quoque colōnos quosdam mīserunt, quī castra ponerent ea in terrā, quae Virginia appellātur. Quos colōnos Indī mox
5 adortī sunt, sagittīsque occīdērunt paucos; castra tamen prope rīpam posita erant, ac nautae e nāvibus tēla plūrima inmīserunt in hostēs, quī sē celeriter in silvas recipere coāctī sunt.

Brevī autem erat perīculum etiam maius; nam paene
10 omnis consumptus est cibus, quem colonī a Britanniā nāvibus vexerant. Statim igitur eorum dux, nomine Faber, vir fortis, cum scaphā paucīsque mīlitibus adverso flūmine longe progressus est, ut frūmentum quaereret, quod incolae libenter dabant pro nūgīs quās colōnī secum ferēbant.
15 Posteā dux īdem, cum iterum profectus esset ut invenīret viam, qua ad Asiam naves pervenīre possent (omnes enim iam intellegēbant Americam non esse Asiae partem), fortiter pugnans ab Indīs captus est.

LESSON 7

Captain John Smith (Continued)

Postremo tamen in colōniam incolumis reductus, Faber
20 postea per lītora omnia iter fēcit; spērābat enim semper

---

3. pōnerent: cf. the note on possent, p. 1, l. 13.—eā: modifier of terrā: for translation, cf. eam, p. 5, l. 3.

4. quōs: these (adj.).

10. nāvibus: freely, in their ships; strictly, abl. of means.

12. adverso flūmine: up stream; lit. what?

14. nūgīs: nūgae, -ārum, F., trifles.

16. omnēs: everybody; cf. the note on quīdam, p. 2, l. 1. The noun use of the masc. pl. is very frequent.

se flūmen esse inventūrum, quo Americam trānsīre et ita
ad Asiam pervenīre posset. In itineribus et dux et mīlites
noctū saepe frīgora maxima ferre cōgēbantur; tum, remōtō
ignī et haud procul collocātō, humı ıacere solēbant eōdem
5 locō, ubi ignis modo fuerat. Interdum aquam dulcem non
habēbant, eorumque panıs fluctibus corruptus est.

Olim in eos, cum prope lītus quoddam navıgarent, ab
incolīs sagittae subito ex arboribus missae sunt; mīlitēs
tamen, cum posteā in lītore eōsdem Indōs corbulās manibus
10 tenentēs vīdissent, incolās velle frūmentum sibi dare crēdidērunt. Dux autem, īnsidiās veritus, mīlitēs iussit hostēs
prius sono armorum terrerę; tum, cum Indī perterritī in
silvās fūgissent, colōnī ad lītus venērunt, et in harenā dōna
posuerunt multa. Quae cum Indī ınvenissent, gaudēbant,
15 ac colōnīs iam factī amīcī, frumentum eīs libenter dedērunt.

LESSON 8

Captain John Smith (Continued)

Dum haec fīunt, Indī, quī prope colōniam habitābant,
colōnōrum copıas saepe rapiēbant; quīn etiam interdum

1. esse **inventūrum**: *would
find.*—quō: cf. quā, p. 1, l. 12.

2. et . . . et: *both . . and.*

3. maxima: for the various
renderings of magnus, see the
Vocab. —tum: *at such times.*—
remōtō: removeō, 2, -mōvī, -mōtus,
move.

4. humī: *on the ground;* locative case.—eōdem locō: the prepositions in and ex are often lacking
with locō and locīs.

5. interdum: cf. p. 1, l. 10.—
dulcem: dulcis, -is, -e, *fresh.*

6. pānis (-is, M.): *bread.*—

corruptus est: corrumpō, 3, -rūpī,
-ruptus, *spoil.*

9. corbulās: corbula, -ae, F.,
basket. —manibus: for syntax, cf.
nāvibus, p. 6, l. 10.

14. quae: *these* (noun).

15. factī amīcī: freely, *becoming
friendly* (factī from fīō). English
often uses a pres. part. where the
perfect would be more exact.

16. haec: *these things.*—fīunt:
in connection with dum, the pres.
indic. is rendered as an imperfect.

17. rapiēbant: *would steal;* a
common meaning of the impf. indic.

arma quoque e colōniā rapta sunt, dōnec unus ex Indīs, quī
ea tractāre nesciēbat, ita ipse paene se ınterfēcit.
Postremo e Britanniā vēnērunt colōnī novī, quī Fabrō,
dē quō suprā dīxī, amīcī non erant. A quibus domum redīre
5 coactus, numquam posteā ille ad Virginiam revenit. Sed
per mare Atlanticum saepe navigāvit, atque ōlim pervenit
usque ad terram, quae nunc Britannia Nova appellātur.
Ibi nautae, locō idōneō complurıs diēs morātī, pisces ce-
pērunt multōs, quos sale condītōs posteā in Britanniam
10 reportāvērunt. Interim dux parva in scaphā multa mīlia
passuum secundum lītus progressus, frūmentuṁ pellesque
ab incolīs emēbat.
Quī, cum dēmum in Britannıam redīre vellet, Indōs complūrīs in naves accepit ac secum domum redūxit. Quō ubi
15 est perventum omnesque iam ē nāvibus egressī sunt, unus
e praepositīs Indōs paucōs sē sequī nāvemque iterum conscendere iussit; tum clam ad Hispanıam cum captīvīs
miserīs profectus est. Ibi autem cum Indōs vendere cona-
rētur, sacerdōtēs quīdam, quī dē eius consilio certiōrēs factī
20 erant, ad navem statim properāvērunt; a quibus captīvī
servātī sunt.

1. **ex**: *of.*
2. **tractāre**: (*how*) *to handle.*
—**ipse** . . . **sē**: freely, *his own self.*
4. **domum**: *i.e.* to England.
5. **revēnit**: the prefix re- often
means " back "; cf. **reportāvērunt**
(l. 10), **redūxit** (l. 14), and re(d)-
īre (l. 4).
7. **usque ad**: *as far as.*
8. **locō**: cf. the note on p. 7, l. 4.
9. **sāle condītōs**: *salted down*
(condiō, 4, *season*; sāl, sālis, m.,
salt) ; condītōs modifies quōs.
11. **pellēs**: pellis, -is, f., *skin,*
or *pelt.*

13. **quī, cum**: *when* . . . *he.*
—**vellet**: *was ready;* for other
meanings of the word see the
Vocab.
14. **in nāvēs accēpit**: translate
freely. — **sēcum**: *i.e.* sē + cum. —
quō: *there;* lit. *whither.*
15. **est perventum**: cf. the impersonal passive on p. 1, l. 11,
and translate according to the context here. — **omnēs**: cf. p. 6, l. 16.
16. **praepositīs**: praepositus, -ī,
m., *officer.*
19. **certiōrēs factī erant**: cf.
p. 4, l. 12.

SACERDŌS

Above is shown the statue of a Vestal Virgin found at Rome in the ruins of the Temple of Vesta, a goddess upon whose altar a pure bright fire was always kept burning, and whose public worship was in the hands of virgin priestesses chosen in childhood for a term of thirty years' service. The Vestal Virgins were held in the highest honor, even the consuls yielding them precedence when they appeared in public; and a condemned criminal was saved, if he were but fortunate enough to meet some of them as he was being led away to execution.

LESSON 9

Captain John Smith (Concluded)

Faber interim coloniam in Britanniam Novam dēducere parābat, brevīque cum mīlitibus ac nautīs sēdecim ad Americam versus profectus est. Cum autem mare trānsīret, subitō tempestās magna est coorta, ac naves fluctibus paene 5 frāctae sunt; quārē domum redīre coāctus est.

Sed paulō post cum una nave parvā iterum profectus, multōs diēs ad Americam versus fēlīciter nāvigāvit. Tum, pīrātīs procul vīsīs, frūstrā effugere conātus est. Pīrātae tamen inventī sunt mīlitēs esse, quos ipse ōlim in Europa 10 duxerat; quī igitur ducem suum veterem volēbant sēcum navigare, is autem ad Americam cursum tenere māluit. Sed paucīs post diēbus Gallī quīdam, quī per maria omnia praedam quaerēbant, eius navem ceperunt, ipsumque suam navem longam coēgērunt cōnscendere. Ibi cum morārētur, eius 15 nautae, quī domum redīre iam diū volēbant, clam dedērunt vēla, incolumesque in Britanniam pervenērunt. Ubi tamen poenas posteā dedērunt cum dēmum redīsset Faber, quī cum Gallīs diū nāvigāre coāctus erat. Numquam posteā ille colōniam dēdūcere conātus est.

2. ad . . . versus: *for;* cf. p. 2, l. 13.

6. paulō post: *a little later,* lit. *afterward by a little;* cf. paucīs post diēbus, p. 3, l. 14. — profectus: cf. the note on factī, p. 7, l. 15.

9. inventī sunt . . . esse: *i.e. proved to be;* lit. what ? — Eurōpā : note the case.

14. morārētur: *was detained.*

15. iam diū: in connection with such adverbial words and phrases as iam, iam diū, etc., an imperf. has almost the force of a pluperf. — dedērunt vēla: sc. ventīs, *i.e. set sail.*

16. incolumēs: cf. p. 4, l. 14. — ubi: see the note on p. 4, l. 14.

LESSON 10

Pocahontas

Prope coloniam, quam Britannī in Virginiam dēduxerant, habitābat quīdam rex Indus, cui erat fīlia pulchra. Puella, quae Pōcahonta appellābātur, colonos amavit, ōlimque servaverat eum ducem, dē quō supra multa dīxī; nam trā-
5 ditum est, cum ille ab Indīs captus esset, hostesque eum interficere vellent, regis fīliam suum corpus interposuisse. Id tamen multī credunt numquam esse factum, Fabrumque posteā mentītum esse. Sed frūmento certē et carne Pōcabonta colonos saepe iuvit, et quondam ad oppidum nūntium
10 mīsit, cum hostēs oppidanos occīdere parārent.

Interdum colōnī, quorum copiae semper parvae erant, fame paene perierunt; quīn etiam ōlim, quamquam libenter equos quoque edēbant, homines multī mortuī sunt. Tum, impetum Indōrum timentēs, oppidānī ipsam rapuerunt
15 Pōcahontam mensesque multos prō obside tenuērunt, ut pater, fīlia capta, amīcus esse cōgerētur. Puellam, dum in oppidō morātur, unus ex colōnīs amare coepit. Quī, cum eam in mātrimonium dūxisset, ad Britanniam cum uxore est profectus; ubi paulō post Pōcahonta mortua est.

2. **cui erat**: freely, *who had;* lit. *what?*

4. **multa**: *much;* cf. **multa**, p. 5, l. 9. — **trāditum est**: *it is related* (**trādō** is short for **trānsdō**, lit. *hand over, pass along*).

6. **suum**: emphatic position, *her own.* When a possessive adj. is employed for clearness merely, it is apt to follow the modified noun; when it precedes the noun, it is often best rendered as **suum** here.

7. **id**: *i.e.* the incident. — **multī**: cf. the note on **quīdam**, p. 2, l. 1.

15. **prō**: *as.*

17. **morātur**: for the force of the tense, see the note on **fīunt**, p. 7, l. 16.

LESSON 11

Henry Hudson

Hōc ferē tempore Batāvī, quī volēbant viam invenīre, qua circum Europam ad Asiam navigarī posset, paravērunt navem, cui erat nōmen Luna Dīmidia, et Hudsōnem, virum Britannicum, ducem fēcērunt.

5 Ille prīmō circum Eurōpam navigare frūstrā cōnātus, ad Americam deinde profectus est, quod ibi audīverat esse freta, quibus naves in Asiam trānsīre possent. Quō ubi perventum est, multa mīlia passuum secundum lītus navigavit; cumque loca multa explorasset, postrēmō pervenit ad īnsu-10lam, ubi nunc est oppidum, quod Eboracum Novum appellātur. Hīc Indī subitō adortī sunt nautās, quī cum scaphīs portum explōrābant, sagīttīsque hominem interfecerunt unum.

Quō factō, dux duōs Indōs rapuit navemque conscendere 15coēgit. Tum īnsulā relictā, adversō flūmine profectus est; cum autem haud longe navigasset, captīvī ē nāvī sē iēcērunt in aquam, et nandō ad rīpam incolumes pervenerunt. Interim navis lēniter progrediēbātur, moxque in conspectū erant montēs, quorum incolae frumentum copiasque alias 20nautīs libenter vēndidērunt.

1. hōc . . . tempore : for syntax, cf. illīs temporibus, p. 1, l. 9.
2. nāvigārī posset : lit. *it could be sailed;* cf. the impersonal passive nāvigātum erat, p. 1, l. 11.
3. Dīmidia : *Half* (dīmidius, -a, -um).
7. quō : cf. p. 8, l. 14.

9. cum explōrāsset : *having explored.* For the form of the verb, cf. nāvigāsset, p. 3, l. 1.
14. quō : *this* (noun).
15. adversō flūmine : cf. p. 6, l. 12.
17. nandō : gerund, *by swimming;* the phrase nandō . . . pervēnerunt may be rendered freely " swam."

LESSON 12

Henry Hudson (*Continued*)

Cum inde diēs paucōs flūmine adverso **navigatum** esse,
dux ipse e navī in rīpam egressus incolās convēnit, quī
libenter sagittās suas frēgerunt omnīs, ut advenae intellegerent se esse amīcos. Ibi haud diu morātus, Hudsō
5 iterum lēniter progressus est; sed postrēmo flūmen ınvenit
angustius fierī, ac sēnsit sē hāc ad Asiam pervenīre non posse.
Itaque ad mare rediit, brevīque domum profectus est.

Paucīs post mēnsibus Batāvī naves aliās et homınes
mıserunt, quī cum Indīs negōtiārentur; ac postero anno dux
10 idem, cum ā Britanniā ad Americam iterum profectus esset,
mare maximum sub septentriōnibus ınvenit, quod nunc eius
nomıne appellātur. Ibi menses multōs hiemare coāctus est.
Tum dēmum, cum cibus iam omnis consumptus esset, nautae
scelerātī, duce in scaphā relictō, in altum vela dedērunt.
15 Hudsōnem nemō posteā vīdit; sed nautae, paucīs āmissīs,
incolumēs domum pervenerunt:— quamquam prīmō fame
omnes paene perierant; paucīs enim avibus exceptīs, nōn
habēbant quod essent, donec in conspectum vēnit navis,
cuius magister eos frūmentō aliīsque rēbus iuvāre potuit.

LESSON 13

Colonization in New England

Paucīs post annīs Britannī complures, quī apud Batavos diū habitaverant, in Americam cum līberīs atque uxōribus emigrare cōnstituerunt. Quī, cum pervenissent ad lītus eius terrae, quae nunc Britannia Nova appellātur, impetum
5 Indōrum veritī, lēgātum, nomine Standisium, cum mīlitibus paucīs mīserunt, quī loca undique explorāret. Illī igitur multa mīlia passuum secundum lītus progressī sunt, cum nāvigārent interdiu, noctēsque autem in lītore agerent.
10 Prīmo terrae incolās raro vīdērunt; ōlim tamen, cum mane proficīscī pararent ūnusque ex mīlitibus omnium arma in scaphā iam collocāvisset, Indī subito e silva magnō clāmōre ērūpērunt, sagittīsque vulneraverunt paucos. Sed mīlitēs statim ad scapham cucurrerunt, ut arma caperent,
15 hostēsque celeriter fugere coactī sunt.

Postrēmō ad portum tūtum perventum est, ubi tribus ante annīs multī habitaverant Indī; quī iam ad unum morbō perierant. Quā dē rē certiōrēs factī, colōnī reliquī quoque ad eum locum venērunt, ibique e navī in lītus egressī, dīs
20 egerunt grātias castraque posuerunt. Est in lītore etiam nunc saxum, quod Americanī semper coluērunt colentque

2. **līberīs atque uxōribus**: sc. suīs.

3. **quī, cum**: cf. p. 5, l. 8.

6. **explōrāret**: note the mood.

8. **cum nāvigārent**: translate by a participial phrase.

10. **rārō**: adv., *seldom*.

11. **omnium**: used as a masc. noun, modifier of **arma**.

14. **ut arma caperent**: *i.e. to arm themselves.*

17. **ad ūnum**: *utterly*; cf. p. 4. l. 5.

18. **quā dē rē**: *i.e. dē hāc rē.*

19. **dīs**: from **deus**.

21. **coluērunt**: colō, 3, coluī, cultus, *venerate.*

IŪNŌ, RĒGĪNA DEŌRUM

The chief deities worshiped by the Romans were twelve in number: namely, Jupiter, Neptune, Vulcan, Mars, Mercury, Apollo, Juno, Minerva, Vesta, Ceres, Venus, and Diana. Besides these, many minor divinities were recognized.

semper, quod hīc dēmum e nāvī egressī sunt Britannī illī, qui postea maiores peregrīnantēs appellātī sunt.

LESSON 14

A Soldier's Courtship

Hieme proxima morhō aut fame colōnī complūres perie-runt, quorum in numero erat Standisī quoque uxor. Ille,
5 uxore mortuā, in mātrimonium volēbat ducere quandam puellam pulchram, cui erat nomen Prissilla; sed, cum se sentīret mīlitem asperum esse, rem ipse tractāre nōluit, iuvenemque quendam mīsit, quī puellae patrem convenīret.

Iuvenis, quī forte ipse quoque Prissillam amare coeperat,
10 amīcō tamen deesse nōlēbat. Quare maestus profectus est, lēniterque per lītus ad puellae domum versus ambulāvit. Quō cum pervenisset resque esset prōposita, pater statim se non nōlle dīxit. Cum autem iuvenis cum Prissilla ipsa dē virtūte lēgātī eiusque rēbus gestīs loquerētur, illa diū
15 tacitā audīvit, tum rīdēns: "Nōnne prō tē," inquit, "dic-tūrus es?" Qua voce ille vehementer commōtus domum ad lēgātum rediit. Quī prīmo amīcum verbīs acerbīs

1. quod: conjunction.
2. maiōrēs: as noun, *Fathers.*
— peregrīnantēs: *Pilgrim* (pere-grīnor, 1, *travel abroad*).
4. quōrum in numerō : *i.e. among whom.* — Standisī : fīlius and proper names in -ius and -ium have regularly this short form of the gen.; so also some common nouns in -ium. Accent, **Standísī.**
6. cum: causal conjunction; cf., however, the note on p. 14, l. 8.
10. maestus: cf. the rendering of **laetus,** p. 2, l. 16.

11. domum : *residence ;* with domum in this meaning, the preposition cannot be omitted (as in l. 16).
12. quō: cf. the note on p. 8, l. 14. — rēs: *(his) errand.*
13. nōn : with nōlle. — cum Pris-sillā: we would say "*to* Pris-cilla."
14. eius: *i.e.* of Standish. — rē-bus gestīs: cf. p. 4, l. 15.
15. nōnne : *i.e.* nōn + ne. — dictūrus es: *going to speak ;* cf. reditūrus esset, p. 4, l. 3.

accēpit, postrēmo tamen sēnsit nōn illīns culpā rem ita ce-
cidisse. Itaque paucīs post mensibus a ıuvene Prissilla in
mātrimonıum ducta est, Standisius autem sibi uxorem aliam
sumpsit.

LESSON 15

Unrest among the Indians

5 Indī, quī prope colōniam habitābant, paene omnes inimīcī
erant, sed vehementer timēbant lēgātum Standisium, dē quo
supra dīxī; nam is, dux fortissimus, libentissimē bellum
semper gessit, neque umquam perīculum ūllum recusavit.
Quī tamen non erat crūdēlis; ōlim enim, cum ad oppidum
10 Indōrum ınımıcorum profectus esset hostēsque vīcisset,
trēs Indos vulnerātōs domum secum redūxit, ut eōrum
vulnera ibi çūrārentur.

Hōc ferē tempore colōnī alii, ā Britanniā profectī, haud
procul condidērunt oppidum alterum. Tum dēmum Indī
15 vehementer commotī, conciliō convocātō, oppida ambo ın-
cendere colōnosque ipsōs interficere constituērunt; sed rēx,
quīdam, quī colōnōs amābat, ad Standisium properavit,
eumque dē hostium cōnsilıo certiōrem fēcit. Perīculo cōgnitō,
lēgātus statim cum mīlitibus paucīs ad alterum oppidum
20 profectus est. Ibi Indī, cum vīdissent mīlites esse paucos,
arbitrātī sē facile Standisium terrere posse, eī ostendērunt

1. illīus culpā: *through (any)*
fault of his, *i.e.* of the iuvenis
(culpa, -ae, F.). — rem: *the affair.*
8. neque umquam: *and . . .
never;* cf. the rendering of nec
quisquam, p 2, l. 11. In translation, nec (neque) should always,
if possible, be resolved thus into
connective and negative.

15. conciliō: contrast cōnsiliō,
l. 18.
18. perīculo cōgnitō: freely, *having learned of the danger.* A literal
rendering of cōgnitus in the abl.
absol. construction would ofteñ be
awkward.
21. arbitrātī: cf. the use of
veritī, p. 2, l. 17.

sīcas, ac verborum quoque contumēliās adiunxērunt.   Sed
paucīs post diēbus, cum quīdam Pecsuot cum lēgātō loquerētur, is, sīgnō mīlitibus datō, Pecsuotis sīcam subitō rapuit,
eaque ipsum interfēcit ; simul mīlites, comitēs Pecsuotis
5 adortī, eos omnes occīdērunt.   Quō factō, Indī reliquī
perterritī fūgerunt, nec diūtius de caede colōnōrum cōgitābant ūllī.

LESSON 16

Old Friends become Enemies

Eī rēgī, a quo colōnī dē suō perīculō consiliīsque Indorum
certiōrēs factī sunt, duo erant fīliī, quī quoque colōnīs diu
10 amīcī erant.   Patre autem mortuō, iuvenes suspicarī coeperunt bene emisse colōnōs, quibus silvās Indī vēndiderant ;
tum novam religionem cīves suos amplectī haud libenter
vīdērunt : itaque mox dē bello cogitābant.

Quod ubi cognitum est, ē colōniā mīlitēs missī sunt, quī
15 frātrem maiorem, nōmine Alexandrum, pro obside in oppidum secum redūcerent.   Ille autem ibi morbō affectus est
gravī ; cumque posteā domum redīsset, apud suos brevī
mortuus est.   Quō factō, Alexandrum veneno periisse arbitrātī, Indī sīcās securesque suas acuere statim coeperunt.

1. **verbōrum** . . **contumēliās** :
i.e. insulting words ; lit. what?
—**adiunxērunt** : adiungō, 3, -iūnxī,
-iūnctus, *add.*
2. **quīdam** : *a certain.*
3. **is** : *i.e.* Standish.
4. **eā** : note the case.—**ipsum** :
him. The intensive pronoun
points a contrast between Pecsuot
and his companions (**comitēs**).
5. **quō** : cf. p. 12, l. 14.
6. **nec diūtius** : *and no longer ;*
cf. the note on p. 17, l. 8.—**caede** :
a massacre.

10. **patre** . . . **mortuō** : translate
by a clause introduced by " when "
or " after."
11. **bene ēmisse** : *i.e. had made
a good bargain* ; lit. what?
12. **tum** : *furthermore.* — **cīvēs
suōs** : subject of the infin.
13. **cōgitābant** : note the tense.
14. **quod** : cf. quō, l. 5.
17. **gravī** : modifying **morbō.**
— **suōs** : as noun, *his own people.*
19. **acuere** : acuō, 3, acuī, acū-
tus, *sharpen.*   This proceeding,
of course, portended war.

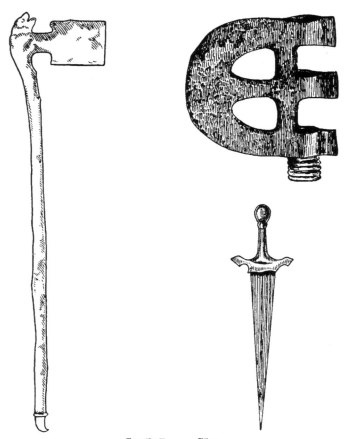

SECŪRĒS ET SĪCA

Two ancient battle-axes are shown above, one complete, the other lacking a handle. The dagger was found in a tomb in Etruria.

Tum dēmum oppidānī alterum frātrem, quī Philippus appellābātur, ad colōniam dēdūxērunt, eumque coegerunt arma omnia trādere, quae ipse comitēsque ferēbant; nec vērō dīmīsērunt hominem, dōnec pollicitus est se reliqua 5 quoque arma trāditūrum, quae domī Indī habēbant.

LESSON 17

The Outbreak of King Philip's War

Philippus, quī patre et frātre mortuīs iam ipse rex erat, īrātus domum profectus, Indōs ad arma vocāvit. Quī eum libenter secūtī sunt; quīn etiam ōlim quendam cīvem suum interfēcērunt, quod regis cōnsilia colōnīs prōdiderat.
10 Complūra iam erant colōnōrum oppida; sed Indī prīmō tantum vīllīs admōvērunt ignīs bovēsque rapuērunt: nam, a sacerdōtibus monitī, hominem occīdere nūllum ausī sunt, dōnec ā colōnīs ūnus ex ipsorum numerō vulnerātus est. Tum dēmum, omnibus oppidīs oppugnātīs, caedes maxima 15 est facta, ac colōnī miserī, aliī cum aquam peterent, aliī cum ā vīllīs in oppida fugerent, undique occīsī sunt.

Olim hostēs, cum in castellum quoddam impetum fēcissent sagittāsque ārdentēs mīsissent in tēctum, postremo ipsī quoque castellō ignem admovere cōnātī sunt. Qua re 20 animadversā, colōnī, quī se fortiter multās bōrās dēfende-

4. hominem: *the man.*
5. trāditūrum: sc. esse. — domī: *at home;* for the case, cf. humī, p. 7, l. 4.
8. suum: *of theirs.*
12. hominem: standing in contrast to vīllīs and bovēs of the preceding clause.

13. ipsōrum: *their own.*
15. aliī . . . aliī: *some others.* — cum: *as.*
17. hostēs, cum: *when the enemy.* Note the changed order of the English. — in: *upon.*
19. .ipsī: modifying castellō. — quā rē: *this.*

rant, omnem salūtis spem iam dēponebant; sed subitō imber
coortus est maximus, quo ignes sunt extīnctī. Quare Indī
cōnātū dēsistere coactī sunt.

LESSON 18

A Remarkable Deliverance

Hōc ferē tempore aliō in oppidō latēbat imperator quīdam,
5 quī ē Britanniā paulō ante fūgerat, quod rex Britannorum
eum volēbat interficere. Homo scilicet nōlēbat oppidānōs
cognoscere sē ibi latere. Sed ōlim, cum colōnī in templō
adessent omnes, tūtō se e latebrīs exīre posse credēbat; itaque ē fenestrā prospexit. Prīmo neminem vīdit; tum subitō
10 animadvertit multōs Indos per agrōs clam properantēs, ut
oppidum oppugnarent.

Quibus ille rēbus vehementer commotus, ex aedibus statim
erūpit ac colonos ad arma vocavit. Quī cum celeriter ē
templō cucurrissent, advenā duce cum Indīs fortiter
15 pugnaverunt, hostesque postremo in silvās fugere coactī
sunt.

Imperātor interim, postquam Indōs·fugere intellēxit, ad
latebrās statim se recēpit, nec postea a colōnīs invenīrī potuit. Quī igitur credidērunt ducem e caelō ā dīs missum
20 esse, quī sē adiuvāret, sīcut multīs ante annīs Castor et
Pollūx ōlim subitō adfuērunt in acie auxiliumque Romanīs

1. dēpōnēbant: note the tense.
— imber (-bris, M.): *shower.*
3. cōnātū dēsistere: *give up*
(lit. *desist from*) *the attempt.*
6. homō: cf. hominem, p. 20,
l. 4.
12. quibus . . . rēbus: transl.
as singular (cf. quā rē, p. 20, l. 19).
13. cum . . . cucurrissent: cf.
the note on p. 14, l. 8.

14. advenā duce: abl. absol.,
lit. *the stranger (being) leader;*
transl. freely.
18. invenīrī: note the last letter
of the word.—potuit: for the translation, cf. the note on possent,
p. 1, l. 13.
19. quī: cf. the rendering of
quī in the note on p. 5, l. 3.—
ducem: *a leader.*

tulērunt, cum illī horas multās pugnassent cum hostibus, neque eos in fugam dare potuissent.

LESSON 19

Philip finds Allies

Dum haec geruntur, Indī quīdam longinquī, quibus erat castellum maximum, armīs aliīsque rēbus Philippum iuvare 5 coepērunt. Quo cognitō, colonī, quamquam iam hiems erat, id castellum statim oppugnāre cōnstituērunt; nam putābant hanc quoque gentem prīma aestāte bellum gerere parare, consiliaque hostium ipsī praeoccupare volēbant.

Itaque via nivālī cum exercitū validō profectī, per silvas 10 ad castellum iter fēcērunt. Ibi acerrime est pugnātum, ac colōnī multī interfectī sunt; castellum tamen expugnātum est, Indōrumque copiae omnes ignī sunt cōnsūmptae: quibus rebus factīs, colōnī vulnerātos secum ferentēs domum lēniter se recepērunt.

15 Hōc dētrīmentō vehementer commōtī, Indī iam undique convēnērunt, oppidaque colonorum oppugnare coepērunt singula. Subito veniēbant in conspectum; tum, colonis occīsīs vīllīsque incensīs, celeriter in silvas se recipiēbant, cum interim mīlitēs, quī arma graviora ferēbant, nūllō 20 modo consequī poterant. Itaque diū colōnī miserī undique

3. dum, etc.: cf. p. 7, l. 16.
5. quō: neuter.—cōgnitō: cf. the note on p. 17, l. 18.
7. prīma: the early, lit. the first (part of).
8. ipsī: may be omitted in translation.
9. viā: for syntax, cf. quā, p. 5, l. 13.—nivālī: nivālis, -is, -e, snowy.

10. ācerrimē est pugnātum: freely, a desperate battle was fought; lit. what?
13. vulnerātōs: as noun, the wounded. — ferentēs: nom. case.
17. singula: modifying oppida. — veniēbant: for the translation, cf. the note on rapiēbant, p. 7, l. 17.
19. cum: while.
20. cōnsequī: sc. eōs (i.e. Indōs).

interfectī sunt; Standisius enim iam prīdem mortuus erat·
sed postremo dux alius inventus est, quī fēlīciter cum Indīs
bellum gerere sciēbat.

LESSON 20

Captain Church

Cercas, quī iam dux colōnōrum factus est, non modo cum
5 hostibus fēlīciter bellum gerere sciēbat, sed etiam Indos
interdum sociōs sibi ascīscere potuit. Quō consiliō ōlim
profectus, ad quandam gentem pervenit haud longinquam,
cuius regīnae diū fuerat ipse amīcus; quare spērābat eius
cīvibus facile se persuādēre posse, ut colōnōs adiuvārent.
10 Ibi tamen ab Indīs impetus acerrimus in Cercam eiusque
comitēs facta est; quī igitur in palūde coactī sunt latēre,
dōnec in scaphā venerunt mīlites complūrēs, quī eōs ex
perīculo eriperent.

Cercas, quamquam consilium tum perficere non potuerat,
15 convenīre tamen regīnam iterum conarī constituit. Itaque
paucīs post mēnsibus uno cum mīlite Indīsque tribus profectus, in eiusdem gentis fīnes dēnuō iter fēcit; quo ubi
est perventum, comitibus in scaphā relictīs, ad rēgīnam ipse
progressus est. Cum ea dum loquitur, Indī multī, quī per

3. **gerere**: cf. the use of the infin. with **nesciēbat**, p. 8, l. 2.

4. **Cercās**: gen. **Cercae**, etc. — **modo**: the adv., *only.*

5. **etiam**: *also.*

6. **sociōs**: (*as*) *allies.* — **cōnsiliō**: *design.*

8. **regīnae**: dat. case. — **ipse**: *he.* — **eius**: *i.e.* the queen's.

9. **persuādēre**: *persuade*, lit. *make (it) agreeable* (hence the dat. cīvibus).— **posse**: replacing the fut. infin., which is lacking in this verb.

14. **Cercās, quamquam**: cf. the note on **hostēs, cum**, p. 20, l. 17.

15. **convenīre**: dependent on **cōnārī.**

17. **dēnuō**: *i.e.* **iterum.** — **quō**: cf. p. 8, l. 14.

19. **cum**: preposition. — **per**: *around in.*

herbam latuerant, subitō armātī exsiluērunt. Quī tamen, cum intellēxissent Cercam minime esse territum, humī tum sedērunt conciliōque habitō pollicitī sunt se colōnōs adiū-turos in bello, quod illī cum Philippo gerebant.

LESSON 21

The Death of Philip

5 Cercas cum hīs sociīs suīsque mīlitibus iam omnes in partīs iter fēcit per silvas, et undique hōstes in fugam dedit. Quare postrēmo Philippus ipse paucīs cum comiti-bus per vallīs multa mīlia passuum in palūdēs longinquas fugere coāctus est; numquam enim colōnīs se dēdere con-
10 stituerat: quīn etiam ōlim, cum quīdam ex eius amīcīs dīcere ausus esset pacem cum eīs faciendam esse, rex īra-tus hominem sua manu occīdit. Cuius reī acerbitāte com-·
mōtns, frāter mortuī statim ad colōnōs perfūgit cosque certiōrēs fēcit dē palūde, ubi Philippus tum latēbat.
15 Itaque dux colonorum, quī multōs diēs frūstra quaesīverat regem modoque domum redierat ut uxorem cōnsōlārētur, iterum celeriter profectus est, mīlitesque suos prope illam palūdem sine morā īnstrūxit. Quā rē animadversā, Philip-pus eiusque comitēs per vallēs longius fugere conātī sunt;
20 rex vero īnfēlix, interceptus a mīlitibus quī in silvā collocātī

1. quī tamen, cum : *but when . . . they ;* cf. quī, cum, p. 8, l. 13.
2. humī: cf. p. 7, l. 4. — tum : may be omitted in translation.
5. suīs: *his own ;* cf. suum, p. 11, l. 6, and the note.
10. quīdam : *a certain one.*
12. hominem : cf. p. 20, l. 4. —suā : cf. suīs, l. 5.—reī : for the various meanings of rēs, see the Vocab.— acerbitāte : acerbitās, -ātis, F., *harshness.*
13. mortuī : *of the dead (man) ;* part., used as a noun, masc. sing.
16. modo : (*but*) *just.*
18. quā rē : cf. p. 20, l. 19.
20. vērō : *i.e.* tamen. — īnfēlix (-īcis, adj.) : *ill-starred.*

erant, ā frātre eiusdem Indī interfectus est, quem ipse occī-
derat. Caput Philippī securī abscīsum colōnī secum domum
tulērunt; ubi supra portam positum est, ut omnes vidērent
rēgem rē vērā mortuum esse.

LESSON 22

End of the War

5 Quō dētrīmento perterritus lēgātus Philippī, quī paucīs
cum comitibus e palūde effūgerat, in silvīs procul latēbat.
Quem Cercas diū frūstra quaesīvit; sed postrēmō Indum
senem cēpit et puellam, quos viam ostendere coegit: quo
modō in lēgātī castra subito perventum est.

10 Ibi Cercas, quamquam comitēs perpaucos secum habēbat,
arma Indōrum, quae humī collocāta erant, audācter rapuit.
Quō factō, lēgātus magnā vōce: "Captus sum," inquit.
Cercās vero: "Ubi est cēna? nam venī ut vobīscum cena-
rem." Tum lēgātus: "Equīnam carnem mavīs," inquit,
15 "an būbulam?" Quo audītō, Cercas scīlicet dīxit sē mālle
būbulam.

Carne sine mora consumptā, reliquī (noctu enim impetus
factus erat) mox humī iacēbant sōpītī; sed Cercas et lēgātus
diū vigilābant. Postrēmō Indus surrexit et silentio egres-

2. abscīsum: agreeing with
caput.
3. supra: preposition, *over*.
4. rē vērā: *in very fact* (vē-
rus, -a, -um, lit. *true*, or *actual*).
5. lēgātus: *lieutenant*.
7. quem: *him*.
8. senem: *aged* (from senex).
10. perpaucōs: the prefix per-
is intensive.

12. magnā: *i.e. loud*.
13. Cercās vērō: sc. inquit.
14. equīnam: equīnus, -a, -um,
(*of*) *horse*.— mavīs: what form of
mālō?
15. an: conjunction, *or*. — būbulam: būbulus, -a, -um, (*of*)
cow.
19. Indus: *the Indian*.— silentiō: abl., used as adv.

sus est; quare alter crēdēbat eum exīsse ut arma alia sumeret. Brevī autem aderat lēgātus manibus ferens īnsīgnia
quae quondam Philippus gesserat. " Haec nunc tua sunt,"
inquit, īnsīgniaque ante Cercae pedēs humī posuit. Ita
5 bellum confectum est.

LESSON 23

William Penn and the Friends

Dum haec in Britannıa Novā geruntur, in aliās Americae
partes ex Europa veniēbant colōnī multī; in quibus erant
complūres, quī sē Amīcōs appellābant. Cuidam vıro clārō,
quī hanc religionem erat amplexus, rēx Britannorum tum
10 magnam pecūniam dēbēbat; quod aes alıenum ut solveret,
in Americā provinciam novam hōc ferē tempore constituit,
virumque illum lēgātum fēcit; quae prōvincia ē nōmine lē-
gatī Pennsylvēnia appellāta est.
Lēgātus, quod religiō Amīcōrum gentibus Europae grāta
15 non erat, colōnōs plūrimōs statim ad Pennsylvenıam prae-
mīsit, paucīsque post mēnsibus in prōvinciam ipse profectus est; ubi urbem condidit, quae Philadelphia appellātur.
Propter relıgıonem Amīcī crēdunt bellum gerere nefās esse,
atque omnibus cum hominibus comiter vīvere volunt; itaque

1. alter : *the other* (*i.e.*
Church).
2. aderat : *was back* (*again*).
— manibus : for syntax, cf. nāvibus,
p. 6, l. 10. — īnsīgnia : *trappings*
(īnsīgne, -is, N.).
3. gesserat : *had worn.* —
tua : tuus, -a, -um, *yours.*
6. dum haec, etc. : cf. p. 7, l. 16.
7. veniēbant : note the tense.
— in : *among.*
10. magnam : (*a*) *large* (*sum*

of). — dēbēbat : dēbeō, 2, -uī, -itus,
owe. — quod : *this* (adj.). — ut : the
acc. preceding belongs to this purpose clause:
11. cōnstituit : *established.*
12. lēgātum : *governor.* — ē :
freely, *after.*
14. grāta : freely, *popular*
(*with*) ; lit. what?
17. ubi : *there.*
18. nefās esse : *that it is a
crime* (nefās, indeclinable noun).

per multōs annos continuos in provincia erat pāx, etiam cum
lēgātus ille mortuus esset.

De comitāte lēgātī multa nārrantur; quīn etiam trāditum
est illum, cum ōlim per prōvinciam iter faceret, parvam
5 puellam vīdisse ad templum euntem, eamque in ipsīus equo
positam ad templum ita dēduxisse.

LESSON 24

Nathaniel Bacon in Virginia

Dum in Britanniā Novā bellum gerit Philippus, in Virginiā quoque Indī impetūs saepe in colōnōs faciēbant, multōsque agricolās, quī procul ab oppidīs habitābant, cum
10 cruciātū occīdērunt. Quō perīculō commōtī, colōnī multa
mīlia passuum nuntios ad caput provinciae mīsērunt, quī
lēgātum orarent, ut mitteret mīlites, quī hostīs coercerent.
Lēgātō autem nūllō modō persuādērī potuit ut colōnōs adiuvāret, quod cum Indīs ipse negōtiābātur nec quaestum
15 dīmittere volēbat; quīn etiam iuvenis quīdam, nōmine Beco,
quī ā Britanniā tribus ante annīs in provinciam venerat,
cum dīxisset se velle in Indōrum fīnīs ducere colōnōs paucōs, quī iam ipsī arma ceperant, ā lēgātō domī est iussus
manere.
20 Iuvenis autem, sine morā ad castra colōnōrum clam pro-

1. **per**: freely, *for.* — con-
tinuōs : continuus, -a, -um, *con-
secutive.* — **cum**: *after.*
3. **multa**: cf. p. 5, l. 9. — trāditum est : cf. p. 11, l. 4.
5. **euntem**: from eō. — **eam**:
her. — **ipsīus**: *his own.*
6. **positam** : part. (from pōnō),
agreeing with **eam**.
11. **caput**: *capital.*

13. **persuādērī potuit**: lit. *could
it be made agreeable;* cf. **persuā-**
dēre, p. 23, l. 9.
15. **volēbat** : cf. **velle**, p. 2,
l. 15.
17. **cum** : translate much earlier
in the English sentence.
18. **ipsī**: *on their own motion, i.e.* without waiting for
the governor to act.

fectus, cum prīmum ın eorum conspectum venit summo assensu omnium dux factus est. Quī igitur, quamquam sciēbat lēgātum posteā īrātum sē fortasse interfectūrum, in fīnīs tamen Indorum cōpiās dūxit, hostēsque in fugam 5 undique dedit. Quod ubi est audītum, lēgātus ex oppidō celeriter profectus est, ut Bēconem caperet suppliciumque de eo sumeret, quod iniussu suo bellum cum Indīs gereret.

LESSON 25

Nathaniel Bacon (Continued)

Brevī autem ad caput provınciae lēgātus celeriter redīre est coactus; nuntiātum enim est oppidānos, quos domī re-
10 līquerat quīque iuvenī ducī amīcissimī erant, res novās ibi agitāre. Quibuscum lēgātus tum pacem fēcit; postquam vero Bēcō dēmum e bellō longinquō domum rediit, colōnī, lēgātum adhūc esse ıratum arbitrātī, noctēs diēsque ducis carı aedēs custōdiēbant; eumque, cum paulō post decurıo 15 factus esset, multī comites armātī ad oppidum secūtī sunt. Ibi tamen lēgātus, quī quoque copıas coegerat, Bēcōnem statim rapuit, mox autem ab oppidānīs īrātīs dīmittere coactus est. Sed iuvenis, paucīs post diēbus certior factus

1. **cum prīmum**: *i.e. as soon as.*
2. **omnium**: as (masc.) noun, modifying **assēnsu**. — **quī**: cf. p. 5, l. 3.
3. **īrātum**: *in (his) anger.* — **fortasse**: adv., *perhaps.* — **interfectūrum**: sc. esse.
4. **cōpiās**: *(his) troops.*
5. **quod**: *this* (noun).
6. **supplicium**: supplicium, -ī, N., *punishment.*
7. **dē**: lit. *from.* supplicium sūmere is the converse of poenās dare.

10. **iuvenī**: here as adjective. **rēs novās**: *revolution*; lit. what?
11. **agitāre**: agitō, I, *plan.* **quibuscum**: cf. **sēcum**, p. 8, l. 14.
13. **arbitrātī**: cf. the use of **veritī**, p. 2, l. 17. — **noctēs diēsque**: *night and day.*
14. **decuriō** (-ōnis, M.): *member of the legislature.*
16. **coēgerat**: *had called together.*

BALLISTA

Ancient "artillery" was not very formidable, as may be seen from the above illustration, which gives a modern artist's conception of an attack upon a walled town. Roman "cannon" were simply huge catapults, some of which threw stones or masses of metal, others projected heavy darts.

lēgātum parare se iterum in custōdiam dare, clam noctū fūgit ex oppidō, nec posterō diē ab inimīcīs suīs invenīrī potuit.

Colōnī scīlicet undique libenter convenērunt, ut ducem cārum adiuvārent; isque iam menses multōs, modo cum 5 Indīs modo cum lēgātō, fēlīciter bellum gessit. Ōlim, cum obsidēret urbem, quod erat caput prōvinciae, ballistāsque circum murōs collocāre vellet, uxōres inimīcorum e praediīs proximīs dēductās ante mīlites suōs posuisse dīcitur, ut sine periculō suōrum opus perficerētur.

LESSON 26

Nathaniel Bacon (Concluded)

10 Lēgātus, cum ea in urbe multōs diēs obsessus esset, postremo cum comitibus omnibus navīs conscendit, quae in flūmine propinquo ad ancoram consistēbant, ac sine mora profectus est, ut auxilium peteret. Quō factō, Bēcō, quī sentiēbat lēgātum mox cum sociīs esse reditūrum, ur-15 bem statim incendit; ipse autem, labōribus periculīsque frāctus, paulo post mortuus est.

Tum eius comitēs, cum intellegerent lēgātum solere ini-mīcōs etiam mortuos contumēliīs afficere, corpus ducis cari tulērunt ad flumen et in aquam merserunt; quare lēgātus, 20 cum redīsset ad urbem amīcosque Beconis multōs interfē-cisset, ipsīus iuvenis corpus invenīre non potuit.

2. **invenīrī**: note the last let-ter of the word.

4. **modo . . . modo**: *at one time . . . at another.*

6. **quod**: relative, agreeing with the predicate noun.

8. **dīcitur**: cf. p. 5, l. 17, note.

9. **suōrum**: *to* (lit. *of*) *his men.*

10. **lēgātus, cum**: cf. hostēs, cum, p. 20, l. 17.

17. **cum intellegerent**: cf. the note on p. 14, l. 8. — **solēre**: cf. solēbant, p. 7, l. 4.

18. **mortuōs**: *(when) dead.*

19. **mersērunt**: mergō, 3, mersī, mersus, *bury*, lit. *sink.*

20. **multōs**: *many (of).*

Paucīs post annīs ille lēgātus pessimus quoque poenas dedit; nam a rege domum revocatus, summā īgnōminiā affectus ibi mortuus est. Interim Virginia reliquaeque provinciae paulātim validiores fīēbant. Sed antequam de 5 bellō loquor, quod posteā ā colōnīs cum Britannīs gestum est, quaedam dīcenda sunt de puerö, quī imperator summus Americanorum futurus erat.

LESSON 27

The Boyhood of George Washington

Hīc puer, quī Vasingto appellābātur, in Virginia natus est sexāgintā fere annīs post bellum, quod cum lēgāto eius 10 provinciae gesserat Beco ille, dē quō modo dīxī. Puero erat frāter maior, quī tribūnus mīlitum factus ad bellum abierat, quod Britannī cum Hispānīs tum gerebant eīs in īnsulīs, ad quās Columbus prīmum naves appulit.

Vasingtō, postquam frāter ad exercitum profectus est, dē 15 bellō saepe cogitābat; cumque lūdēbant puerī ac simulābant se esse mīlitēs, semper erat ille imperātor. Postea vero, puer magnus et validus factus, celerrime dīcitur currere potuisse neque equum timuisse ullum.

Frāter iam volēbat Vasingtōnem nautam fierī, māter 20 autem noluit; itaque ille domī aliquamdiu mansit et didicit omnia, quae ibi in lūdō trādēbantur. Sed paucīs post an-

---

4. **fīēbant**: note the tense.

6. **quaedam**: (neut. pl.) *something*.

7. **futūrus erat**: *was destined to be*; cf. p. 4, l. 3, and p. 16, l. 15.

8. **nātus est**: cf. p. 1, l. 1.

9. **post**: here preposition.

16. **imperātor**: pred. nom.

17. **vērō**: *moreover*.—**et**: omit in translation.—**factus**: render by a clause introduced by "when." —**dīcitur**: cf. p. 30, l. 8.

21. **omnia**: *everything*. — **lūdō**: lūdus, -ī, M., *school*. — **trādēbantur**: *i.e. was taught*; lit. what?

nīs vir quīdam, cui erat maxımum praedium longinquum, hóminem condūcere voluit, quī terminos praediī suī constitueret; ac Vasingtō, quī hanc quoque artem didicerat, ab eo conductus in praedium missus est.

LESSON 28

Experiences on the Frontier

5   In praediō, quod īnstar provinciae erat, habitābant agricolae paucī, at multī Indī. Hīc Vasingtō mēnsēs multos per silvās et montēs longe iter fēcit, ac saepe equo vectus rıvos et flūmina transiit; noctū autem solēbat sub caelō prope ignem humī iacere, quod casas colōnorum nōn ama-
10 bat. Olim cum ita sōpītus ıaceret, subitō ignis in foenum cecidit, ex quō lectus eius factus erat; quo ex perīculo ıpse tamen servātus est àb agricolā quōdam, quī tum vigilābat.

Tres annos ın praediō morātus est Vasingtō, ibique mores Indōrum cognoscere coepit; quare, ubi domum ūndēvīgintī
15 annōs nātus rediit, ā lēgātō Virginiae tribūnus mīlitum factus est : nam Virginiā tōtā reliquīsque provınciīs colōnī arbitrābantur bellum cum Gallīs mox gerendum esse. Britannī enim multī iam trānsierant montēs cōnsēderantque in vallibus, quae a Gallīs prius explōrātae erant; quibus rēbus

---

2. terminōs: terminus, -ī, M., *boundary.*

3. hanc   artem: *i.e.* of surveying.

6. hīc: the adverb.

8. autem: *moreover.*

9. humī: cf. p. 7, l. 4 —amā-bat: *fancy;* for other meanings of this word, see the Vocab.

10. foenum: foenum, -ī, N., *straw.*

11. ex quō: (*out*) *of which.* — quō ex perīculō: for word order, cf. eā in terrā, p. 6, 1. 3.

14. ūndēvīgintī annōs nātus: *at nineteen years of age,* lit. *having been born nineteen years.*

15. tribūnus mīlitum: *a major.*

16. Virginiā tōtā: *throughout all Virginia.* The prep. in is often omitted when the abl. is modified by tōtus.

Gallī commōtī, cum hanc regionem dīmittere nōllent, castella complūra ibi ponebant, quae Britannos arcerent.

LESSON 29

A Dangerous Mission

Quamquam spes pacis iam paene sublāta erat, lēgātus Virginiae constituit tamen nuntium mittere, sī ūllō modo 5 res sine bellō componi possent. Itaque Vasingtō, sine mora dēlēctus quī hanc rem difficilem tractāret, paucīs cum comitibus per silvās fortiter profectus est; cumque montēs quoque trānsīsset, Indīs quibusdam ad concilium vocātīs persuasit ut ad Gallōrum castra se sequerentur.

10 Quō ubi perventum est, Gallī nūntium comiter accepe-runt, respondērunt tamen se numquam nisi bello coactōs ex illīs fīnibus discessuros. Quare Vasingtō, quī Gallorum copiās maximas summa sollicitūdine animadverterat, do-mum statim properare coepit; cum vero ad montēs per-15 ventum esset, impedīmentīs relictīs, uno cum comite et duce Indō etiam celerius progressus est.

Via scīlicet erat ipsa perīculōsa (nam hiems iam erat): alterum autem fuit perīculum maius; colōnīs enim inimī-cus erat dux. Quī ōlim, cum advesperasceret, tēlum subitō

1. **cum . . . nōllent**: translate by a participial phrase.

2. **pōnēbant**: note the tense.—**arcērent**: note the mood.

4. **sī**: (*if*) *perchance.*

5. **componī**: compōnō, 3, -po-suī, -positus, *settle.*

6. **tractāret**: note the mood.

8. **Indīs**: cf. the note on per-suādēre, p. 23, l. 9.—**vocātīs**: modifier of **Indīs**.

11. **nisi**: introducing the part. **coāctōs.**

13. **cōpiās**: *stores*, or *supplies.* —**sollicitūdine**: sollicitūdō, -inis, F., *anxiety.*

14. **vērō**: *and.*

16. **duce**: *guide.*

18. **alterum**: *another;* contrast the commoner meaning of alter on p. 34, l. 1. — **colōnīs**: construe with **inimīcus.**

in Vasingtōnem mīsit. Quō factō, colonus alter Indum interficere volēbat. At Vasingtō, quī tēlō vulnerātus non
erat, hominem discēdere incolumem passus est; iam autem
non sōlum interdiū sed noctū quoque iter faciendum
5 arbitrābātur, quod perīculum sentiēbat maximum esse.

LESSON 30

A Dangerous Mission (Continued)

Paulo post ad flūmen magnum perventum est; quod
cum rate transīrent, Vasingtō forte in aquam frīgidam
cecidit, unaque cum comite in īnsulā parva morārī coāctus
est, dōnec diēs postera illūxit: tum dēmum per glaciem,
10 quae in flumıne natābat, summo cum perīculō ad rīpam
alteram ambō venerunt. Deinde, equo ab Indīs emptō,
facilius fecerunt iter, et postrēmō incolumes domum pervenerunt. Ubi lēgātus, cum dē pertināciā Gallōrum certior
factus esset, molestē ferēns illōs tam audācter respondisse,
15 Vasingtōnem iussit mīlitēs trāns montēs dūcere ad castella
eīsdem in locīs pōnenda, ē quibus ipse modo redierat.
Interim colōnī aliī, ē prōvinciā clam per montēs profectī, in illīs regiōnibus longinquīs locum quendam, castrīs
maximē idōneum, audācter occupāvērunt. Quī vero brevī
20 a Gallis sē dēdere coactī sunt; nam Vasingto, quamquam iam
cogēbat copıas atque intellegēbat omnia sibi esse facienda

1. in: *at.*

7. rate: **ratis, -is,** F., *raft;*
for syntax, cf. **nāvibus,** p, 6, 1. 10.

10. in: *upon the surface of* —
natābat: cf. **natantēs,** p. 3, 1. 15.

11. ab: *from.*

12. facilius: *i.e. more com-
fortably.*

13. ubi: cf. ubi, p. 4, 1. 14.

14. illōs . . . respondisse: *that
they had replied.*

15. ad castella . . . pōnenda:
to establish forts.

16. quibus: the antecedent is
locīs.

21. sibi: dat. case, this being
the regular agency construction
with the gerundive. The whole

ut hīc locus dēfenderētur, cīvibus tamen suīs satis mature auxilium ferre non potuit.

LESSON 31

The Beginning of the French and Indian War.

At paucīs post diēbus, per loca aspera summo labōre progressus, in hostium fīnes pervenit Vasīngto, castraque 5 ibi parva posuit. Deinde paulō longius profectus explōrā-tōrēs cēpit paucos; tum autem certior factus Gallōs Indosque adesse plūrimos, ıterum se ın castra recēpit. Quō' factō Gallī, cum sociīs Indīs celeriter cōnsecūtī, in castra impetum fēcērunt acerrımum; sed postrēmō, colōnīs multās hōrās fru-10 strā oppugnātīs, e castrīs Vasingtōnem cum armīs ea con-diciōne exīre passī sunt, ut exercitum ex hīs fīnibus statim redūceret. Ille igitur invītus domum iter facere coāctus est.

Posterō autem annō ē Britanniā legiōnēs complūrēs mis-sae sunt ad Gallōs expellendos ex eīs locīs, unde illī modo 15 Vasingtōnem discēdere coegerant. Imperātor factus erat vir Britannicus, nōmine Braddoc, dux fortis, quī tamen cum Indīs bellum gerere nescıebat. Crēdēbat vero se omnia scīre, neque a Vasingtōne aut reliquīs colonıs se monērī volēbat; quārē, cum ad bellum profectus esset, quamquam 20 multa mīlia passuum per vıas perīculosas silvāsque maximas iter legiōnibus erat faciendum, explōrātōrēs praemittere

phrase may be rendered freely *that he must exert himself to the utmost for the defense*, etc.

1. suīs: modifier of cīvibus.
8. Indīs: here as adj.
10. eā condiciōne . ut: *on these terms, that*.
12. invītus: cf. the note on laetus, p. 2, l. 16.

14. ad Gallōs expellendōs: purpose clause; cf. the similar phrase on p. 34, l. 15.
17. gerere: cf. the infinitive with nesciēbat, p. 8, l. 2. — sē: omit in translation. — omnia: *all (about the subject)*.
21. legiōnibus: for syntax, cf. sibi, p. 34, l. 21.

noluit, nec grātiās colonıs egıt, quī operam suam ultrō
pollicitī sunt: nam ne conspectum quidem legiōnum sua-
rum putābat Indos esse lātūros.

LESSON 32

Braddock's Defeat

Postremo vero, cum in fīnēs hostium longe ıter factum
5 esset, subitō in silvīs Indōrum ululātus est audītus; tum
tēla plūrima inmissa sunt, ac mīlitēs Britannicī, quī hostem nūllum vidēbant, undique cadere coepērunt. Colonī
interim in silvam celeriter ınruperunt, arboribusque interpositīs cum Indīs acriter pugnābant; at imperator legiōnēs
10 in viā habēbat īnstrūctās, nec suos loco cēdere passus est,
quamquam caedem maximam fierī sentiēbat. Itaque illī
paene omnes aut interfectī sunt aut vulnerātī, ac Braddoc
ipse vulnus accepit, ex quo paulō post mortuus est. Vasingtō mīlitēs perterritos prīmo cohortārī cōnātus, impera-
15 tōre vulnerātō exercitus reliquiās ad castra redūxit, ubi
impedīmenta maxima relicta erant. Ibi, conciliō convocātō,
tribūnī centurıonesque celeriter ē fīnibus hostium sibi discēdendum esse statuērunt.

Quo proeliō admoneor ut dīcam de ıncommodo maximo,
20 quod ā Rōmānīs acceptum est apud lacum Trasumennum,

7. **vidēbant**: we would say
"*could* see."
8. **arboribus . . . interpositīs**:
freely, *getting behind trees*; lit.
what?
10. **habēbat**: *kept.* — **suōs**: cf.
suōrum, page 30, l. 9. — **locō**:
from their places; cf. the note on
p. 7, l. 4.

12. **aut . . . aut**: *either . . . or.*
14. **imperātōre vulnerātō**: translate by a phrase introduced by
"after."
17. **discēdendum esse**: impersonal use of the gerundive.
19. **ut**: *to.*
20. **apud**: *at.* — **lacum Trasumennum**: in north central Italy.

cum Hannibal, dux Poenorum, ibi īnsidiās clam fēcisset. Secundum lītus est via angusta, tum agrī apertī. In loco apertō Hannibal castra posuit, mīlitēs autem multōs in latebrīs prope viam collocavit. Tum, cum Rōmānī temere
5 via angustā ad Hannibalis castra versus iter facerent, subitō Poenī e latebrīs eruperunt et hostīs perterritōs in lacum compulērunt.

LESSON 33

Later Events of the War

Etsī in proeliō, dē quō suprā dīxī, Gallī victoriam erant adeptī Britannīque ex illīs regiōnibus celerrime se recepe-
10 rant, Vasingtōnis tamen virtūtem omnes laudābant. Quem igitur colōnī, cōpiīs tōtā ex prōvinciā coāctīs, summum fēcērunt ducem et in montēs cum exercitū ad hostīs arcen-dōs mīserunt; ubi bellum cum Gallīs eorumque sociīs men-ses multōs fēlīciter gessit: tribusque post annīs, cum iam
15 imperātōrēs complūrēs ē Britanniā ad Americam missī essent, ūna cum lēgātīs aliīs legiōnēs quasdam ille ē Penn-sylvēniā trāns montēs dūxit atque hostēs ex eīs locīs discē-dere coegit, ubi illī quondam Britannīs tantum dētrīmentum intulerant.
20 Quō incommodo acceptō, Gallī tamen minimē animō dēmissī bellum alibī ācriter gesserunt; nam Indī, quī erant paene omnes amīcī, eos omnibus modīs adiuvābant. Sed

---

2. **in locō apertō**: freely, *in the open*; lit. what?

5. **viā angustā**: for syntax, cf. the note on **quā**, p. 5, l. 13; here the abl. may be rendered "along."

8. **erant adeptī**: adipīscor, 3, **adeptus sum**, *gain*, or *secure*.

10. **quem**: not relative in the English translation.

18. **Britannīs**: dat. case; trans-late "upon."

20. **animō dēmissī**: lit. *cast down in mind, i.e. discouraged.* The abl. case here expresses speci-fication.

postremo, multīs dētrīmentīs frāctī, pacem petiērunt; quam mox adeptī sunt, Canadā aliisque regiōnibus Britannīs trāditīs.

Vasingtō interim ab exercitū domum redierat, ubi in mā-
5 trimōnium dūxit mātrōnam quandam, quae Marta appella-
bātur; tum annos paucos in praediō suō mansıt ōtiōsus.

LESSON 34

The Outbreak of the Revolution

Nunc mihi dīcendum est dē bello, quod colonī paucīs post annīs cum Britannīs ipsīs gesserunt. Diū rēx senā-
tusque Britannōrum ā prōvinciīs vectīgālia quaedam exigere
10 erant cōnātī, etsī hae lēgēs lātae erant in conciliō, ın quo suffrāgium ferre Americānō nūllī licēbat. Id colonī molestē ferēbant; ac postrēmō, cum iam tanta inıurıa non diūtius ferenda vidērētur, omnibus ex prōvinciīs in ūnum locum virī dēlēctī, in eīs Vasingtō, ad consilium commune capiendum
15 convocātī sunt. Hī, conciliō habitō, litteras ad regem Britannorum mīsērunt, quibus postulābant ut colōnıs ıura eadem concederentur, quae domī cīvēs reliquī obtinēbant. Quibus litterīs acceptīs, rex īrātus nōn sōlum ıura concēdere

---

1. petiērunt: *i.e.* petīvērunt.
quam: *this* (noun).

2. adeptī sunt: cf. the note on p. 37, l. 8. — Britannīs: dat. case.

6. ōtiōsus: translate by another part of speech.

9. vectīgālia: vectīgālia, -ium, N., *taxes.*

10. lēgēs: lēx, lēgis, F., *measure*, or *law.*

11. suffrāgium ferre: *cast a vote* (suffrāgium, -ī, N.). — id: *this* (*state of affairs*).

13. ferenda: *bearable*; lit. what? — in ūnum locum: with convocātī sunt, l. 15.

14. in eīs: cf. in, p. 26, l. 7. — consilium . . . conciliō: contrast the meaning of the two words.

15. litterās: for the force of the plural, see the Vocab.

16. quibus: *in which*; strictly, abl. of means.

17. obtinēbant: freely, *en-
joyed.*

nōluit, sed etiam in Americam misit mīlites multos, quı a colōnīs audaciae poenas repeterent.

Apud oppidum parvum, nomine Lexingtonem, prīmum pugnātum est, magna cum caede Britannorum ; nam agri-
5 colae, murīs interpositīs, tēla plurıma ınmīsērunt in hostēs, quī ita sex mīlia passuum se recipere coactī sunt ad urbem, unde paulō ante profectī erant. Quibus rēbus factīs, concilium idem, quod ad rēgem litterās mīserat, quaerere coepit imperātōrem, quī omnīs copiās Americānas dūceret. Cī-
10 ves scīlicet memorıa tenēbant res gestās Vasingtōnis in bellō, quod paucīs ante annīs cum Gallīs Indīsque gestum erat ; quare ılle summo assensu omnium dux brevī factus est.

LESSON 35

Operations about Boston

Sed antequam Vasingtō in Britanniam Novam pervenīre
15 potuit, iterum acriter pugnatum est in quodam colle, ubi posteā Americānī columnam maximam eorum nomıne statuērunt, quī ibi pro lībertāte vītam suam largītī sunt. Eō in proeliō Britannī vicerunt ; sed nē hostēs quidem satis laudāre poterant virtūtem colōnōrum, quī impetum veterā-
20 norum tam audācter exceperant.

Vasingtō, postquam illūc pervenıt, hostīs menses multōs

2. audāciae : for (lit. of) their insubordination.

3. apud : near.—prīmum : the adverb.

6. ita : i.e. under a hot fire.

7. concilium : (deliberative) body.

9. cīvēs : (his) fellow-citizens.

10. memoriā tenēbant : i.e. had not forgotten.

16. columnam : columna, -ae, F., monument. — nōmine : in honor.

17. statuērunt : i.e. posuērunt. — vītam : translate as though the noun were plural.

18. eō : modifier of proeliō.

21. Vasingtō, postquam : cf. the note on hostēs, cum, p. 20, l. 17. — illūc : adv., thither.

COLUMNA

In the picture is shown a monument about a hundred feet in height, erected at Rome in 104 A.D., in honor of the emperor Trajan. On its sides are sculptured scenes descriptive of one of Trajan's important campaigns, a fact which makes this column a very important source of information about the details of Roman military life.

intra mūnītiōnēs Bostōnis continuit. Tum, cum eius copiae
maiōrēs factae essent, subitō noctu prope urbem clam collem
quendam occupāvit, atque ibi vallum summa celeritāte
exstrūxit; quīn etiam ubi diēs illūxit duxque hostium mūnīti-
5 ōnēs novās animadvertit, vehementer commōtus ille · " Hī
colonī ūnā nocte," inquit, " tanta opera perfēcērunt, quanta
meus exercitus mense tōtō perficere non potest." Hōc
vallō exstrūctō, cum cotīdiē tēla plūrima ballistīs Americanorum in urbem mitterentur, hostēs brevī navēs conscendere
10 atque e portū fugere coāctī sunt.

Colōnī adhūc bellum gesserant ut iūra cīvium Britan-
nicorum sibi concēderentur; iam vero, cum neque rēx neque
senātus eos audīre vellet, dē Britanniā dēscīscere novamque
condere rem publicam constituērunt.

LESSON 36

The Battles of Long Island and Trenton

15 Interim Britannī Novum Eboracum terra marīque oppu-
guare parabant. Haud procul est magna īnsula, quae Longa
appellātur. Ibi ē navibus ēgressī hostēs cum Americanis
ācriter pugnaverunt. Quo proeliō victus Vasingtō nōn
sōlum ex īnsulā discēdere sed etiam Novum Eborācum
20 dīmittere coactus est. Hīs rēbus factīs, colōnī omnēs animō

6. tanta . . . quanta : *such
. . . as.*

7. potest : *could,* a common
idiomatic use of the pres. indic. of
this verb. — hōc vallō, etc. : the
abl. absol. may be translated by a
" when " clause, and the following
words by a participial phrase.

8. ballistīs : abl. of means.

12. cum : causal. — neque
neque : *neither . . . nor.*

13. dē : *from.*—dēscīscere : dē-
scīscō, 3, -scīvī, -scītum est, *sepa-
rate.*

14. rem pūblicam : *commonwealth.*

15. terrā marīque : *by land
and sea,* the abl. expressing place
where.

20. animō . . . dēmissī : cf. the
note on this same phrase, p. 37,
l. 20.

vehementer erant dēmissī ; quare Vasingto, quamquam tōtō cum exercitū Britannicō in aciē pugnāre non audēbat, putāvit tamen aliquid sibi faciendum esse, quod spem cīvibus suīs adferret. Quam facultātem mox nactus est. Nam
5 Britannī, quī invītī cum Americānīs ipsī pugnābant, multōs Germānōs condūxerant, quī in exercitū stīpendia facerent ; quorum Germānorum pars quaedam haud procul ā Novō Eborācō in hibernīs iam collocāta erat. Quō cognitō, Va-singtō noctū profectus, etsī erat tempestās maxima flumen-
10 que quoddam trānseundum erat, ad eorum castra versus audācter iter fēcit ; quo in itinere duo homines frīgore perie-runt. Hostes, quī nihil suspicābantur diemque fēstum celebrābant, ab Americanis facillimē captī sunt. Tum demum colōnī iterum spem magnam habere coeperunt.

LESSON 37

The Retreat from Trenton

15   Paulo post Vasingtō, cum ausus esset iterum progredī ad eundem locum ubi Germanos illōs ceperat, perīculum adiit maximum. Nam subitō aderant Britannī plūrimī, nec propter natantem glaciem flūmen transīre Americānī pote-rant. Tum imperātor Britannicus, quī Cornivallis appella-
20 bātur, cum Vasingtōnem crederet iam dēmum circumventum esse, glōriāns, "Crās," inquit, "a mē iste vulpes capiētur."

2. aciē : *regular engagement.*
4. adferret : note the mood.
—quam facultātem : freely, *an opportunity for which.*
5. invītī : *with reluctance.* — ipsī : *in person.*
9. erat : *there was.*
12. diem fēstum : *a holiday* (fēstus, -a, -um).

16. illōs : *i.e.* those mentioned in l. 7.
20. cum . . . crēderet : trans-late by a participial phrase ; so also on the next page, l. 11. In Latin the pres. part. is used much less freely than in English.
21. crās : adv., *to-morrow.* — vulpēs (-is, C.) : *fox.*

At Vasingtō suos ıussıt sub vesperum in castrīs ignīs facere, ut cotīdiē solēbant, cum interim paucī maxımo cum strepitu cırcum vāllum opus fēstīnārent; quod eō cōnsiliō iussit, ut Britannī arbitrarentur ibi impetum hostium excipere
5 Americanos parare. Nocte tamen intempestā colōnī, sine strepitū ūllō ex castrīs ēgressī, viīs dēviīs iter fēcērunt circum exercitum Britannicum, atque in agros apertōs incolumēs pervenerunt. Itaque mane imperātor Britannorum " vulpem istum " invenīre nōn potuit; Vasingto enim etiam
10 tum oppidum oppugnābat alterum, ubi quīdam Britannī aliī castra posuerant. Quārē Cornivallis, cum sentīret sē ēlūsum esse, celeriter se recepıt, ut impedımenta conservāret sua, quae ad pugnam profectus post tergum longe relīquerat.

LESSON 38

Burgoyne's Campaign

Postero anno alius imperātor Britannıcus ex Canada per
15 provıncıam Noveboracensem legiōnēs quāsdam dūcere conātus est. Cui omnıa prımo fēlīciter evenerunt; Taeconderōga enim capta est ūnā cum copııs omnibus, quas eo Americanī comportāverant. Cum autem Germanı multī ē Britannico exercitū in proximam provıncıam
20 missī essent ut equos aliasque copıas colōnōrum raperent,

---

2. **ut :** *as.* — **solēbant :** sc. facere. — **paucī :** here used as a (masc. pl.) noun.
3. **vāllum :** of course, of their own camp. — **fēstīnārent :** fēstīnō, I, *hurry along.* — **quod :** *i.e.* id quod, *a thing which.* — **cōnsiliō :** *design.*

10. **oppugnābat :** note the tense.
13. **ad pugnam :** *for a battle* (*merely*), *i.e.* not for a campaign.
16. **cui :** *for whom.* — **omnia :** note the gender.
18. **eō :** *there,* lit. *thither ;* cf. the note on **quō,** p. 8, l. 14.

agricolae, quī a pueritiā arma ferre solitī erant, undique
statim convenerunt; Germānīsque magno cum dētrīmentō
ex illā prōvinciā discēdere coāctīs, imperātorem ipsum mox
acerrime adortī sunt Americanı, quorum in diēs copiae
5 maıores fīēbant.

Quō proeliō victī hostes, quī iam omnibus ex partibus
obsidēbantur, in Canadam redīre prīmō frūstra conātī,
postrēmō ′Americanīs in dēditionem venerunt. Tum scilicet colōnī omnes ecfrēnātē gaudēbant, quod perīculum
10 maximum effūgisse vidēbantur. Sed alibī hostēs acriter
gerebant bellum; cuius eventus adhūc maximē dubius erat.

LESSON 39

Valley Forge

Dum geruntur haec, dē quibus modo dīxī, Britannī Philadelphiam oppugnare parābant, quae urbs tum erat caput
reī pūblicae Americānae. Unde Vasingto, cuius copıae
15 numero erant multō īnferıores, hostēs nūllo modō arcere
poterat; quare senatus ad aliud oppidum se recepit, ac
Philadelphia nūllō dēfendente ā Britannīs capta est.

4. in diēs: *from day to day.*
6. omnibus ex partibus: *on all sides.*
8. Americānīs: dat. case.
9. quod: conjunction.
10. vidēbantur: sc. sibi, *i.e. they seemed to themselves;* freely, *they thought that they,* etc.
11. gerēbant: note the tense. — maximē dubius: by the prefixing of maximē, an adj. (or adv.) is raised to the superlative degree.
12. haec: neut. pl.

13. quae urbs: *the city which;* lit. what?
15. numerō: for syntax, cf. animō, p. 37, l. 20. — multō: (*hy*) *much.*
16. senātus: *Congress.*
17. nūllō: supplying the missing abl. of nēmō. — dēfendente: sc. eam (*i.e.* Philadelphiam). For the pres. part., being active in meaning, may take an object even when used, as here, in the abl. absol. construction.

Paucīs post diēbus circiter quīnque mīlibus passuum ab eādem urbe ācriter pugnātum est, sed tum quoque Vasingtō discessit īnferior. Quī igitur, cum hiems iam adesset, mīlitēs suos in hībernīs collocāvit in quadam valle, ubi mēnsēs
5 multōs summa cum inopia omnium rērum necessāriārum miserrimē vīctum est. Nam non sōlum in aerāriō nūlla erat pecūnia, sed in castrīs mox frūmentum quoque dēficere coepit; mīlitesque miserī, quibus erant saga nūlla, saepe noctēs tōtās prope ignem vigilāre coāctī sunt. Quīn etiam
10 trāditum est, cum agmen in hīberna iter faceret, multōrum pedēs nudōs in nive vestīgia cruenta fēcisse.

Sed iam dēmum ex Europa sociī Americānis auxilium ferre parābant; multī enim etiam aliīs ex gentibus moleste ferēbant Britannos iura cīvium colōnis concēdere
15 nōluisse.

LESSON 40

Help from France

Ita hōc ferē tempore factum erat ut Gallī, quī Britannos minimē amābant, cum Americānis facerent foedus atque trans mare imperātorem cum classe mitterent, quī colōnos

---

1. **quīnque mīlibus passuum**: abl. of degree of difference. — **ab**: (*away*) *from.*

2. **pugnātum est**: *a battle was fought*; lit. what?

3. **cum**: *as,* or *since.*

5. **cum**: freely, *under the stress of.*

6. **miserrimē** : **miserē** (adv.), *wretchedly.* — **vīctum est**: impersonal pass. (from **vīvō**).—**aerāriō**: **aerārium, -rī**, N., *public treasury.*

8. **quibus**: dat. case; cf. **cui**, p. 11, l. 2.

10. **multōrum**: as (masc.) noun; cf. **multī**, l. 13.

12. **Americānis**: indirect obj. with **auxilium ferre.**

13. **aliīs ex gentibus**: *i.e. of other nationalities.*

16. **factum erat**: *it had come to pass.*

17. **cum**: preposition.—**foedus**: **foedus, -eris**, N., *alliance.*

adiuvaret. Quibus rēbus cōgnitīs, Britannī illī, quī Philadelphiae consēderant, cum sentīrent flūmine classe obsesso
se undique oppugnarı posse, celeriter sēsē coniūnxērunt cum
cōpiīs aliīs, quae in prōvinciā proxima collocātae erant. Ita
5 Philadelphia rursus in Americanorum potestātem pervenit.
Adhūc Britannī crēdiderant colōnōs facile vincī posse:
sed iam demum senserunt se rem difficillimam tractāre;
cumque in provinciīs, quae ad merīdiem spectant, colōnī
rārī multīs cum servīs in praediīs maximīs habitārent, in
10 eās cōnstituērunt exercitūs suos mittere, sī ibi rem gerere
fēlīcius possent. Nec vēro eos consilium fefellit; nam
Gorgia una cum aliīs quibusdam provinciīs brevī est occu-
pāta, et ubicumque ın acıe pugnātum est, Americānī victī
sunt. Quibus dētrīmentīs minimē animō dēmissī, colōnī
15 iam manus parvas coegerunt, quae in silvīs palūdibusque
latēbant, donec occasıonem reī bene gerendae nancīscerentur; tum subitō impetū factō aut capiēbant Britannos
aut eos in fugam dabant.

LESSON 41

Benedict Arnold

Dum haec geruntur, in provinciā Noveboracensī quīdam
20 imperātor Amerıcanus, nomine Arnoldius, dux audāx ac

1. quibus rēbus: *this.* — Philadelphiae: locative case.
2. flūmine . . . obsessō: translate by a conditional clause.
3. oppugnārı: note the last
letter of the word. — posse: *could.*
— sēsē: *i.e.* sē.
8. cum: *since,* or *inasmuch
as.*
10. eās: referring to prōvinciīs,
l. 8. — sī: cf. sī, p. 33, l. 4.

11. nec vērō, etc.: freely, *and
the plan* WAS *successful;* lit. what?
13. ubicumque: conjunction,
wherever.
15. manūs: *companies,* or
hands.
16. latēbant: cf. the note on
rapiēbant, p. 7, l. 17. — reī bene
gerendae (gen. case): freely, *successful action.* — nancīscerentur:
translate the subjunctive "could."

strēnuus, Britannīs parabat prōdere castra, quae colōnī in
rīpā flūminis Hudsōnis posuerant, quoque ab Americanīs
comportāta erant omnia, quae ad bellum necessaria erant;
nam castra nātūrā locī mūnītissima erant, ac funis quoque
5 ferreus ibi trāns flūmen ductus erat, nē nāvēs hostium
longius adverso flūmine navigare possent.

Britannī, cum iam diēs prōditionis appropinquaret, nuntium miserunt, quī ducem convenīret Americanum, litte-
rasque ab eo reportāret.   Incolumis ad Arnoldium pervenit
10 nūntius; sed cum ad Britannōs redīret, ab Americanīs
tribus captus est: quī captīvum sine mora in castra proxima dēdūxerunt, quamquam ille miser omnibus modīs ab
eīs salūtem impetrare cōnātus est.   Quā dē re certior factus, Arnoldius ad Britannōs quam celerrime perfūgit; quo-
15 rum in exercitū imperātor brevī factus est.

Nūntius interim, causa cognitā, capitis est damnatus;
litteras enim, quas manu ducis Americanī scrīptās ferēbat;
dēlēre non potuerat, antequam in castra a colōnīs tribus
ductus est.   Arnoldius, cum contrā suōs cīvēs ācerrimē bel-
20 lum gessisset, postremo apud Britannos mortuus est, etiam
eīs ipsīs invīsus quos tantā perfidiā adiuvare conatus erat.

1. castra, quae, etc.: namely,
West Point.

2. quōque : i.e. quō + que,
and into which; for quō, cf. the
note on p. 8, l. 14.

3. omnia: note the gender.
— ad : for.

4. nātūrā : note the case. —
fūnis (-is, M.) : chain.

5. ferreus (-a, -um) : iron.
—ductus erat : had been stretched.

7. prōditiōnis: prōditiō, -ōnis,
F., betrayal; cf. the verb prōdō,
l. 1.

12. ille miser : he, poor fellow.

14. quam celerrimē : as quickly
as possible. — quōrum in exercitū :
and in their army.

16. cōgnitā : tried. — capitis :
i.e. to death.   The charge or
(less often) the penalty may be
expressed, as here, by the genitive.

17. manū : abl. of means with
scrīptās.

19. cum . . . gessisset : after
waging. — suōs : observe the emphatic position (cf. the note on
suum, p. 11, l. 6).

21. eīs ipsīs : dat. case; construe with invīsus.

LESSON 42

A Roman who fought against his Country

Quibus rēbus admoneor ut pauca dīcam dē Coriolano, clārō duce Rōmano; quī imperātor fortissimus, ā cīvibus iniuria damnātus, ab urbe discessit sēque coniunxit cum hostibus, quī anteā bellum Rōmanis saepe intulerant.

5 Dēnuō mox bellō indictō, hostibus prīmō rēs undique fēliciter evenerunt, Romanique lēgātōs pacis petendae causā ad Coriolānum mittere coāctī sunt. Quī autem, propter iniuriam a cīvibus inlātam adhūc īrātus, asperius respondit lēgātōsque maestissimōs domum dīmīsit; quīn etiam īdem 10 nūntiī ā senātū iterum missi ne in castra receptī quidem sunt.

Quibus rēbus cōgnitīs, Rōmani graviter permōtī etiam sacerdōtēs mittere cōnstituērunt, sī ab eīs saltem Coriolānī animus ferox flectī posset; cum vero nē hī quidem quicquam impetrāre potuissent, tum māter ipsa uxorque Coriolānī una 15 cum aliīs mātrōnīs complūribus ad hostium castra maestae profectae sunt.

Quō ubi perventum est, mātris verbīs vehementer commōtus Coriolānus pollicitus est sē sine mora cum exercitū e fīnibus Romanorum discessurum. Postea apud hostīs mul-

1. **pauca**: *a few* (*words*).
2. **quī**: *this* (adj.).
3. **iniūriā**: abl. used adverbially. — **urbe**: *the city, i.e.* Rome, often thus designated as being *the* city par excellence.
4. **Rōmānīs**: dat. case.
5. **dēnuō**: *i.e.* iterum.
6. **pācis petendae causā**: *i.e.* ad pācem petendam. Literally causā means "for the sake of."
8. **asperius**: *rather harshly* (asperē: adv., *harshly*); for the

rendering of the comparative, cf. the note on **maximum**, p. 13, l. 11.
9. **lēgātōs**: *envoys* or *ambassadors*. — **maestissimōs**: pred. adj. — **īdem**: pl.
13. **ferōx** (-ōcis, adj.) : *fierce*. — **flectī**: flectō, 3, flexī, flexus, *influence*. — **vērō** : *and*. — **quicquam**: *any concession*, lit. *anything*.
15. **maestae**: in (*the garb of*) *mourning*.

tōs annos vīxit, nec libenter; nam trāditum est eum esse
solitum dīcere senī miserrimum esse exsilium.

LESSON 43

The Surrender of Cornwallis

Sed ut ad Americanōs redeāmus, ab eīs diu ac varia fortūnā bellum cum Britannīs gestum est.   At paulātim oppida
5 prōvinciārum, quae ad merīdiem spectant, rursus in potestātem Americanorum vēnērunt, ac Cornivallis, quī iam ibi
bellum gerēbat, in Virginiam postremo se recipere coactus
est; quā in prōvinciā summa cum licentia rapere et agere
coepit omnia.

10   Vasingtō autem iam aderat cum exercitū sociīsque Gallicīs; et Cornivallis in urbe munītissima, quae Eboracopolis
appellātur, undique obsessus, oppugnātiōnem duōs mēnsēs
aegre sustinuit.   Tum hostēs, cum frūstra erumpere cōnātī
essent parsque mūnītiōnum ab Americanīs esset expugnāta,
15 se suaque omnia Vasingtōnī dēdidērunt.   Cornivallis autem
ipse, ne suīs oculīs īgnōminiam exercitūs vidēret, eo diē se
esse aegrum simulābat, atque in tabernaculō, donec dēditio
est facta, maestus morātus est.

Hāc victōriā nūntiātā, Americanī ecfrēnāte gaudēbant;
20 ac senātus in templum convocātus dīs grātiās maximas ēgit.

1. **vīxit**: from **vīvō**. — **nec
libenter**: cf. the note on p. 17,
l. 8.
2. **senī**: *for an old man;* **senī**
is from **senex**.
3. **ut...redeāmus**: *to return.*
6. **ibi**: *in that region.*
8. **licentiā**: licentia, -ae, F.,
lawlessness. — **rapere** et **agere**:
freely, *rob and plunder;* strictly,
steal. (goods) *and drive off* (live
stock).
11. **mūnītissimā**: *strongly fortified.*
13. **hostēs**: *i.e.* the English.
16. **nē** **vidēret**: freely,
in order to avoid seeing
16. **suīs**: cf. again suum, p. 11,
l. 6.
20. **dīs**: cf. p. 14, l. 19.

MŪNĪTIŌNĒS

Above may be seen the remains of a Roman camp, showing still very well the nature of its defenses ; namely, a *vāllum*, strengthened at short intervals by small towers.

Omnēs enim sentiēbant Britannīs pacem iam demum esse petendam.

LESSON 44

Washington retires to Private Life

Pāce factā, Carletō, dux Britannicus, quī tum Eboracum Novum praesidiō tenēbat, cum exercitū naves conscendere 5 domumque redīre a rege iussus est.

Illam in urbem Vasingtō lēgātōs suos paulō post convocāvit. Cumque pauca locūtus eos valēre iussisset, lēgātī, quī eo duce annos circiter octō stīpendia fēcerant, lacrimas non potuerunt diūtius continēre, sed flentes imperātōrem 10 dextrā tenuerunt. Lēgātīs dīmissīs, Vasingtō, ut imperium suum dēponeret, ad urbem statim profectus est, ubi senatus tum habēbātur.

Cum iter faceret, multitūdines maximae ex oppidīs omnibus egressae flōrēs in viā sparserunt; et inter fausta nomina 15 etiam pater patriae est appellātus. Sic progressus est usque ad urbem, ubi eum senātus exspectābat; tum, imperiō dēpositō, domum sine mora contendit, arbitrātus se iam in praediō iure otiōsum vīvere posse, sīcut fecerat, antequam bellum indictum est.

1. **Britannīs**: cf. the note on sibi, p. 34, l. 21.

6. **lēgātōs**: *staff officers.*

7. **eōs valēre iussisset**: *had bidden them (to) fare well.* (valeō, 2, valuī).

8. **eō duce**: cf. advenā duce, p. 21, l. 14. — **circiter**: cf. p. 45, l. 1. — **stīpendia fēcerant** : cf. p. 42, l. 6.

10. **ut**: *for the purpose (of).*
11. **senātus . . . habēbātur**: freely, *Congress was in session.*

13. **cum**: *as.*

14. **sparsērunt**: spargō, 3, sparsī, sparsus, *scatter.* — **fausta**: faustus, -a, -um, *complimentary.*

16. **exspectābat**: note the tense.

17. **arbitrātus**: cf. the note on veritī, p. 2, l. 17.

18. **iūre**: abl. of iūs, used adverbially; cf. iniūriā, p. 48, l. 3. — **ōtiōsum**: cf. p. 38, l. 6, note.

LESSON 45

The Father of his Country

Laus maxima Vasingtōnī tribuenda est, quod se regem facere nōluit. Sed eius nomen manet semperque mansurum est in animīs hominum, in aeternitāte temporum, neque aliud umquam ab Americanıs aeque amabitur. Quod ille pater
5 patriae appellātus est, hīc est honor, quī paucīs contigit.
Nam abhinc multōs annos Cicero ita est vocātus, cum vīcisset cīvīs pessimos, quī rem pūblicam perdere voluerant ; et antīquitus hoc idem cognomen Camillō ā cīvibus grātīs ıure datum est.

10   Nam ille vir Rōmanus, dux fortis clarusque, iniūriā in iūs vocātus, abierat in exsilium, vīvēbatque apud Ardeātēs, cum Gallī plūrimī trans montēs in Italiam subitō profectī, proeliō acrī vīcērunt Rōmanos, urbemque ipsam incendērunt.
Tum Camillus, conciliō convocātō, Ardeātēs hortātus est ut
15 audācter fīnēs dēfenderent suōs, Rōmānīsque fortiter auxilium ferrent. Itaque, illō duce, oppidānī noctū clam profectī, in quōsdam Gallōs, quī sine custōdiīs in agro apertō

1. laus (laudis, F.) : *credit.* — tribuenda est : *is due* (tribuō, 3, tribuī, tribūtus, *give,* or *ascrihe*). — quod : *that* (conjunction).

2. mānsūrum est : cf. futūrus erat, p. 31, l. 7.

3. aeternitāte :   aeternitās, -ātis, F., *endless extent.* — temporum : *the ages.* — aliud : (*any*) *other.*

4. aequē : adv., *equally.* — quod : *as for the fact that.*

5. hīc est : *this is* ; for the gender, cf. the note on quod, p. 30, l. 6. — paucīs : (*only*) *a*

few ; masc., as noun. — contigit : contingō, 3, -tigī, *fall (to the lot of,),* or *happen (to).*

7. perdere : perdō, 3, perdidī, perditus, *ruin.*

8. cōgnomen : cōgnōmen, -inis, N., *title.* — grātīs : *grateful.*

11. Ardeātēs : *people of Ardea* (a town about twenty miles south of Rome).

12. Gallī : *the Gauls,* a people inhabiting the country now known as France.

13. urbem : cf. the note on urbe, p. 48, l. 3.

humī iacebant sopītī, maximō clāmōre fēcērunt impetum,
eōsque in fugam dedērunt. Ac paulo post reliquī quoque
hostēs, quī in castrīs ad Romam morātī erant, ā Camillo
paene ad unum occīsī sunt.

3. **ad Rōmam**: *near* (or *at*) *Rome.*   4. **ad ūnum**: cf. p. 4, l. 5.

TALES OF LAND AND SEA

LESSON 46

The Settler's Daughter

In Britannia Nova quondam agricolae, quī semper impetūs timēbant Indōrum, in agros cotīdie secum arma ferre solēbant; ac prope quendam vīcum in colle ēdito castellum quoque positum erat, quo, sī quando opus esset, colōnī
5 līberōs uxoresque statim dēdūcerent.   Quo ex castellō ōlim sīgnum subitō datum est Indōs adesse.   Hōc audītō, agricolae, equīs in agrīs sine mora relictīs, ad vīllās cucurrerunt, et mulieres ac līberos quam celerrime ın castellum dēducere coeperunt.
10   At vir quīdam, cui erat fīlia tantum, ad castellum cum ea pervenīre non potuit, priusquam Indī in conspectum venerunt; itaque puellam parvam in arbore cava collocavit, ne hostes eam invenīre possent, ipseque, ut auxilium cīvibus suīs ferret, per agros fortiter contendit.
15   In proelio, quod est ibi commissum, ab Indīs captī, in silvās longinquas dēductī sunt agricolae paucī, in eīs ille vir, dē quo modo dīxī.   Oppidānī scīlicet crēdidērunt fīliam una cum patre captam esse : sed ille multīs post mensibus

---

3. ēditō : ēditus, -a, -um, *high.*
4. quō : cf. quō, p. 47, l. 2.
sī quandō :. *if at any time,* or *whenever.* — opus esset : *there should be need.*
7. sine morā : *i.e. instantly.*

8. quam celerrimē : cf. p. 47, l. 14.
11. priusquam : *i.e.* antequam.
15. est . . . commissum : *i.e.* commissum est.
16. in eīs : cf. p. 38, l. 14.

54

ex Indōrum vīcō clam effūgit; cumque postrēmō domum pervēnisset neque in oppidō fīliam potuisset invenīre, cīvīs suos ad arborem cavam dēdūxit. Ibi reperta sunt ossa tantum et sagitta una.

LESSON 47

The Trials of War

5 Ab hostibus transmarīnīs quī olim bellum cum colōnīs Americanīs multōs annos gesserunt, facinora atrōcia facta esse dīcuntur plūrima. Nam cuidam colōno erant duo equī pulcherrimī, quōs ille maxıma dīligentiā curābat; at imperātor hostium, quī hoc oppidum praesidiō tenēbat,
10 quīque erat omnibus oppidānīs superbiā maximē invīsus, illōs equos quondam ad se dūcī iussit, quod nūntium cum litterīs ad castra longinqua mittere vellet. Sed unum ex equīs nemo postea vīdit, alterque paucīs post hōrīs ın vıa moribundus haud procul repertus est.
15 Praedam quoque e vīllīs undique rapere solēbant hostes; sed eos quondam duo servī Afrī callidē ēlūserunt; post-quam enim mīlitēs appropinquare nuntiātum est, hī servī fidēlēs, tabulā abreptā, argentum dominī celeriter sub aedi-bus condidērunt. Unus autem ex eīs sub aedibus ar-
20 gentum vix ab altero acceperat, cum subitō hostēs in conspectum venerunt. Itaque ille, quī suprā stābat, tabu-

---

3. ossa: os, ossis, N., *bone.*

5. trānsmarīnīs: trānsmarī-nus, -a, -um, *from across the sea.*

6. atrōcia: atrōx, -ōcis, adj., *dastardly.*

7. dīcuntur: note the pl. verb.

10. quīque: *i.e.* quī + que. — omnibus oppidānīs: dat. case;

construe with invīsus. — superbiā: abl. of cause.

11. quod . . . vellet: *on the ground that he wanted.*

16. callidē: adv., *cleverly.*

18. tabulā: tabula, -ae, F., *hoard.*

21. ille: *the one.* — tabulam: cf. l. 18.

Iam statim dēmīsit, ne quid hostēs suspicarentur; ac servus alter, qui nullō modō evādere poterat, trīs diēs noctesque sub aedibus dīcitur sine aquā cibōve mānsisse.

LESSON 48

The Attempt to surprise Detroit

Postquam bellum, quod ā Britannīs cum Gallīs Indīsque
5 gerēbātur, paene confectum est, multaque castella longinqua in potestātem Britannōrum venerunt, quīdam rex Indorum, nomine Pontiac, dux fortis et acer, castella illa recipere Britannosque ita ex eīs regiōnibus expellere se posse sperare coepit; quare, conciliīs undique convocatīs,
10 Indōs hortātus est ut sē fortiter sequerentur atque hostīs invisos ad unum interficerent.

Cum iam ad caedem faciendam Indī omnia expedīrent, e castellō quōdam mulier forte egressa barbarōs in tabernāculīs arma parare animadvertit. Qua re nūntiātā, lēgātus
15 Britannicus, quī ibi praeerat, nihil tamen verēbātur, dōnec puella Inda, quae eum amābat, castellum maesta intrāvit, consiliumque tōtum Indorum ostendit. Tum vero castellum custōdiīs maiōribus fīrmātum est, nec nimis mature; nam posterā nocte procul in silvīs audīrī poterat cantus

1. dēmīsit: not dīmīsit. —
quid : i e. aliquid. After nē and sī, the short forms quis, quid, etc., are regularly used.
3. dīcitur: cf. dīcuntur, p. 55, l. 7.
4. bellum, quod, etc. : namely, the French and Indian War.
8. recipere : a compound of capiō. This and the following infin. depend on posse, l. 9.

9. posse : *could.*
10. sē : *him.*
14. quā rē : *this observation.*
15. nihil . . . verēbātur : freely *felt no concern;* lit. what?
18. nimis : adv., *too.* The whole phrase may be rendered freely *and none too soon.*
19. audīrī : note the last letter of the word. — cantus : cf. p. 3, l. 2.

hostium, quī circum ıgnes saltābant: sīc enim Indī se ad caedem incitāre solēbant.

LESSON 49

The Attempt to surprise Detroit (*Continued*)

Mane ad castellum cum comitibus circiter sexagintā venit Pontiac, conciliumque postulāvit. Haud magno in-
5 tervāllō sequēbātur reliqua multitūdō Indōrum, quī simulā-bant sē extrā mūnītiōnēs pilā lūsūrōs.

Portīs castellī patefactīs, Pontiac, quī nihil suspıcābātur, una cum comitibus, quī omnēs arma vestīmentīs tēcta fere-bant, sine morā intrāvit; deinde autem vehementer permo-
10 tus mīlites omnēs et complūrēs negotiātōrēs cum armīs circumstāre animadvertit. Postquam vēro ad prīncipia dēductus est ac vīdit duōs tresve tantum adesse centurıones, audācter cum lēgātō loquī coepit.

Priusquam ad castellum perventum est, comites rex
15 monuerat sē, cum pauca prius de pace locūtus esset, lēgātō zonam datūrum; quo sīgno impetum statim in lēgātum centuriōnesque faciendum esse, cum interim Indī cēterī, quī extrā mūnītıones relictī erant, per portas inrumperent praesidiumque adorīrentur.

2. **caedem**: (*the business of*) *murdering*.

4. **intervāllō**: translate the abl. "at" (strictly, abl. of manner).

6. **pilā**: (*at*) *ball*; abl. of means (pila, -ae, F.). — **lūsūrōs**: sc. esse.

8. **quī omnēs**: *all of whom.* — **vestīmentīs**: abl. of means; but translate "under."

10. **cum armīs**: *i.e.* (*fully*) *armed.*

11. **circumstāre**: *i.e.* in such a way as to encircle Pontiac and his followers. — **prīncipia**: prīn-cipia, -ōrum, N., *headquarters.*

15. **pauca**: note the gender; cf. **multa**, p. 5, l. 9.

16. **zōnam**: zōna, -ae, F., *belt.* — **datūrum**: *would offer.* — **quo sīgnō**: abl. of time when; translate "at."

17. **cēterī**: *i.e.* reliquī.

Cum vero porrigere zonam ille cōnārētur, lēgātus sīgnum dedit, et subitō prīncipia sonō armorum complēta sunt. Tum dēmum barbarī, quī iam plāne sentiēbant omnia consilia sua patefacta esse, vultū dēmisso e castellō silentiō sunt 5 egressī, atque in silvās properaverunt; ubi e conspectū Britannorum mox amissī sunt.

LESSON 50

A Successful Ruse

Colōnī, cum bellum gererent, hostīs saepe fallaciīs ēlūserunt. Sīcut dux quīdam Americanus, quī menses multōs cum exercitū fuerat, uxoris conveniendae causā ōlim clam 10 domum profectus est. Cuius adventū cognitō, oppidanī, quī paucī hostibus favēbant, certiōrem fēcerunt lēgātum Britannicum, quī castrīs praeerat proximīs, ducem illum in oppidō latēre.

Itaque sine mora cum legiōne noctu profectus, lēgātus ad 15 oppidum celeriter contendit; ubi statim aedibus Americanī ignes admōtī sunt. Quō animadverso, ille scīlicet crēdēbat spem omnem iam esse sublātam: sed fīlia ex aedibus fortiter egressa lēgātō, "Māter mea," inquit, "aegra est. Dā mihi, obsecrō, salūtem eius saltem miserae."

1. zōnam: see p. 57, l. 16. —
sīgnum dedit: *i.e. made a motion*.
2. prīncipia: see p. 57, l. 11.
7. fallāciīs: *tricks* or *trickery* (fallācia, -ae, F.).
8. sīcut: *as, for instance*.
9. causā: cf. the note on p. 48, l. 6.
10. oppidānī: (*his*) *townsmen*.
11. quī paucī: cf. quī omnēs, p. 57, l. 8.
12. praeerat: cf. p. 56, l. 15.
The word means literally "to be before" or "to be over," notions which, in Latin, call for the dative.
14. legiōne: (*his*) *regiment*.
15. Americānī: as noun, gen. sing.
16. ignēs: translate as sing., and turn the whole phrase into the active form. — quō: neuter.
19. obsecrō: *I beg* (*you*) (obsecrō, 1). — eius . . . miserae: *of her, poor woman*.

Quā re impetrātā, mulier cum lectō lēniter ēlāta est; mīlitēs autem, ne dux ipse ūllō modō effugere posset, aedēs interim omnibus ex partibus circumstābant : quīn etiam haud procul sunt morātī, donec aedēs tōtae ignī con-
5 sumptae sunt. Tum laetī ad castra sē recepērunt, inter se glōriantēs unum saltem Americanum scelerātum poenas dedisse. At incolumis erat ille; nam, cum uxor efferrētur, sub lectō manibus genibusque ambulāverat, neque eum vīderat quisquam. Sīc astūtiā fīliae servātus mox ad ex-
10 ercitum tūtō rediit.

LESSON 51

How the Town was Saved

Multīs post annīs, quam ea, quae modo dīxī, facta sunt, duae puellae Americanae, quae aliō in oppido prope mare habitābant, facinus memorābile ausae sunt. Olim enim, cum pater eārum longe abesset, in conspectum subitō vēnit
15 navis longa Britannica; ex qua, cum in portum pervenisset, mīlitēs multī scaphīs vectī ad lītus celeriter contendērunt atque Americanorum coeperunt incendere navigia, quae tum forte in portū ad ancoram consistēbant.

Fugam iam parābant oppidānī cēterī; at puellae illae,

1. rē : *concession.*—ēlāta est : from efferō.

3. omnibus ex partibus : cf. p. 44, l. 6.

4. tōtae : cf. the note on laetus, p. 2, l. 16.

5. inter sē : *among themselves.*

8. manibus, etc. : abl. of means; translate "upon" (genū, -ūs, N., *knee*). — neque . . . quisquam : cf. p. 2, l. 11.

9. astūtiā : astūtia, -ae, F., *quick wit.*

11. post . . . quam : *i.e.* postquam. — ea : *the events.*

13. facinus : not as on p. 55, l. 6 (see the Vocab.). The phrase, as a whole, should be rendered freely.

19. parābant : *were making preparations for.* What are other meanings of this word ?

MUSICAL INSTRUMENTS

Among the ancients, music was a comparatively undeveloped art. The scantiness of the music of the stage is indicated by the above scene from a comedy, where the actor in the foreground is manipulating a tambourine (*tympanum*), while another in the rear plays upon double pipes (*tibiae*).

In the Roman army, music was not employed as an accompaniment for the march; but various trumpets were used for sounding signals. In the picture below may be seen the long straight trumpet (*tuba*) used by the infantry.

tībiā tympanoque arreptīs, secundum lītus clam properaverunt, ac colle parvo interpositō clāre canere coeperunt.
Quo sonō audītō, Britannī vehementer commotī armātōs
plurimos appropinquare arbitrābantur (nam Americani mul-
5 taeque gentēs aliae tībiā tympanoque canere solent, cum in
proelium progrediuntur). Quāre, veritī ne interciperentur,
hostēs, navigiis oppidānorum relictīs, celerrime se ad suam
navem longam receperunt; nam non diūtius de iniūriīs īnferendīs cōgitābant, sed sine mora navem solvērunt atque
10 in mare apertum progressī sunt. Ita ā puellīs duābus
oppidum servatum est.

LESSON 52

An Example of Fortitude

Indī Americani summum cruciātum sine gemitu patī
possunt, atque Indī Asiāticī nūdī dīcuntur inter nives vītam
agere, neque edere gemitum, etsī ignes admoveantur. Illī
15 tamen cruciātū fortiter ferendō Rōmānōs nūllō modō supe-
rant. Nam ōlim, cum diū neque fēlīciter bellum cum rege

1. .tībiā: tībia, -ae, F., *flute.* —
tympanō: tympanum, -ī, N., *drum.*

2. interpositō: cf. p. 36, l. 8.
— clāre: adv., *loudly.*

5. tībiā tympanōque: see l. 1;
for syntax, cf. manibus, p. 59. l. 8.

6. ne: (after a verb of fearing) *that.*

7. suam: cf. suum, p. 11, l. 6.

8. īnferendīs: *inflicting*; cf.
the force of the gerundive as seen
in the use with ad and causā in
purpose clauses.

9. solvērunt: lit. *loosed,* or
released; see the Vocab.

13. nūdī: pred. adj. — vītam:
translate as pl.

14. edere: not edere. — etsī:
even though. — ignēs: translate as
sing. — admoveantur: sc. eīs;
subjunctive, because part of the
indirect discourse. Render the
whole phrase freely.

15. ferendō: *in (the matter
of) bearing*; cf. īnferendīs, l. 8.
The ablative expresses specification.

16. neque fēlīciter: *and unsuccessfully*; cf. the note on p. 17,
l. 8.

Porsinnā gestum esset, C. Mūcius, clārus iuvenis Romanus, Tiberim cōnstituit sōlus transīre regemque hostium, sī posset, interficere. Itaque tēlo veste tēctō profectus est; cumque flumen clam trānsīsset, in castra hostium incolumis 5 pervenit. Ibi tamen regem a comitibus internoscere non potuit, ac pro Porsinnā scrībam occīdit; deinde frūstrā effugere conātus ad rēgem ipsum dēductus est. Quī cum vellet penitus cognoscere cōnsilia, quae in se inita erant, ignēs iussit admovērī, ut iuvenis omnıa prodere cōgerētur. 10 Ille autem ultrō dextram in ignem porrexit, cruciātumque sine gemitu passus est. Quo vīsō rēx, tantam fortitūdinem admīrātus, captīvum incolumem dīmīsit, ac paulō post a Rōmanīs pacıs condicıones petīvit, quod cum gente, ex qua erant iuvenes tantae virtūtis, diūtius bellum gerere nollet.

LESSON 53

A Hasty Leave-Taking

15 Prīmō bello, quod Britannī cum Americanīs gesserunt, hostes, cum ex Canadā per prōvinciam Noveboracensem

1. **Porsinnā**: king of Etruria, a district of Italy just north of Latium.— **C.**: *i.e.* **Cāius** (*Gaius*).
2. **Tiberim**: acc. sing. of **Tiberis**. — **sī**: *if.*
3. **veste**: *i.e.* **vestīmentō**: cf. p. 57, l. 8.
5. **internōscere**: **internōscō**, 3, -nōvī, -nōtus, *distinguish.*
6. **scrībam**: **scrība**, -ae, M., *clerk.*
7. **ad**: *before.* — **quī**: the king. — **cum vellet**: translate by a participial phrase.

8. **penitus**: adv., *fully.* — **in**: *against.* — **inita erant**: **ineō**, -īre, -iī, -itus, *enter into.*
9. **omnia**: *everything.*
11. **quō**: neut.
13. **quod**: *hecause (as he said).* — **ex quā . . . iuvenēs**: freely, *the young men of which.*
14. **tantae virtūtis**: the gen. expresses characteristic or quality; translate first literally and then freely.
15. **prīmō bellō**: abl. of time when.

ad mare iter facere cōnābantur, ā sociīs Indīs multum adiūtī sunt; barbarī enim paulum ante exercitum progressī, vīllīs undique incēnsīs, colōnōs summa crudēlitāte occīdēbant. Quare agricolārum omnium suspensī erant animī.

5 Dum res ita sē habent, in praediō quōdam servus Afer ōlim subitō ex hortō perterritus fūgit, dominumque certiorem fēcit se Indum in herbā latentem vīdisse. Quō audītō, dominus statim ad frātris vīllam profectus est, ut cum eo consilium commūnicāret; interim uxor fīlium iussit 10 equos carrumque parare. Tum, postquam rediit pater, pauca in carrum imposuerunt, aedibusque ac bōbus relictīs, ad rīpam flūminis satis magnī, quod prope fluēbat, sine mora progressī sunt. Id cum trānsīssent, celeriter inde per agros contendērunt una cum colōnīs aliīs, quī in 15 hīs regiōnibus diūtius morarī nōn audēbant. At nē sīc quidem sine labōribus perīculīsque effūgērunt; nam in itinere, tempestāte subito coortā, māter līberīque sub caelō noctem agere coactī sunt: sed postremo in provinciam proximam incolumēs pervēnērunt.

LESSON 54

The Capture of a Man-of-War

20 Olim multī armātī Americanī ad Canadam versus iter faciēbant, ut ibi cum Gallīs pugnarent. Quī postremo pervenerunt ad lacum, quī transeundus erat, sī longius pro-

---

1. Indīs: here adj.
3. occīdēbant: cf. rapiēbant, p. 7, l. 17.
5. rēs: *matters.*
8. vīllam: *farm;* cf. the commoner meaning of the word in l. 3.
9. commūnicāret: commūnicō, I, *make . . . jointly.*

11. pauca: note the gender. bōbus: from bōs.
12. satis: *quite.*
14. aliīs: not reliquīs or cēterīs.
18. noctem agere: cf. vītam agere, p. 61, l. 13.
20. armātī: strictly, noun; but the phrase may be rendered freely.

gredī vellent; in lacū autem ultrō citrōque navis longa Gallica navigābat, ne quis ibi scaphīs trānsīre posset.

Americanī scīlicet nāvem longam sibi statim capiendam esse intellexerunt. Conciliōque convocatō, cum variae sen-
5 tentiae dictae essent, subitō lēgātus quīdam, maximae virtūtis vir, imperātōrī "Ego," inquit, "sī mihi mīlites sex et cuneos complūrīs dabis, celeriter rem cōnficiam." Mīlitibus cuneīsque datīs, lēgātus nocte intempestā ad navem longam clam scaphā vectus est; ubi cuneos sīc īnseruit, ut guberna-
10 cula nūllam in partem moverī possent.

Māne Americanī lacum transīre coepērunt. Quo animadverso, Gallī, quī nihil suspicābantur, velīs passīs in hostes impetum facere cōnātī sunt; at nāvis, ventīs statim ad lītus dēlāta, facile capta est a quibusdam Americānīs, quī ad id
15 ipsum in lītore morātī erant. Nāve longa captā, scaphae Americānōrum sine ūllo incommodō ad lītus ulterius pervenerunt, mīlitesque rursus ad Canadam per montēs silvāsque lēniter progressī sunt.

LESSON 55

The Fall of New London

Cum Britannī Novum Eboracum praesidiō tenerent,
20 colōnī classīs onustas rebus omnibus, quae ad bellum necessariae sunt, secundum lītus Novae Britanniae ad

---

1. **ultrō**: not as on p. 62, l. 10; see the Vocab.

2. **nē quis**: *so that no one*; cf. the note on quid, p. 56, l. 1.

4. **sententiae**: cf. sentiō.

8. **nocte intempestā**: cf. p. 43, l. 5.

9. **īnseruit**: īnserō, 3, -seruī, -sertus, *force in.* — **ut**: introduc-

ing a clause of result. — **gubernācula**: cf. the illustration facing p. 1.

10. **moverī**: note the last letter of the word.

12. **passīs**: from pandō.

13. **ventīs**: abl. of means.

14. **id ipsum**: *this very purpose.*

16. **ulterius**: modifier of lītus.

occidentem navigantēs interdum vidēbant; tum, ē portibus liburnicīs celerrimē vectī, onerariās capiēbant, sī quae forte, tardius progressae, intervāllo maiore sequebantur naves longās, quae eīs praesidiō missae erant. Id Britannī diu mo-
5 lestē tulerant; cumque insula Longa iam tōta subācta esset, ne postea umquam colōnī in nāvēs suās impetum facere audērent, Novum Londinium dēlēre constituērunt.

Itaque ab insulā noctū profectī, fretum clam trānsiērunt; sed ventīs adversīs impedītī portum non potuērunt intrāre,
10 dōnec diēs postera illūxit. Tum celeriter e castellīs sīgnum colōnīs datum est hostēs adesse, et agricolae armatī omnibus ex partibus in oppidum convenerunt. Quī, cum Britannī e navibus egressī essent, ad lītus versus fecerunt iter, murisque interpositīs tēla plūrima in hostes inmīsērunt.
15 At Britannī, quī numero erant multō superiores, mox inruperunt in oppidum atque ignes undique aedibus templīsque admōverunt. Quo vīsō, colōnī, ut uxores liberosque in loca tūta dēducerent, ex oppidō in agrōs sē recēpērunt.

LESSON 56

The Fall of New London (Continued)

Prope oppidum erant castra quaedam, quae Americanī
20 praesidiō haud magno tenēbant. Quo cum hostēs perve-

---

1. nāvigantēs: modifying classis, p. 64, l. 20. — interdum: not interim. — vidēbant: *used to sight.*
2. capiēbant: cf. rapiēbant, p. 7, l. 17. — sī quae: *if any*; cf. the note on quid, p. 56, l. 1.
3. tardius . . . maiōre: absolute comparatives (cf. the note on p. 13, l. 11). — intervāllō: cf. p. 57, l. 4.
4. eīs praesidiō: *as an escort for them,* lit. *for a protection to them,* praesidiō being a dat. of service. — id: *i.e.* this preying upon their shipping.
5. subācta: subigō, 3, -ēgī, -āctus, *suhdue.*
6. nē . . . umquam: *so that never.*
8. fretum: *sound.*
15. numerō: cf. p. 44, l. 15.
16. ignēs: translate as sing.

nissent, colōnos statim se dēdere iussērunt. Datō autem respōnsō minimē grātō, ācerrimē ibi pugnatum est: sed Britannī, quī, ut supra dīxī, numero multō erant superiores, postrēmō conscendērunt mūnītiōnes, castraque expugna-
5 verunt; quīn etiam virtūte colōnōrum, quī animo obstinātō restiterant, adeō exacerbātī sunt, ut summa crudēlitāte occīderent dēditos quōsdam, quī arma iam prōiēcerant.

Deinde tamen, castra funditus dēlenda esse arbitrātī,
10 vulnerātōs prius efferre coeperunt; sed id tantā saevitiā, ut homines miserī in carrum alius super alium abicerentur. Tum a Britannīs circiter vīgintī carrus dūcī coeptus est ad vīllam quandam, ubi vulnerātī ab amīcīs curarı possent. At praeceps erat via, ac postrēmo a mīlitibus carrus diūtius
15 retinērī non poterat, sed per dēclīve celeriter dēlātus, in arborem inlīsus est. Ipsa concussione quīdam e vulnerātīs interfectī esse dīcuntur; ac cēterōrum ululātus etiam trans portum audītus est.

Sed iam undique colōnī plūrimī ad oppidum auxilī ferendī
20 causa properabant, hostesque celeriter ad navıs se recipere coactī sunt.

---

2. respōnsō: noun, derived from respondeō.

3. ut: *as.*

6. adeō: cf. p. 5, l. 18. — exacerbātī sunt: exacerbō, 1, *exasperate.*

7. dēditōs: as noun; cf. vulnerātōs, l. 10.

9. funditus: adv., *totally,* or *utterly.* — arbitrātī: cf. veritī, p. 2, l. 17.

10. id: sc. fēcērunt.

12. coeptus est: the passive forms of this verb are used when the dependent infinitive is passive.

13. possent: note the mood.

14. praeceps (-cipitis, adj.): *steep.*

15. per dēclīve: *along the slope;* dēclīve being used as a neut. noun (from dēclīvis, -is, -e, *steep*). — dēlātus: *i.e. rolling down;* lit. what?

16. concussiōne: concussiō, -ōnis, F., *shock.* — ē: *of.*

19. auxilī: cf. the note on Standisī, p. 16, l. 4.

Priusquam prōvinciae Americanae validae sunt factae, Indī oppida longinqua saepe adoriēbantur; miseraque erat fortūna eōrum colōnōrum, quī ab eīs captī sunt. Ē quibus ūnus haec ferē dē sē commemorat:

5 "Ōlim," inquit, "cum barbarī subitō in cōnspectum vēnissent, ego cum oppidānis cēterīs fugā petīvī salūtem, et in palūdem proximam quam celerrimē contendī. Sed in lutō prōlapsus, ā tribus Indīs captus sum, atque ūnā cum reliquīs captīvīs in silvās longē sum dēductus; ubi diēs multōs 10 per montēs summō cum labōre fēcimus iter, cum interim contumēliās acerbissimās cotīdiē ferre cōgēbāmur.

"Noctū hostēs captīvos humī supīnōs collocābant, cuneīsque in terrā dēfixīs, manūs pedēsque artē religābant, nē quis nostrum per tenebrās effugere cōnārētur. Interdum 15 autem tanta erat inopia cibī, ut barbarī, veritī nē frūmentum dēficeret, nōs etiam ignī mandāre semel iterumque in animō habērent. At ego, postquam frīgore fameque sum paene necātus, paucīs post mēnsibus ā dominō novō ēmptus, postrēmō domum incolumis pervēnī."

2. **adoriēbantur**: cf. capiēbant, p. 65, l. 2.

4. **haec**: neut. pl. — **commemorat**: *i.e.* nārrat. The whole phrase may be rendered freely *discourses somewhat as follows*, etc.

5. **inquit**: present tense.

6. **fugā**: abl. of means; we would say, "*in* flight"; cf. other renderings of this abl., p. 57, ll. 6 and 8.

7. **quam**: cf. p. 47, l. 14. — **lutō**: lutum, -ī, N., *mud*.

11. **contumēliās**: cf. p. 18, l. 1.

13. **artē**: adv., *tightly*. — **nē quis**: cf. the same phrase on p. 64, l. 2.

14. **nostrum**: from ego.

15. **autem**: *moreover*. — **nē**: cf. p. 61, l. 6.

16. **mandāre**: mandō, 1, *consign*. — **semel iterumque**: see the Vocab.

LESSON 58

A Fresh Supply of Powder.

Ōlim puella, quae Elizabēta appellābātur, oppidanīs suīs ita salūtī fuit. Subitō ab Indīs oppidum erat oppugnatum, colōnīque statim se recēperant in castellum parvum, quod barbarī dıu expugnāre frūstrā conatī sunt. At dēficere iam
5 coeperat pulvis ille paene magicus, quo celeritāte exitiālī tēla Americanorum aliarumque gentium multārum longis-sıme feruntur. Quārē colōnī vehementer erant anımo demıssı; quamquam enim in vīllā haud longinqua copıa pulveris satis magna relicta erat, nemo eam putābat
10 ullō modō ad castellum tūtō adferrī posse, quod Indī in īnsidiīs undique latēbant. Multī tamen perīculum subīre volēbant, sed Elizabēta : " Ego ībō," inquit ; " puella enim sum, meque carere facilius potestis."

Cōnsiliō ā duce probātō, puella mox e castello palam
15 egressa est, lēniterque ad vīllam versus ambulāvit. Qua re nova permōtī, Indī prīmo eventum tacitī exspectābant, et Elizabēta nūllō impediente ad vīllam facillime pervēnit ; cum autem, pulvere arreptō, ad castellum rursus celeriter currere coepisset, tum barbarī, quī iam se ēlusos sentiēbant,
20 tēla plūrima undique coniēcerunt. Sed puella fortis sine

2. ita : *in the following way.*
salūtī : lit. *for a safety* ; cf. praesidiō, p. 65, l. 4, and see the Vocab. — erat oppugnātum : contrast expugnāre, l. 4.
5. quō : abl. of means.
7. animō dēmissī : cf. p. 37, l. 20.
10. modō : freely, *chance.* For other renderings, see the Vocab.

11. subīre : subeō, -īre, -iī, -itus, *risk*, lit. *undergo.*
12. volēbant : *were willing.*
13. mē . . . carēre : *spare me*, lit. *be without me* ; mē is abl. case. — potestis : *you could* ; cf. potest, p. 41, l. 7.
16. rē : *performance.*
17. nūllō impediente : cf. nūllō dēfendente, p. 44, l. 17.

vulnere intrā portam castellī recepta est, colōnique pulvere sublevātī impetūs Indōrum potuerunt sustinere, dōnec amīcī auxilī ferendī causa ex oppidīs fīnitimīs frequentes convēnerunt.

LESSON 59

A Battle against Great Odds

5 In quodam lacu maximo, cuius in lītore positum est oppidum Taeconderoga, acriter quondam ab Americānīs cum Britannīs pugnātum est. Americanīs parvae erant naves et paucae; at dux Britannicus, quī facile ē Canadā cōpiās adferre poterat, multas naves longas summa dīligentiā īn-10structās parāverat; se enim Taeconderogam brevī expu- ·gnātūrum spērābat.

Imperātor tamen colonorum, vir maximae virtūtis, etsī numero erat multō īnferior, committere proelium minime dubitāvit; sed cum hōrās multas esset pugnatum noxque 15 iam adesset, nāvēs vix nābant Americanae, tēlaque paene dēfēcerant. Quo quidem tempore Britannī, noctem veritī, proeliō dēstitērunt; sed ad ancoram haud procul cōnsistē-bant, ne colonī per tenebrās effugere conarentur.

At Americanī nocte intempestā, lucernīs extīnctīs, silentio 20 dedērunt vēla, et magno circuitū hostēs vītāvērunt. Itaque mane, cum Britannī proelium redintegrare vellent, vix in conspectu erat navis ūlla; quare illī, ancorīs sublātīs, summa celeritāte īnsequī coepērunt. Postquam autem Americānos fugientēs paene adsecūtī sunt, constitit ea

2. sublevātī: sublevō, 1, *help out*.
6. Americānīs: dat. case.
9. īnstrūctās: *equipped*.
12. maximae virtūtis: cf. tantae virtūtis, p. 62, l. 14.

17. proeliō: for syntax, cf. cōnātū, p. 21, l. 3.
19. lucernīs: lucerna, -ae, F., *lantern*.
24. fugientēs: participle as adj.

navis, qua vehēbātur dux ipse colōnōrum, et sōla hostium sustinuit impetum, dōnec reliqua classis Americana in por-tum munītum pervenīre potuit; quīn etiam ne illam quidem praedam ceperunt Britannī; nam suo navigio, cum ad lītus
5 appulsum esset, Americānī ipsī ignīs admoverunt.

LESSON 60

A Night Attack

Bellō prīmo, quod ā Britannīs cum Americānīs gestum est, in flūmine quōdam Carolaenae Ulteriōris īnsula parva praesidiō Britannico tenēbātur: interim dominus īnsulae, vir locuples reīque pūblicae amantissimus, molestē scīlicet
10 ferēbat castra hostium in praediō suō collocāta esse, eo magis quod mīlitēs interdum se insolenter gerēbant.

Postrēmo Americani cōnstituerunt adverso flūmine navi-gare copiasque Britannicas, sī possent, ex īnsulā expellere. Itaque clam profectī, nāvibus nocte intempestā ad īnsulam
15 silentiō appulsīs, impetum acerrimum subitō fēcērunt. Quā re nova permōtī Britannī ad arma celeriter cucurrerunt; et dominus quoque īnsulae, quī nesciēbat amīcōs adesse, im-petum ab hostibus factum arbitrātus, una cum uxore līberīsque in silvās tardius se contulit; ipse enim pedibus

---

4. suō: cf. suum, p. 11, l. 6.
5. appulsum esset: cf. appulit, p. 31, l. 13.
6. bellō prīmō: cf. p. 62, l. 15.
7. Ulteriōris : lit. *Farther* (from the point of view of the capi-tal of the United States), *i.e. South.*
9. reī . . . pūblicae amantis-simus: *most loyal to his country,* lit. *most loving of the common-*

wealth (objective gen.) ; amantis-simus is the superlative of the part. amāns.
10. eō magis : *and all the more,* lit. *on this account (the) more.*
11. īnsolenter: adv., *insolently,* or *impudently.*
16. rē : *action.*
19. tardius : absol. compar. — pedibus captus : *being crippled,* lit. *being incapacitated in his feet.*

captus a servīs tum sellā ferēbātur. Ubi sīc ad casam longinquam perventum est, māter subitō clāmāvit puerum
īnfantem in aedibus relictum esse. Quō audītō, fīlia fortiter per tenebrās profecta celeriter domum cucurrit; cumque
5 inter tēla amīcorum et hostium in aedēs pervenisset, puerum
e cunīs rapuit incolumemque ad mātrem secum redūxit.

LESSON 61

A Choice of Evils

Parvo in oppidō Novae Britanniae habitābat quīdam
agricola, cui erant līberī octō. Is ōlim, cum subitō nuntiātum esset Indōs appropinquare, ex agrīs ad bona līberosque
10 servandōs summa celeritāte properavit; aegra enim domī
uxor iacēbat.

Quō igitur cum pervenisset, līberīs convocatīs atque ad
castellum proximum statim praemissīs, ipse uxorem ad
iter parare conātus est. Sed iam in conspectū erant Indī,
15 neque diūtius ūlla erat salūtis spes. Itaque uxore bonīsque
relictīs, agricola, quī iam anteā statuerat cum līberīs sibi
vīvendum aut pro eīs moriendum esse, equum conscendit,
atque ad castellum versus quam celerrime contendit. Līberōs mox adsecūtus est, et omnes, etsī Indī vestīgiīs
20 sequebantur, in castellum incolumēs pervēnērunt; nam

1. sellā: sella, -ae, F., *sedan
chair*; for syntax, cf. rāvibus,
p. 6, l. 10.
2. clāmāvit: cf. clāmor.
3. īnfantem: īnfāns, -antis,
adj., *infant.*
6. cūnīs: cūnae, -ārum, F.,
cradle. — mātrem: (*her*) *mother.*
10. servandōs: agreeing with
the nearer noun. For the form of

the phrase as a whole, cf. ad Gallōs expellendōs, p. 35, l. 14. —
aegra: pred. adj.
17. vīvendum: sc. esse. Note
that this and the following gerundive are impersonal; but translate
that he must, etc.
19. vestīgiīs sequēbantur: *i.e.
were following the trail.* (lit. *in
their footsteps*).

quotiēns propius accesserant barbarī, pater cōnsistēbat in
via, eosque armīs terrēbat.   Sed interim uxor aegra, mulier
magnae fortitūdinis, ūna cum captīvīs aliīs ab Indīs in
silvās dēdūcēbātur.

LESSON 62

Lost in the Woods

5   Multōs abhinc annōs quidam puer parvus matre īnsciente
in silvam clam profectus, diū ibi secum sub arboribus lūsit.
Quī, cum iam advesperāsceret, viam reperīre nōn potuit ac
brevī intellēxit sub caelō sibi noctem agendam esse.   Itaque
ex foliīs lectum fēcit, cumque per arborēs lūnam stellāsque
10 aliquamdiū suspexisset, postrēmō somnō gravissimō quievit.
Māne iterum viam invenīre frūstrā cōnātus, famem bācīs
sustinuit; quō modō quīnque diēs per silvās errāvit.   Deinde
noctū ignem animadvertit, et celeriter prōgressus in vīcum
Indōrum subitō pervēnit.   A quibus comiter acceptus, mul-
15 tōs diēs ibi morātus est.

Dum haec fīunt, lēgātus prōvinciae ūnā cum comitibus
paucīs puerī quaerendī causā in scaphā profectus erat, oppidaque Indōrum fīnitima adībat omnia.   Quae rēs puerō
salūtī fuit; nam postrēmō repertī sunt quīdam barbarī,
20 quī nūntiāvērunt ipsum incolumem esse viamque ostendē-

---

1. **propius**: absol. compar., *too
near.* — accesserant: translate as if
a perfect. — cōnsistēbat: note the
tense, and contrast the force of
the imperfect dēdūcēbātur, l. 4.
5. **abhinc**: cf. p. 52, l. 6. —
īnsciente: īnsciēns, -entis, adj.:
lit. *not knowing;* translate the
abl. absol. freely.
6. **profectus**: *slipping away.*
— sēcum: *i.e. by himself.*

9. **stellās**:   stella, -ae, F.,
star.
10. **suspexisset**: suspiciō, 3,
suspēxī, suspectus, *watch,* lit. *look
up at.* — somnō gravissimō: abl.
of manner.
18. **rēs**:   *proceeding.* — puerō
salūtī fuit: cf. oppidānīs   . salūtī fuit, p. 68, l. 1.
20. **ipsum**: *he.* — viam: *i.e.*
the way to reach him.

runt. Puero sīc receptō, lēgātus sīcas dedit eīs Indīs, a quibus ille servatus erat. Barbarī scīlicet dōnīs tam gratīs gaudēbant, puer autem domum reductus est.

LESSON 63

The Battle of Saratoga

Saepe pro patriā fortissime pugnavit iste Arnoldius, quī
5 posteā Britannīs prodere conatus est ea castra mūnītissima, quae in rīpa flūminis Hudsonīs posita sunt : et non numquam etiam salūtī cīvibus suīs fuit ; tantopere enim a mīlitibus amābātur, ut ipso adventū suō ad victōriam eos incitāre posset.

10 Olim Saratōgae, cum eius ordinem ademisset imperator, quocum simultātem gerebat, ille, sono proeliī ad aures adlātō, "Ego," inquit, "sī dux esse non possum, at saltem manipulāris ero ;" quae cum dīxisset, iniussu imperatoris equum conscendit celerrimeque in proelium vectus est : ubi
15 mīlitēs, duce vetere cognitō, clāmōre sublātō laeti secūtī sunt, atque impetum ācerrimē fēcerunt in eam partem, ubi aciēs hostium cōnfertissima vīsa est. Ibi summa virtūte pugnans Arnoldius est vulnerātus, victōria autem ab Americanīs parta est.

2. ille : the boy.

3. gaudēbant : *were delighted.*
— autem : omit in translation.

4. iste : *that* (in the disparaging sense), a frequent meaning of this word ; cf. p. 42, l. 21.

6. nōn numquam : *i.e. sometimes.*

8. ipsō : *mere.*

10. Saratōgae : for syntax, cf.

Philadelphiae, p. 46, l. 1.
adēmisset : adimō, 3, -ēmī, -emptus, *take away.*

11. quōcum : *i.e.* quō + cum.
— simultātem gerēbat : *he was at odds* (simultās, -ātis, F., *quarrel*).

13. iniussū imperātōris : cf. iniussū suō, p. 28, l. 7.

16. partem : *direction.*

17. vīsa est : from **videor.**

Etsī vulnera Arnoldī non erant exitiālia, tempus tamen
mortī opportūnissimum erat. Odium enim perfidiae, qua
ille posteā ūsus est, glōriam eius rerum gestārum semper
obruet; quīn etiam trāditum est (ut supra commemorāvī)
5 nē Britannos quidem, quī eius perfidiā victōriam se nactu-
ros speraverant, hominem ūllō in honore habuisse, postquam
bellum confectum esset.

LESSON 64

Unwelcome Visitors

Britannī, cum iam iterum cum Americanīs gererent bellum pugnīsque navālibus saepe victī essent, postremo con-
10 stituerunt usque ad Lovīsıanam classem mittere, sī ibi
fēlicius rem gerere possent. Quārē appulsīs nāvibus ad
eum locum, ubi in mare fertur flūmen maximum, quem Indī
patrem aquarum vocābant, mīlitēs multī in lītus egressī
praedia fīnitima explōrāre coeperunt.

15   Sīc factum est ut quīdam adulēscens Americānus, quī in
vīllā ōtiōsus hora diēī fere quārtā morābātur, mīlitēs complūrīs in hortō latentēs subitō animadverteret. Qua re
nova graviter commōtus, comitēs ut sine morā latebrās

1. **Arnoldī**: cf. **Standisī**, p. 16,
l. 4. — **tempus**: *occasion.* — **ta-**
men: may be omitted in translation.
   2. **mortī**: note the case. —
odium (-ī, N.): *contempt.* —**per-**
fidiae: objective gen.; translate
"for." — **quā**: the case regularly
used with **ūtor**.
   4. **obruet**: obruō, 3, -ruī, -rutus,
dim, lit. *overwhelm.*
   7. **cōnfectum esset**: for mood,
cf. the note on **admoveantur**, p.
61, l. 14.

9. **nāvālibus**: nāvālis, -is, -e,
naval.
   10. **usque ad Lovīsiānam**:
freely, *to far-away L.* — **sī**: *in the*
hope that; cf. sī, p. 33, l. 4.
   12. **fertur**: *rolls*; cf. dēlātus,
p. 66, l. 15. — **quem**: for gender,
cf. the note on **quod**, p. 30, l. 6.
   15. **factum est ut**: *it hap-*
pened that (factum est from fīō).
   16. **hōrā diēī fere quārtā**: *i.e.*
about 10 A.M. See the note on
p. 75.
   17. **rē**: *happening.*

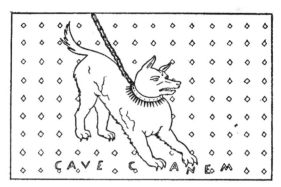

Canis

Just inside the street door of a Pompeian house is found worked into the mosaic of the pavement this representation of a watchdog. The words *Cave canem* signify " Beware of the dog."

Hōrae

The Romans divided the time between sunrise and sunset into twelve equal hours — long in summer, and short in winter. Above is shown a sundial used to mark the time in the great public baths at Pompeii.

quaererent hortātus est, et ipse prīmo fugā salūtem petīvit; sed ab hostibus statim circumventus, se dēdere tum non dubitāvit. At paulō post fenestrā patefactā erūpit, cumque tēla hostium undique in eum conicerentur, incolumis 5 pervēnit in palūdem, ubi Britannī armīs impedītī summo labōre sequēbantur. Itaque iuvenis, cum dēmum ab hostibus intervāllō satis magno abesset, arborem nactus idōneam in quā latēret, celeriter conscendit. Brevī autem sonum exiguum sub 10 arbore audīvit; cumque dēspexisset, ibi vīdit canem, quam maxime amābat. Quārē periculum veritus, comitem fidēlem, quae per palūdem dominum secūta erat, invītus necāvit, multīsque cum lacrimīs sub foliīs tēxit. Deinde aliquamdiu tacitus in arbore morātus est; postquam autem Britannī 15 quaerendō dēfessī ad vīllam se recēpērunt, magno circuitū custōdiās hostium vītāvit, eorumque dē adventū certiōrem fēcit imperātōrem Americānum, quī oppidum haud longinquum praesidiō tum tenēbat.

LESSON 65

The Boyhood of Daniel Boone

Abhinc annōs circiter ducentōs in Pennsylvenia natus est 20 puer, quī posteā factus est explōrātor clārissimus. Quīn etiam a prīma pueritiā ille arma ferre consuēverat, ac in

1. **fugā**: cf. p. 67, l. 6.
2. **tum**: *i.e.* for the time being.
3. **fenestrā patefactā**: abl. of way by which; translate *through*.
   cum: concessive.
7. **ab**: *from.*
8. **abesset**: *i.e. was separated.*
10. **dēspexisset**: dēspiciō, 3, -spēxī, -spectus, *look down;* cf. suspēxisset, p. 72, l. 10.

12. **invītus**: cf. p. 35, l. 12.
14. **postquam**: freely, *when at length.* — quaerendō: cf. nandō, p. 12, l. 17.
15. **magnō circuitū**, etc.: cf. p. 69, l. 20.
20. **factus est**: from fīō.
21. **prīma**: *early;* cf. p. 22, l. 7. — cōnsuēverat: *i.e.* solēbat.

silvīs ambulāns feras saepe occīdit. Olim, cum vespere prīmo domum non redīsset, vīcīnī, veritī ne puer ab Indīs aut ferīs esset interfectus, frequentēs convenerunt, complūrīsque diēs errāvērunt per silvas, sı ūllō modō eum in-
5 venīre possent; quī postrēmo pervenerunt ad casam rāmīs caespitibusque aedificātam ā puerō ipsō, quī frūstum carnis in ignem porrigens humī sine timore sōlus sedēbat. Nam ē viā nōn errāverat; sed cōnsultō sē longius contulerat in silvās, quod procul ab oppidīs sine comitibus etiam tum
10 libenter habitābat.

Paucīs post annīs pater multa mīlia passuum ad loca longinqua constituit in silvās ēmigrāre, quod ipsī quoque urbēs oppidaque mınıme grāta erant. Quas ad sēdes novas ubi perventum est, puer, cum pater frātresque arbores ex-
15 cīderent agrosque ad satūs accipiendōs parārent, ferīs interfectīs carnem e sılvā cotīdiē domum reportābat. Interdum noctū quoque vēnātus esse dīcitur: quo quidem tempore facibus ardentibus ūtī solēbat; lūmina enim, ut saepe ab explōrātōribus audīvimus, ad feras ē latebrīs ēlici-
20 endās magno usuı sunt.

2. nē: cf. the note on p. 61, l. 6.

5. rāmīs caespitibusque: abl. of means with aedificātam; translate (freely) " of."

7. sine timōre: *i.e. unconcerned;* cf. timeō.

8. longius: absolute comparative.

9. etiam tum: *i.e.* even when so young.

10. libenter habitābat: *i.e. he had a liking for living.*

11. pater: sc. eius.

12. in silvās: acc., because of the verb of motion (ēmigrāre) ; we would say " *in* the woods." — ipsī: *him;* construe with grāta.

13. quās: *this.*

15. satūs: satus, -ūs, M., *crop.*

16. reportābat: note the tense.

17. vēnātus: note the case (and that dīcitur is personal). — quō . . . tempore: *i.e.* at night; freely, *on such occasions.* In translating, quidem may be omitted.

18. facibus : fax, facis, F., *torch;* for syntax, cf. quā, p. 7 l. 2. — ut: *as.*

19. ab: *from.*

20. magnō ūsuı: cf. the note on praesidiō, p. 65, l. 4

LESSON 66

The End of the Pequots

Nātiō Indorum crudēlissima, quae haud procul ā Novō
Londīniō habitābat, quondam īnsidiās collocāre ac colōnos
singulōs undique interficere subito coepit. Quibus rebus
nūntiātīs, ē prōvinciā proximā manus exigua missa est, quae
5 agricolīs auxiliō esset poenāsque ab Indīs repeteret. At
mīlitēs longe a lītore prōgredī non audēbant; quī igitur,
parvo frumentī numerō direptō tabernāculīsque paucīs incēnsīs, ē fīnibus hostium brevī domum se recēpērunt. Barbarī vērō, hāc iniūriā graviter permōtī, incendia ac caedēs
10 undique etiam crūdēlius iam miscuērunt.

Tum dēnique ē prōvinciā missa est classis, cuius praefectus iussus erat mīlitēs expōnere in quōdam portu parvo,
quī haud longē ā castrīs Indorum aberat. Ille autem, hostēs ita cōnsilium suum facile cognōscere posse arbitrātus,
15 praeter illum portum navigāvit, cumque classis e conspectū
barbarōrum longe discessisset, tum dēmum naves ad lītus
appulit. Deinde in terram egressus, sine mora per silvās
viā dēviā cum exercitū profectus est, ut ā tergō hostēs ado-
rīrētur. In itinere quasdam Indorum nātiōnēs fīnitimās
20 adiit, e quibus multī armātī operam suam pollicitī sunt.

5. auxiliō: cf. ūsuī, p. 77,
l. 20, and see the Vocab. — poenās
repeteret: cf. p. 39, l. 2.
7. numerō: *amount*. — dī-
reptō: dīripiō, 3, -ripuī, -reptus,
plunder (cf. rapiō).
9. incendia . . . caedēs: translate as singulars. With incendium
cf. incendō.
10. crūdēlius: crūdēliter, adv.,
savagely.

11. prōvinciā: *i.e.* eādem prōvinciā.
12. iussus erat: *i.e. was under
orders.* — expōnere: expōnō, 3,
-posuī, -positus, *land*.
14. ita: *i.e.* if he followed
orders. — posse: cf. note, p. 23, l. 9.
18. viā dēviā: cf. viīs dēviīs,
p. 43, l. 6. — ā tergō: cf. the
use of ex in the phrase omnibus ex
partibus.

Sīc postremo perventum est ad sēdēs hostium, quī, ratī propter timorem colōnōs praetervectos esse, iam minus dīligenter castra sua custōdiēbant.

LESSON 67

The End of the Pequots (Continued)

Noctu castrīs appropinquaverunt colōnī. Intus erant
5 uxores quoque līberīque Indōrum, intusque audīrī poterat cantus barbarorum, quī, circum ignīs saltantēs, victōriās superiōres celebrābant. Colōnī aliquamdiū tacitī exspectā-verunt; tum, cum diēs iam illūcesceret Indīque saltandō dēfessī somno quiescerent gravī, subito in castra portīs
10 duābus inrūpērunt.

Quō impetū repentīno commōtī, hostēs tamen celeriter e lectīs exsiluērunt, tabernaculīsque interpositīs, tēla in mīlitēs conicere fortiter coeperunt plūrima. Quo animadverso, dux colōnorum statim intellēxit cōnsilium sibi mūtandum esse,
15 suōsque tabernāculīs ignes admovēre iussit, deinde celeriter egressos undique castra circumstāre. Quo modō Indī mi-serī, ignī ē castrīs fugere coactī, a colōnīs paene ad unum interfecti sunt; et sī quī forte aciem perruperant, eōs sociī Indī libenter occīdērunt.

20 In proeliō multī quoque e colōnīs sunt vulnerātī, atque exercitus statim Novum Londīnium se recipere coactus est;

---

1. ratī: i.e. arbitrātī.
6. saltantēs: cf. saltābant, p. 57, l. 1.
7. superiōrēs: here, of time. — exspectāvērunt: waited.
8. saltandō: for syntax, cf. nandō, p. 12, l. 17.
9. somnō . . . gravī: cf.

p. 72, l. 10. — portīs: cf. the note on fenestrā, p. 76, l. 3.
18. sī quī . . , eōs: lit. if any . . , them (cf. the note on quid, p. 56, l. 1).
19. Indī: as adj. — libenter oc-cīdērunt: freely, were glad to kill.
21. Novum Londīnium: town

quo, ut iussum erat, naves iam redierant, ut ibi ducem mīlitēsque exspectārent.   Sed hostēs paucīs post mēnsibus alterā pugna vīctī sunt, neque umquam posteā iniūriam ūllam
colōnīs facere potuerunt; quīn etiam brevī in manus parvas
5 dīvīsī, aliī in aliam natiōnem ascītī sunt.

LESSON 68

A Difficult Escape

Quondam puerī duo sine timore in agrīs apertīs cotīdiē
laborābant; nam, etsī colōnī tum bellum cum Gallīs Indīsque gerebant, in hīs regiōnibus nēmō barbaros ūllōs nuper
vīderat.   Sed ōlim duo Indī subitō ex arboribus eruperunt
10 proximīs, puerīsque arreptīs sē celerrimē in silvam receperunt.   Qua re nova perterritus puer minor flēre coepit; sed
alter, quī plānē sentiēbat flētum nihil prōfutūrum esse, frātrem hortātus est ut sē fortiter gereret.   Per silvam una
cum captīvīs iam properābant barbarī.   Quī, postquam sīc
15 diēs multōs iter fecērunt, ad lacum pervenērunt longinquum, ubi cum aliīs cīvibus suīs hiemare cōnstituerant.

Ibi dum morantur, linguam barbarorum discere coeperunt puerī.   Quō modō maior prīma aestāte repperit Indōs
in animo habēre in Canadam ducere captīvos, eosque ibi in

names in the acc. and abl. do not
require prepositions to express the
ideas "to" and "from."

1. **iussum erat**: note the gender.

2. **alterā pugnā** : we would say
"in" rather than "by."

3. **neque umquam**: cf. the note
on p. 17, l. 8.

4. **colōnīs**: dat. case.

5. **aliī in aliam**: *some into one
. . . , some into another.*

11. **minor**: *i.e. the younger;*
cf. maior, l. 18.

12. **flētum**: flētus, -ūs, M., *cry-
ing;* cf. fleō. — nihil: adverbial
acc., *not . . . at all*, lit. *in no respect.* — prōfutūrum esse: prō-
sum, prōdesse, prōfuī, *help,* or
avail.

16. **suīs**: *of theirs.*

18. **maior**: cf. minor, l. 11. —
prīmā aestāte: cf. p. 22, l. 7.

servitūtem Gallīs vendere. Quare, cibō armīsque arreptīs,
frātres duo ex hibernīs noctū clam fūgērunt; ubi autem
diēs illūxit, in arbore cavā sē somnō dedērunt.

Interim Indī cum canibus undique pueros quaerebant.
5 At frāter maior, cum canes propius ad arborem accessissent,
e somnō lātrātū excitātus, callido usus consiliō frūstum carnis eīs proiēcit. Quae res puerīs salūtī fuit; cum enim canes
carnem dēvorarent, barbarī nihil suspicantes arborem prae-
teriērunt. Quō vīso, puerī rursus profectī per silvās erra-
10 verunt, dōnec fame labōribusque paeue cōnfectī sunt; tum
in quoddam oppidum colonorum sibi anteā īgnōtum subito
pervenerunt.

LESSON 69

Stories about Daniel, Boone

Ille explōrātor clārus, cuius dē pueritiā paulō ante dīxī,
inter ferās Indōsque paene tōtam egit aetātem. Olim ē
15 Carolaenā Citeriōre trāns montes una cum aliīs explōrātōribus quinque audācter in vallēs longinquas contendit; ubi
uno cum comite ab Indīs captus, postquam ab eīs septem
diēs summa diligentiā custōdītus est, noctū clam surrexit,
comiteque e somno excitātō, incolumis ad casam pervenit,
20 quam ipse ceterīque explōrātores paulō ante fēcerant.

Paucīs post annīs easdem in regiōnēs colōnōs cum uxo-

---

1. servitūtem: servitus, -ūtis,
F., *slavery*; cf. servus.

2. autem: *and.*

5. propius: *quite close;* what
use of the compar.?

6. lātrātū: lātrātus, -ūs, M.,
barking. — ūsus: translate as if
ūsus est . . . et.

7. quae: *this.*

11. sibi: construe with īgnōtum.

13. cuius: modifier of pueritiā.

14. aetātem: not aestātem.

15. Citeriōre: (citerior, -ior,
-ius), lit. *Nearer, i.e. North;* cf.
the note on Ulteriōris, p. 70, l. 7.

20. cēterī: contrast the force
of aliīs, l. 15.

ribus līberīsque dēdūxit ad locum, quī castellō maximē idōneus vidēbātur. Ubi aliquamdiū fortūnā prōsperā ūsus est;
sed quondam eius fīlia, quae errabat in agrīs, ut flōres car-
peret, ūna cum puellīs aliīs ab Indīs capta, in silvās com-
5 plūra mīlia passuum ducta est. Dum autem iter faciunt,
puellae prudentes omnibus locīs aut rāmos frēgērunt parvos
aut humī pannos relīquerunt; quae res magno usuī erat patri-
bus īrātīs, quī haud longo intervāllō vestīgiīs insequebantur.
Barbarīs victīs, puellae laetae domum reductae sunt.
10 · Paulō post ille explōrātor ipse iterum captus, diu apud
Indōs vīvere coāctus est. Sed postrēmo, cum per aquam
prōfluentem cucurrisset, ne vestīgia ūlla faceret, ad amīcos
incolumis pervēnit. Multīs autem ante mensibus uxor
līberīque, patrem iam prīdem mortuum ratī, ad propinquos
15 suos in Carolaenam Citeriorem maestī se receperant.

LESSON 70

An English Privateer.

Abhinc multos annos, etsī illō ipso tempore bellum
iustum cum Hispanīs non gerēbātur, quīdam praefectus
Britannicus per maria nāvigābat omnia, gazamque ac naves
Hispānōrum omnibus locīs spoliābat; itaque accidit ut, cum

6. prūdentēs: prūdēns, -entis,
adj., *wide-awake*. — omnibus locīs:
cf. the note on eōdem locō, p. 7,
l. 4; translate *everywhere*. — aut
aut: cf. p. 36, l. 12.
7. pannōs: pannus, -ī, M., *strip
of cloth*.
8. intervāllō: cf. the note on
p. 57, l. 4. — vestīgiīs: cf. p. 71,
l. 19.
12. prōfluentem: prōfluēns, -en-

tis, part., *running*, lit. *flowing
forward*.
14. ratī: modifying the whole
phrase uxor līberīque. — propin-
quōs: here, as noun.
15. in: cf. the note on in
silvās, p. 77, l. 12. — Citeriōrem:
cf. p. 81, l. 15.
16. illō ipsō: *that particular*.
17. iustum: iūstus, -a, -um,
regular.

secundum lītus Americae Ulteriōris navigaret, urbēs illīus regiōnis adīret multās, incolāsque magnam vim aurī argentīque trādere cogeret.

Līmae duodecim navigia in portū ad ancoram consistē-
5 bant; quae cum ille spoliāret, certior factus aliam navem gaza onustam haud procul abesse, praedā ē duodecim navigiīs cōnfēstim in suum recepta, e portū statim solvit, summaque celeritāte coepit īnsequī; dīvitias enim etiam maiores se iam captūrum spērābat.

10 Mox in conspectū erat nāvis fugiēns; quae nūllo modō ēvādere potuit, cum Britannī celeritāte tantopere superabant. Nāve trāditā, dīvitiae maximae intus repertae sunt; quin etiam gubernator ipse duo pōcula argentea habuisse dicitur. Quae cum praefectus vīdisset, gubernatōrī, " Duo
15 pōcula tū habēs," inquit; "alterum mihi dandum est." Tum gubernātor miser, quī omnia trādenda plānē intellegebat, invītus praefectō in manus pocula trādidit ambo.

LESSON 71

A Roman Vandal.

Quibus rebus admoneor ut de pessimīs facinoribus Verris, hominis plānē scelerātī, pauca nunc dīcam. Nam ille,

4. Līmae: a town name; what case?

7. suum: sc. nāvigium. — solvit: cf. nāvem solvērunt, p. 61, l. 9.

8. dīvitiās: dīvitiae, -ārum, F., treasures.

10. fugiēns: cf. fugientēs, p. 69, l. 24.

11. cum: causal. — celeritāte: for syntax, cf. animō, p. 37, l. 20. — tantopere: cf. p. 73, l. 7.

12. dīvitiae: cf. l. 8.

13. gubernātor: cf. gubernāculum. — ipse: even.

15. alterum: one (of the two).

16. trādenda: sc. esse. plānē: full well.

17. praefectō: dat. case; translate as if a genitive.

19. hominis: in apposition with Verris. — plānē: utterly; cf. the rendering in the note on l. 16. — pauca: note the gender.

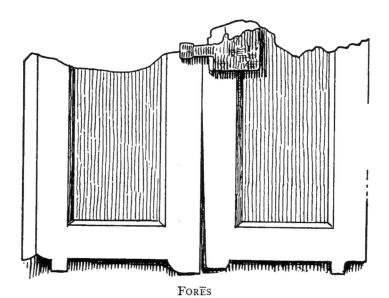

FORĒS

These remnants of a house door serve to show why the word for "door" is plural in Latin. Roman house doors were arranged almost always to open inward rather than outward; on the inside there was a more or less primitive lock or bolt, and sometimes **a bar** too was used.

cum praetor in Siciliā esset, omnibus locīs oppida templa-
que spoliāvit; quīn etiam tantae erat avaritiae, ut ne pau-
perrimī quidem Siculī bona vidēre posset, quīn statim ea
possidēre vellet. Interdum autem a suīs comitibus est
5 elūsus.

Sīcut memoriae trāditum est eum ōlim certiorem factum
cuidam Siculo esse duo pocula argentea; quo audītō, etsī
aedēs eiusdem hominis nuper spoliātae erant, nūntium
statim mīsit, quī pocula ad sē sine morā dēferrī iubēret.
10 Siculus igitur, veritus nē sibi malum accideret maius, confēstim cum pōculīs ad praetorem profectus est. Quō ubi
pervenit, praetor forte iam quiēscēbat; sed ante forēs am-
bulābant quīdam ex ipsīus amīcīs, hominēs improbī, quorum
tamen consiliō ille multum ūtī cōnsuēverat: quī Siculō
15 statim, "Ubi sunt pocula?" inquiunt. Tum homo miser
prīmo querī coepit bona omnia sibi ēripī, deinde eos vehementer hortātus est ut sibi auxiliō essent. Quo audītō, illī
"Quantum nobīs dabis," inquiunt, "sī pocula tibi non ēri-
pientur?" Tum Siculus spe ērēctus, praemium satis ma-

1. **praetor** (-ōris, M.) : (*as*)
governor. — **templa** : see the picture of a Sicilian temple shown on
p. 96.

2. **tantae . . . avaritiae** : for
syntax, cf. p. 62, l. 14. — **pauper-
rimī** : pauper, -eris, adj., *poor.*

3. **quīn**   vellet : *without
wishing,* lit. *but that* (quīn) *he
wanted.*

4. **possidēre** : possideō, 2,
-sēdī, -sessus, *possess.* — **suīs** :
note the position of the word. —
est elūsus : *was cheated.*

6. **memoriae trāditum est** : *it
is recorded,* lit. *it is handed down
to remembrance.*

10. **malum** : as noun, modified
by maius.

11. **ad praetōrem** : *to the governor's residence* (cf. l. 1)

12. **forte** : with the verb, render
" chanced to "; cf. the free treat-
ment of libenter, p. 77, l. 10.

13. **ipsīus** : *i.e.* Verris. — **improbī** : improbus, -a, -um, *unprincipled.*

14. **ūtī** : freely, *depend upon.*
— **cōnsuēverat** : cf. p. 76, l. 21.

16. **sibi** : dat. of disadvantage;
we would say "*from* him."

17. **auxiliō** : cf. p. 78, l. 5.

18. **quantum** : as noun.

19. **ērēctus** (-a, -um, part.) :
elated, or *inspired.*

gnum pollicitus est, pōculaque brevī domum laetus reportāvit comitēs enim praetōris, cum ille e somno experrēctus esset, audācī mendāciō ūsī non dubitāverunt cōnfīrmare pocula sibi non digna viderī, quae in eius mensa ponerentur.

LESSON 72

Indian Vengeance

5 Indī Americanī non sōlum cum colonīs saepe bellum gesserunt, sed inter se quoque pugnāre cōnsuēvērant ācerrime. Sīcut in Britanniā Novā rēx quīdam, nomine Miantōnimo, diū per īnsidiās conatus est interficere Uncam, regem fīnitimum, ut ipse sōlus duārum nātiōnum regnum 10 obtinēret; cum autem ista consilia eum fefellissent omnia, subitō magno cum exercitū in vīcīnī fīnes quam celerrimē contendit: Uncās vērō, dē eius adventū ab explōrātōribus certior factus, copiās coegerat et sine mora ad pugnam profectus est.

15 Ubi aciēs duae īnstrūctae sunt, Uncas, paulum ante suos progressus, se velle dīxit sōlum cum Miantonimone sōlō dīmicare, ut sine dētrīmentō cēterorum res diiūdicārī posset. Quod cum ille recusaret, Uncas consultō in terram prolapsus est, eiusque mīlitēs, clamore sublātō, super ducem

2. **experrēctus esset**: **expergīscor**, 3, **-perrēctus sum**, *wake up.*
3. **mendāciō**: **mendācium, -ī**, N., *lie.* — **ūsī**: translate as if a present.
4. **digna . . . quae**: with subjunct., *worthy to* (**dignus, -a, -um**). — **mēnsā**: **mēnsa, -ae**, F., *table.*
8. **īnsidiās**: see the Vocab.
9. **duārum**: *the two.*
10. **fefellissent**: from **fallō.**

12. **Uncās**: for the declension, cf. the note on **Cercās**, p. 23, l. 4.
16. **velle**: *was willing.* — **sōlum**: pred. adj. with **dīmicāre**; what other part of speech has the same form? (cf. l. 5).
17. **cēterōrum**: we would say "*to* the others." — **diiūdicārī**: **dīiūdicō**, 1, *decide*, or *settle.*
18. **quod**: *this* (*proposal*).— **ille**: Miantonimo.

iacentem sagittās plūrimās coniēcērunt in hostīs; quī repentīnā rē perterritī sē cōnfēstim in silvās palūdēsque contulērunt. Quā in fugā periērunt multī, rēxque ab Uncā
ipsō captus est. Ab inimīcō salūtem petere dux victus
5 scīlicet nōlēbat, et paulō post secūrī percussus est: quo
quidem tempore Uncas, cum inimīcum humī moribun-
dum vīdisset, eius umerum sīcā appetīvisse dīcitur, frū-
stumque carnis inde abscīsum vultū laetō dēvorāsse; tantae enim saevitiae sunt mōrēs Indōrum.

LESSON 73

A Tale of Brave Women

10 Abhinc multos annos, cum in provinciīs, quae ad occidentem spectant adhūc rārī essent colōnī, explōrātōrēs quīdam, domō trans montēs profectī, per regiōnēs īgnōtās
multa mīlia passuum iter fēcērunt, et postrēmō locum idōneum nactī, procul ab amīcīs in rīpā pulcherrimī flūminis
15 castellum parvum collocāvērunt; quibus rēbus factīs, nūn-
tiōs mīsērunt, quī eōdem mulierēs līberōsque dēdūcerent.

Hiems iam appropinquabat; omnēs tamen cum nūntiīs
libenter domō ēgressī sunt, et navigiīs parvīs vectī secundō

---

1. iacentem: *prostrate*; lit.
what? — repentīnā rē: sc. hāc.
4. ab : *of*.
5. secūrī percussus est: *i.e.
was executed*; lit. what?
6. quidem: omit in translation.
7. sīcā: abl. of means.
8. inde: *i.e. from it*. — vultū
laetō: cf. p. 58, l. 4. — dēvorāsse:
for the form, cf. nāvigāsset,
p. 3, l. 1.
10. occidentem: cf. p. 65, l. 1.

12. domō: the acc. and abl. of
domus have the construction of
town names (cf. the note on p. 79,
l. 21).
16. eōdem: bearing the same
relation to īdem, as eō to is, and
quō to quī.
17. omnēs: *i.e.* the women and
children.
18. secundō: cf. the force of
the prep. secundum, and contrast
that of adversō (flūmine).

flūmine ad castellum versus per aquam glacie impedītam summo labore contendērunt. Barbarī interim paene cotīdie e rīpis tēla coniciēbant; et postrēmō multī ē colōnorum numero exitiālī morbō affectī sunt. Qua re cognitā, hostēs
5 ē rīpā scaphīs audācter progressī, navigium ceperunt quō aegrī vehēbantur, hominesque miseros interfēcērunt omnes. Tantīs in perīculīs non viri sōlum sed etiam mulierēs virtūtem maximam praestitērunt. Sīcut, cum scapha quaedam in saxō abscondītō adhaesisset, mulieres duae exsiluē-
10 runt in aquam frīgidam, scaphamque dē saxo dētrūsērunt, cum alterius vir hostes armīs dēterrēbat. Atque in liburnica quadam puella vix adulta omnibus salūtī fuit; cum enim ab Indīs tēla conicerentur plūrima, virīque sē tegere conarentur, haec virgo fortis, cum liburnicam vī flūminis
15 ad rīpam dēferrī animadvertisset, gubernaculīs arreptīs navem in cursu tenuit, donec vulnerāta est; quīn etiam ne tum quidem gemitum ullum edidit, neque e manibus gubernacula ēlābī passa est.

LESSON 74

The Treasure Seekers

Et hāc et aliīs aetātibus. hominēs credulī cōnsuēverant in
20 cavernīs maris frūstra quaerere naves, quae ōlim gaza

6. aegrī: as noun; cf. vulnerātī, etc.

11. alterius: *of one* (of the two). — vir: *husband.*

12. adulta: adultus, -a, -um, part., *grown up.*

13. sē tegere: *i.e. get under cover.*

14. virgō (-inis, F.): *maiden.* — cum . . . animadvertisset: translate by a partic. phrase.

15. gubernaculīs: cf. p. 64, l. 9.

16. in cursū: *i.e.* in the channel.

18. ēlābī: ēlābor, 3, -lapsus sum, *slip;* cf. prōlābor.

19. et . . . et: cf. p. 7, l. 2. — aetātibus: *i.e.* temporibus. — credulī: crēdulus, -a, -um, *credulous.*

20. cavernīs: caverna, -ae, F., *cavern.*

onustae in marī naufragium fecisse dīcuntur; interdum autem fortūnā prōsperiōre ūsī sunt. Sīcut abhinc multōs annōs quīdam negōtiātor, ē Britanniā Nova paucīs cum comitibus profectus, ad locum nāvigāvit longinquum, ubi
5 gaza maxima multīs ante annīs naufragiō āmissa esse dīcēbātur. Quo cum venisset, arborem altissimam statim excīdit scaphamque fēcit, quae ad freta fīnitima exploranda usuī esset.

Aliquamdiū nihil repertum est. Olim tamen, cum nautae
10 tōtō diē dīligenter laboravissent ac spe omnī paene sublāta ad nāvem sē dēfessī cōnferrent, quīdam ex eīs forte submersam animadvertit algam fōrmosam, cuius·pulchritūdine captus servum Indum e scaphā exsilīre eamque carpere iussit; ille vero, ubi cum algā se ex aqua emersit, sub marī
15 cōnfirmavit sēsē multa arma vīdisse. Quo audītō, omnes ecfrēnātē gaudēbant, cum sentīrent se iam dēmum navigium invēnisse, quod menses multōs quaesīverant. Quārē statim in mare exsiluerunt Indī aliī; ā quibus brevī e navigiō lāminae argenteae complūrēs ēlātae sunt. Posterō diē
20 nautae, cum eōdem prīmā lūce cum praefectō redissent, e marī vim argentī incrēdibilem una cum gemmīs plūrimīs facile recepērunt.

1. **naufragium**: naufragium, -ī, N., *shipwreck* (nāvis + frangō).

2. **ūsī sunt**: *they have had.*

8. **ūsuī esset**: see the Vocab.

10. **tōtō diē**: translate as if acc. — **omnī**: freely, *entirely.*

11. **quīdam**: as noun (sing.). forte: cf. the note on p. 85, l. 12. — **submersam**: submersus, -a, -um, part., *submerged, i.e. under the surface.*

12. **algam**: alga, -ae, F., *seaweed.* — **fōrmosam**: fōrmōsus, -a,

-um, *graceful.* — **pulchritūdine**: pulchritūdō, -inis, F., *beauty.*

13. **servum**: *helper.*

14. **sē . . . ēmersit**: *emerged,* or *came up* (ēmergō, 3, -mersī. -mersus).

15. **sēsē**: *i.e.* sē.

19. **lāminae**: lāmina, -ae, F., *plate,* or *strip.*

20. **prīmā lūce**: cf. vespere. prīmō, p. 77, l. 1.

21. **gemmīs**: gemma, -ae, F., *jewel.*

LESSON 75

A Dangerous Conspiracy

Olim in finibus Indōrum ab Americanīs constitūta est provincia maxima, ex qua pars quaedam etiam nunc Indiana appellātur. Prōvincia constitūtā rēx Indus, nomine Tecumsa, quī ne cīves suī brevī patriam tōtam dīmitterent
5 timēre coeperat, omnibus locīs palam dīcere nōn dubitāvit sine cōnsēnsū omnium nātionum Indīs agrum nūllum vendendum esse; ac postremo, conciliīs undique convocātīs, barbarōs hortātus est ut se sequerentur hostīsque invīsos e finibus suīs expellerent.
10 Deinde, cum ad caput provinciae lēgātī conveniendī causā iter fēcisset, quamquam in lēgātī aedium vestibulō ipsī comitibusque subsellia posita erant, ibi sedēre nōluit: terram enim cōnfīrmavit esse Indōrum mātrem, seque in eā stāre mālle; itaque lēgātus ad colloquium in silvam
15 progredī coactus est. Ibi dum colloquuntur, Tecumsa vehementer est īra commotus, eiusque comitēs secūrīs cōnfēstim arripuerunt. Sed Americanī paucī, quī adstābant, statim expediērunt arma, mīlitēsque summa celeritāte ad lēgātum dēfendendum adcurrerunt; quibus rēbus territī,
20 Indī nihil tum ausī sunt. At lēgātus, quī plane sentiēbat cum barbarīs sibi mox dīmicandum esse, copiās satis magnas

---

4. nē: depending on timēre, l. 5. — tōtam: translate by an adv.

5. omnibus locīs: cf. p. 82, l. 6.

6. cōnsēnsū: cōnsēnsus, -ūs, M., *concurrence*. — Indīs: dat. case.

11. vestibulō: vestibulum, -ī, N., *entrance court*.

12. ipsī: Tecumseh. — subsellia: subsellium, -ī, N., *bench*.

17. paucī: *the few*.

18. expediērunt: *i.e.* expedīvērunt. — ad . . . dēfendendum: cf. the construction with causā, l. 11.

19. adcurrērunt: adcurrō, 3, -currī, -cursum est, *run up*.

quam celerrime cōgere coepit. Tecumsa interim, ut omnīs Indos ad arma vocaret, reliquas gentēs dīligenter iam circumībat.

LESSON 76

A Dangerous Conspiracy (Continued)

Priusquam rex Indus cum sociīs redīre potuit, lēgātus,
5 sibi initium bellī esse faciendum ratus, cōnsiliō callidō usus est; nam ex urbe ad pugnam profectus, legiones flūmine adversō pauca mīlia passuum dūxit, tum subito in rīpam trānsiit alteram. Putābat enim (id quod factum est) barbaros insidiās collocātūrōs ea in rīpa, in qua prīmō iter
10 facere ipse coepisset. Cōpiīs igitur flumen trāductīs, sine dētrīmentō ūllō contendit ad oppidum, ubi domicilium Tecumsa habēbat.

Cum lēgātus propius accessisset, rēgis frāter, quī tum oppido praeerat, nuntium mīsit, quī dīceret posterō diē
15 Indōs condiciōnēs pācis petītūrōs. Itaque Americani prope oppidum posuerunt castra, armīsque expedītīs se somno dedērunt. At vigiliā circiter quārtā subitō audītus est ululātus Indorum, quī undique castra iam obsidēbant; quo sono ad aures adlātō, mīlitēs ē somno excitātī ignīs

5. initium: initium, -ī, N., *beginning.* The whole phrase may be rendered freely, *thinking that he ought to take the initiative in the war;* lit. what?

8. id quod factum est: *as actually proved to be the case,* lit. *the thing which (actually) happened.*

9. eā: modifying rīpā. — in quā: *upon (or along) which.*

10. flūmen trāductīs: *i.e.* trāns flūmen ductīs (cf. trādō for trānsdō).

11. domicilium: domicilium, -ī, N., *residence.*

14. praeerat: cf. p. 58, l. 12, and the note.

17. vigiliā . . . quārtā: *i.e.* toward morning, the night being divided into four equal watches.

19. quō sonō ad aurēs adlātō: cf. p. 73, l. 11. — ignīs: *the (camp) fires.*

confēstim extīnxerunt, ne ab hostibus conspicī possent.
Sīc trīs ferē hōras in nocte obscura ab Americanīs fortissime pugnātum est; tum prīma lūce, ēruptiōne facta, in
fugam coniēcērunt hostīs, oppidumque incendērunt.

5 Oppidō incenso Tecumsa, postquam rediit, consilia sua
perficere nūllō modō potuit; paucīs autem post mensibus,
cum Americanī Britannīs bellum indīxissent, in exercitu
Britannicō lēgātus factus est.

LESSON 77

A Quick-Witted Messenger.

Olim, cum in provinciis, quae ad merīdiem spectant,
10 Americanī cum Britannīs diū gessissent bellum ac saepe
superatī essent, dux quīdam Americānus ad imperātōrem
alium litteras mittere volēbat; at primo reperīrī poterat
nemo, quī eas dēferre audēret, quod undique hostēs viās
obsidēbant. Postrēmo autem mulier quaedam, "Ego lit-
15 teras adferam," inquit; "quidvīs audere mālō, quam domī
animō morārī suspēnsō."

Equo adducto, nūntia sine mora conscendit, ac, confēstim
profecta, in itinere ab hostibus intercepta est. Quam captam mīlitēs maximā dīligentiā custōdiērunt, donec mulier
20 vocārī posset, quae litteras quaereret, sī quae forte nūntiae
vestīmentīs tēctae essent.

Dum vero mulier exspectātur, nuntia litteras celeriter

1. possent: subject, mīlitēs
(see p. 91, l. 19).

7. cum . . . indīxissent:
translate by a partic. phrase. —
Britannīs: translate the dat.
"upon."

8. lēgātus: an officer.

13. audēret: would venture.

15. quam: (rather) than.

17. nūntia (-ae, F.): messenger.

18. captam: i.e. after her
capture.

20. posset: could. — sī quae: cf.
p. 65, l. 2.

perlēgit, cumque eas discerpsisset, frāgmenta chartae ēdit singula. Quae rēs eī salūtī fuit: altera enim mulier, cum postrēmo venisset, nihil scīlicet invenīre potuit; quare mīlitēs, venia contumēliae petītā, nūntiam incolumem abīre 5 passī sunt. Illa autem summā celeritāte ad castra Americana contendit, imperātoremque certiorem fēcit dē rēbus omnibus, quae in litterīs scrīptae erant.

LESSON 78

Fortune ?favors the Brave

In exercitū Americānō ōlim erat centurio quīdam, nomine Iasper, quī semper in perīculīs maximīs libenter ver-
10 sabātur. Sīcut, cum Britannī castra quaedam oppugnarent, vexillumque Americanum tēlis abreptum in terram extrā mūnītiōnēs cecidisset, inter tēla, quae plūrima hostēs coniciēbant, e castrīs ērūpit ille, vexillumque arreptum in vāllo rursus posuit.
15 Ac paulō post, cum cōgnōvisset Americanos paucos a Britannīs capitis damnatōs Savannam ad mortem dēdūcī, uno cum comite profectus, ad fontem haud procul ab eā urbe in īnsidiīs latēbat, ut cīvibus suīs, sī posset, auxilio esset. Mox in cōnspectum venerunt captīvī, quos mīlitēs decem

---

1. discerpsisset: discerpō, 3, -cerpsī, -cerptus, , tear up. — frāgmenta: frāgmentum, -ī, N., bit. — chartae: charta, -ae, F., paper.
2. fuit: proved to be.
4. contumēliae: translate the gen. " for " (cf. audāciae, p. 39, l. 2).
6. contendit: pushed on.

9. libenter versābātur: freely, delighted to he.
11. vexillum (-ī, N.): flag, cf. the Roman flags shown on p. 162.
12. plūrima: freely, thick and fast.
16. capitis: cf. p. 47, l. 16, and the note. — Savannam: see the note on p. 79, l. 21. — ad mortem: i.e. to execution.

custōdiēbant; e quibus octō, ubi ad fontem perventum est, armīs sub arboribus relictīs, aquam haurīre properaverunt. Tum Iasper eiusque amīcus eruperunt ē latebrīs, duōbusque custōdibus occīsīs mīlitēs cēteros se dēdere coēgērunt: 5 deinde cum captīvīs Britannicīs atque cīvibus, quos servaverant, cōnfēstim ad castra Americāna se contulērunt.

Haud semper autem Iasperō rēs tam fēlīciter evenerunt; paucīs enim post annīs interfectus est, cum summa audacia procucurrisset ex acie atque in hostium vallo vexillum 10 dēfīxisset Americānum.

LESSON 79

Andrew Jackson

Nunc mihi pauca dīcenda sunt dē rēbus gestīs Americanī cuiusdam, nomine Iacsonis, quī obscūrō locō nātus, postremo reī pūblicae prīnceps factus est. Quī adhūc puer in bellō, quod prīmum Britannī cum Americanis gesserunt, 15 fortiter versātus, una cum frātre ab hostibus captus, in carcere morbō gravī affectus est. Māter autem brevī efficere potuit ut fīliī ambō cum captīvīs Britannīs commutārentur.

Multīs post annīs, cum Britannī iterum cum Americanis

1. quibus: *i.e.* mīlitibus. — ad: *near*.
2. haurīre: hauriō, 4, hausī, haustus, *draw*.
3. duōbus: *the two*.
7. Iasperō, etc.: cf. the similar phrase, p. 43, l. 16.
8. cum: conjunction.
9. vexillum: cf. p. 93, l. 11.
12. locō: *station*; for syntax, cf. the note on p. 7, l. 4.

13. adhūc: (*while*) *still.* — in bellō, quod prīmum: *i.e.* in prīmō bellō, quod.
16. efficere . . . ut: freely, *arrange that*; lit. what?
17. captīvīs: translate as adj. commūtārentur: commūtō, 1, *exchange*; in connection with this verb, cum may be rendered " for."
19. iterum: *i.e.* from the year 1812 on.

bellum gererent, Indī, quōdam castellō Americanorum ex-
pugnātō, non solum armātōs sed etiam mulierēs līberōsque
summā crūdēlitāte occīdērunt.   Quā caede nūntiātā, Iacso,
dīlēctū habitō, quam celerrimē profectus est, ut hostīs co-
5 ercēret; cumque multa mīlia passuum iter fēcisset, etsī
mīlitēs labōrandō dēfessī semel iterumque negābant se
longius progressūros, pervenit postrēmō ad castra mūnītissima, quae in rīpa flūminis Tallapūsae posuerant Indī.
Ubi ācriter pugnatum est ; castra tamen sunt capta, hostēs-
10 que paene ad ūnum aut ibi perierunt aut in Flōridam fugere
coactī sunt.   Victōria potītus Iacso summa cōmitāte regem
Indōrum accepit, quī equo vectus castra intrāre est ausus
petītum ut frumentō Americanī iuvarent mulieres līberosque Indos, quī in silvīs latentēs famem aegre iam tole-
15 rabant.

LESSON 80

Pirates Ashore

Quondam in marī Atlantico secundum lītus Americanum
ultrō citrōque nāvigābant pīrātae, quī omnibus locīs nāvēs
vel Americanas vel Britannicās spoliābant ; e quibus unus,
summae audāciae homō, liburnicīs praeerat complūribus.
20 Is ōlim oppugnare constituit oppidum longinquum, quod
numquam anteā spoliātum erat, cuiusque incolae locuplētēs
esse dīcēbantur.

Sine dētrīmentō liburnicae in portum venerunt; tum

---

4. dīlēctū: dīlēctus, -ūs, M.,
levy.

5. etsī: modifying the preceding clause.

6. labōrandō: gerund.

11. victōriā: the same construction as with ūtor.

13. petītum: supine; 'another
way of saying ut peteret. —
frūmentō : (*a contribution of*)
grain.

14. latentēs: *in their hiding
places*: lit. what?

17. nāvigābant: *kept sailing.*

TEMPLUM

The above building, found in Sicily, is of Grecian architecture. It is known as the Temple of Concord. Roman temples were regularly constructed on Greek models.

autem captīvus quīdam, quī minus dīligenter custōdiēbātur,
in mare clam exsiluit, ac nandō incolumis pervenıt ad lītus :
quī sine mora oppidānōs dē cōnsiliīs pīrātarum certiōrēs
fēcit. Quō nūntiō acceptō, oppidanı summa dīligentiā
5 bona sua cēlāre coeperunt. Deinde, postquam pīrātae ē
navibus ēgressī mīlitēs paucos, quī oppido erant praesidiō
relictī, in fugam coniēcērunt, cīves ipsī, aedibus clausīs,
tēla in hostēs prīmo conıecerunt plūrima ; sed postrēmō,
timōre dētrīmentī etiam maiōris coāctī, sē maestī dēdidē-
10 runt. Quōs omnīs pīrātae, victōria potītī, in templa quaedam coegerunt. Ubi illī fame sunt paene necatī ; victores
enim interim tam bene sē habēbant, ut omnīno captīvōrum
miserorum oblīvīscerentur.

LESSON 81

Carrying the Tribute

Abhinc multos annōs Americānī, antequam res publica va-
15 lida facta est, tribūtum pendere solēbant cuidam regī Afri-
cano, ne pīrātae earum regionum (quī sub eius imperıo erant)
naves suas spoliārent. Olim, cum praefectus Amerıcanus
tribūtī istīus ferendī causa ad Africam navıgāsset, rēx ille,
quī forte nuntium cum dōnō Bȳzantium hōc ferē tempore

1. minus : *not very ; what use
of the compar. ?

4. nūntiō : *news,* or *information.*

5. cēlāre : cēlō, 1, *conceal,* or
hide.

6. paucōs : cf. paucī, p. 90, l.
17. — praesidiō : cf. p. 65, l. 4.

10. quōs omnīs : cf. quī omnēs,
p. 57, l. 8.

11. coēgērunt : *crowded.* — vic-
tōrēs : victor, -ōris, M , *victor.*

12. tam bene sē habēbant :
were having so good a time.

15. facta est : freely, *had
grown.* — pendere : pendō, 3, pe-
pendī, pēnsus, *pay.*

16. nē : *so that . . . not.*

19. Bȳzantium : see the note
on p. 79, l. 21.

ad regem supremum mittere volēbat (nam ipse quoque tribūtum pendere cogēbātur), ab Americanīs postulāvit ut
nave sua hanc rem susciperent. Praefectus scīlicet se nolle
respondit; sed rex, "Nōnne servī estis?" inquit: "nonne
5 tribūtum mihi penditis? Hanc rem mehercle nisi confēstim
suscipiētis, naves omnes Americanae, quae in marī Medi-
terrāneo navigant, a pīratīs statim capientur." Praefectus
igitur animo haud aequo Bȳzantium proficīscī coactus est:
ubi autem rex supremus Americanos summo accepit honore;
10 cumque discēderent, ducī etiam dedit diplōma.

Cum navis paucīs post diēbus ad lītus Africae rursus
appulsa esset, rēx Africanus, quī iam oblītus erat sē polli-
citum esse nihil amplius ab Americanīs postulātum īrī, praefectum iussit iterum Bȳzantium navigare; cumque id
15 recusaret, etiam mortem praesentem minātus est. Tum
praefectus diplōma porrexit; quo vīsō, tantus timor regis
animum occupavit, ut venia contumēliārum petītā Americanos sine mora redīre domum paterētur.

LESSON 82

A Successful Ambuscade

Eō tempore, quo colōnī cum Philippo, rege Indorum
20 clārō, bellum gerēbant, oppido quōdam ā barbarīs incenso,

1. **rēgem suprēmum:** *i.e.* the
Sultan.

2. **pendere:** cf. p. 97, l. 15. —
ab: *of.*

4. **nōnne:** *i.e.* nōn + ne: this
combination assumes the answer
"yes."

5. **mehercle:** interjection, *by
my halidom*; lit. *(so help) me,
Hercules.*

8. **Bȳzantium:** translate the
acc. "for"; cf. p. 97, l. 19.

10. **diplōma:** acc. sing. of diplōma, -atis, N., *passport.*

13. **postulātum īrī:** what infin.?

15. **recūsāret:** *object to;* subject, praefectus. — **minātus est:**
minor, 1, *threaten.*

16. **diplōma:** cf. l. 10.

17. **contumēliārum:** cf. p. 93,
l. 4, and the note.

19. **quō:** *when,* lit. *during
which.*

magna vīs frūmentī ab eīs integra in agrīs relicta est. Quo cōgnitō, imperātor colōnorum, tantam frūmentī cōpiam non temerē dīmittendam ratus, ab oppidō fīnitimō lēgātum cum mīlitibus proficīscī iussit, ut frūgēs ad bellī sēdem reportāret.
5 Ille igitur ɪumenta carrosque statim coēgit multōs, ac confēstim in agrōs illōs contendit; ubi nūllo ɪmpediente frūmentum omne in carros sɪne mora ɪmpositum est.

Postquam tamen cōpiās redūcere coepit, lēgātus silvās veritus (per quās tria mīlia passuum iter faciendum erat)
10 mīlitēs prīmo armīs expedītīs prōgredī iussit. Cum vero agmen e silva ɪncolume evasɪsset, omnia perīcula suōs iam effūgisse arbitrātus, vɪa mɪnus dīligenter explōrātā, in īnsidiās subito ɪncɪdit, quas hostēs fecerant in palūde quadam, per quam rīvus parvus fluēbat. Quem ad locum
15 ubi perventum est, repente audītus est undique ululātus Indorum, tēlaque plūrima inmissa sunt. Quā rē novā permōtī mīlites nūllō modō resistere potuerunt, praesertim cum numerō barbarī multō essent superiores. Quīn etɪam e proeliō colōnī vix septem octōve effugerunt; quare prop-
20 ter clādem ibi acceptam hīc locus posteā "rīvus cruentus" appellābātur.

LESSON 83

An Intrepid Commander

Eōdem bello quīdam colōnī in scaphīs ōlim eo consiliō profectī sunt, ut cum Indīs fīnitimīs aut pacem facerent,

3. fīnitimō: *i.e.* to the burned town.

4. frūgēs: frūx, frūgis, F., *fruit* (of the earth); pl., *crop*. — bellī sēdem: *i.e. the hase of operations.*

5. iūmenta: iūmentum, -ī, N., *heast of burden.* — multōs: see the note on ratī, p. 82, l. 14.

12. arbitrātus, etc.: use but one part. in the English sentence.

13. incidit: incidō, 3, -cidī, *fall into* (in+cadō).

14. rīvus: *brook.*

19. octōve: *i.e.* octō + ve.

22. eōdem bellō: for syntax, cf. **prīmō bellō**, p. 62, l. **15**.

aut eīs indīcerent bellum, sī Philippum adiuvāre per-
sevērārent. Ē scaphīs ēgressī, per agrōs contendēbant
colōnī, cum subitō ululātus audītus est, et barbarī impetū
repentīnō mīlitēs ad lītus sē recipere coēgērunt: nam in
5 eō quoque proeliō Indī numerō erant multō superiōrēs; dux
enim colonōrum quīndecim tantum mīlitēs sēcum tum habēbat.

Is autem, vir summae constantiae, locum idoneum
nactus, suōs hortātus est nē sē animō dēmitterent, et ipse
10 ācriter dīmicāvit. Dum rēs sīc geritur, animadvertit
forte ūnum e comitibus ita territum, ut nūllō modō
pugnāre posset. Quō vīsō, hominem iussit lapidēs comportāre, quī prō mūnītiōne ūsuī essent: quod cum iste
faceret, sagitta subitō lapidem percussit, quem manibus
15 ferēbat; quō mīrāculō permōtus (nam vītam ā dīs ita
servātam esse exīstimābat), animōs homo resumpsit, summaque virtūte ūna cum cēterīs pugnāvit.

Brevī tēla colōnōrum dēficere coepērunt; sed navis
adventū opportūnō servatī sunt. Dux tamen, cum nōllet
20 Indōs putāre sē timōre discessisse, etiam tum in agrīs
paulum morātus est ad petasum petendum, quem ad
fontem paulō ante relīquerat.

1. eīs: cf. the note on **Britan-**
nīs, p. 92, l. 7.
4. ad: *toward*.
8. locum: *position*.
9. animō: for syntax, cf.
the more familiar phrase, **animō**
dēmissus.
11. forte: cf. the note on
p. 85, l. 12.
12. quō: neut.—lapidēs: lapis,
-idis, M., *stone*.
13. prō: *as*, or *for*.—ūsuī: cf.
p. 89, l. 8.—essent: note the

mood.—iste: the soldier.
14. manibus: cf. p. 7, l. 9.
15. mīrāculō: mīrāculum, -ī, N.,
providence, lit. *strange happen-*
ing.
16. animōs: *courage.*—resumpsit: resūmō, 3, -sūmpsī, -sūmptus,
recover
19. cum nōllet: translate by a
partic. phrase.
20. timōre: abl. of cause.
21. petasum: petasus, -ī, M.,
broad-brimmed hat.

LESSON 84

Burned at the Stake

De crudēlitāte Indorum multa narrantur. Sīcut, cum oppidum colonorum quoddam a Gallīs barbarīsque esset expugnātum, ampliusque quīnquāginta oppidānī captī essent, hostes cum captīvīs miserīs cōnfēstim domum con-
5 tendērunt. Dum autem iter faciunt, unus e captīvīs, homo obēsus, quī onus grave ferre coactus tardius sequebātur, se posse clam effugere ratus, onus subitō in viā dēposuit atque in arbore cavā latere cōnātus est.

Hīc autem ab Indīs brevī repertus, veste dētractā per
10 nivem nūdus progredī est coāctus; quo modō usque ad noctem iter factum est. Tum barbarī, captīvo ad arborem religātō, ignem pedetemptim admovēbant, donec homo moribundus vīsus est; deinde rursus paulum redūcēbant, quo diūtius cruciārētur. Quīn etiam, ne hoc quidem
15 contentī, frūsta abscīdērunt vīscerum, ut cruciātū captīvī oculōs suos pascerent, cum interim canerent aut saltārent rīdentēs; et postremo, ne contumēlia ūlla deesset, corpus

3. **amplius**: *i.e. more* (*than*); cf. such expressions as "*above* a thousand."

6. **obēsus** (-a, -um): *stout.* — **tardius**: absol. compar.

7. **onus**: onus, -eris, N., *load.*

9. **hīc**: the adv. — **veste**: *i.e.* vestīmentō.

11. **iter factum est**: translate by an active form.

12. **ignem**: *the fire.* — **admovēbant**: *kept moving up.*

13. **redūcēbant**: sc. eum (*i.e.* ignem). For the force of this imperfect, cf. **rapiēbant**, p. 7, l. 17.

14. **quō**: replacing **ut**, as it regularly does when the purpose clause contains a comparative. — **cruciārētur**: cruciō, 1, (*keep in*) *torture.* — **hōc**: (neut.) noun.

15. **contentī**: contentus, -a, -um, with abl., *content* (*with*). — **frūsta**: not **frūstrā**. — **vīscerum**: vīscus, -eris, N., (sing. and pl.) *flesh.*

16. **pāscerent**: pāscō, 3, pāvī, pāstus, with abl., *feast . . .* (*upon*). Strictly, cruciātū is abl. of means.

17. **deesset**: what is the literal force of the word (dē + sum)?

mortuī in favīllam resīdere passī sunt, quo postea maiore amīcī dolore afficerentur, cum eius casum vidērent miserrimum.

LESSON 85

An Early Morning Surprise

Ōlim Gallī Indīque castellum quoddam bieme expugnare
5 cōnstituerant. Quare per nivem altam summō labōre prōgressī, nocte intempestā in silvā haud procul ab oppidō castra collocavērunt ; deinde, impedimentīs praesidiō paucīs relictīs, vigiliā quartā fere exāctā ad mūnītiōnēs pedetemptim accesserunt. Nam per nivem gelū rigidam iter iam
10 faciendum erat, timēbantque ne sonus a colōnīs audīretur ; quam ob rem ab imperātōre iussī erant paulum prōgredī, tum paulum stāre, tum iterum paulum prōgredī, ut strepitus exercitus per nivem iter facientis sonus tantum ventōrum vidērētur. At nihil suspicābantur colōnī ; quīn etiam
15 custōdēs ipsī somno gravissimo quiēscēbant. Itaque hostēs facillimē in castellum pervenerunt ; nix enim una ex parte tam alta fuit, ut mūnītiōnes vix exstārent. Tum dēmum, ululātū ācrī sublātō, barbarī colonos perterritos cōnfēstim dētrāxērunt ē lectīs, et undique caedes incendiaque miscuērunt.

1. **mortuī**: as noun (gen. masc.). — **favīllam**: favīlla, -ae, F., *emhers.* — **resīdere**: resīdō, 3, -sēdī, *sink down.* — **quō**: cf. p. 101, l. 14. — **maiōre**: (*all the*) *greater.*

2. **amīcī**: nom. pl.

4. **hieme**: abl. of time when or within which.

7. **paucīs**: as (masc.) noun.

8. **exāctā**: from exigō ; construe with vigiliā, and cf. the note on p. 91, l. 17.

9. **gelū**: gelus, -ūs, M., *frost.* —

rigidam: rigidus, -a, -um, *crusted,* lit. *stiff.*

10. **nē**: note the nature of the governing verb.

13. **facientis**: modifying exercitūs. — **sonus**: pred. nom. with vidērētur (sc. esse). — **tantum**: the adv.

16. **ūnā ex parte**: cf. omnibus ex partibus, p. 44, l. 6.

17. **exstārent**: exstō, 1, ——, ——, *project,* or *appear (above).*

19. **caedes**, etc. : cf. p. 78, l. 9.

In castellō praedā multā hostēs potītī sunt atque ad vesperum, caede incendiīsque aliquandō dēfessī, sē ad silvam contulērunt. Victōria tamen non incruenta parta erat: nam intrā castellum erant complūra tēcta minora; 5 quorum unum cum barbarī expugnāre frūstrā cōnārentur, tēlīs inde coniectīs multī interfectī erant.

LESSON 86

Some Very Distinguished Geese

Quibus rebus admoneor dē impetū, quem Gallī antīquī abhinc multos annos in Capitōlium fecerunt, cum exercitūs vīcissent Romanos, urbemque ipsam incendissent. Prīmo 10 interdiū hostēs adortī sunt, summaque audāciā saxa aspera ascendērunt; sed Rōmanī dēsuper eorum aciem tam facile tantāque caede dēiēcerunt, ut numquam posteā idem audērent.

Deinde autem, cum multōs diēs Capitōlium obsessum 15 esset nec praesidium (quamquam summa erat cibī inopia) sē dēdere vellet, noctū Capitōlium oppugnare hostes cōnstituērunt. Itaque semitā aspera, quam paucīs ante diēbus

1. **praedā**: for syntax, cf. victōriā, p. 95, l. 11. — **ad**: *toward.*
2. **aliquandō**: *i.e.* dēmum.
3. **incruenta**: incruentus, -a, -um, lit. *bloodless;* translate freely. — **parta erat**: from pariō.
5. **quōrum**: neut.
7. **Gallī**: as on p. 52, l. 12. — antīquī: antīquus, -a, -um, *ancient.*
8. **cum**: *after.* — exercitūs: note the ū.
9. **ipsam**: *proper.* The Romans were so demoralized that

they made no attempt to hold any part of Rome other than the lofty and isolated Capitol.

10. **interdiū**: in contrast to noctū, l. 16. — **hostēs**: subject of the verb.
11. **dēsuper**: adv., *from above.*
12. **idem audērent**: *repeated the venture;* lit. what?
14. **deinde**: *later.*
15. **nec**: *and yet . . . not.*
17. **sēmitā**: abl. of way by which (**sēmita, -ae**, F., *footpath*).

Gallus quīdam forte anımadverterat, tertiā ferē vigiliā ūnus mīles inermis paulum ascendit; cui deinde arma trādita sunt. Is sequentēs adiuvābat, illī rursus alios. Quo modō Gallī complūrēs ad summum collem tantō silentiō pervene-5 runt, ut custōdēs nihil sentīrent; quīn etiam ne canes quidem excitātī sunt. Sed repente anseres Iūnōnis sacrī clangorem clārum ēdidērunt: quae rēs Rōmānīs salūtī fuit; nam M. Mānlius, vir summae constantiae, sono acrī audītō, comitēs ad arma vocans cōnfēstim in prīmum Gallum im-10 petum fēcit acerrimum, eumque de saxo prōiēcit. Gallus cāsū suō aliōs quoque dēturbāvit; et hostes, magno dētrī-mento acceptō, etiam hoc conatū dēsistere coactī, in castra maestī se receperunt.

LESSON 87

An Army of Two

Longum est consilia narrare, quibus usī sunt colōnī eīs 15 in bellīs, quae cum Britannīs et Indīs gesserunt. Sīcut ōlim, cum per prōvinciam Noveborācēnsem navıs Britannica adversō flūmine nāvigāret, in rīpā forte stābant līberī duo; quī veritī ne, sī agricolās armatos exspectassent, auxilium

2. **inermis** (-is, -e): *without (his) arms*, lit. *unarmed.*

3. **sequentēs**: acc. masc., *those following.* — **illī**: supply a verb from the preceding clause.

4. **summum**: *the top of;* cf. the use of **prīmā**, p. 22, l. 7.

6. **ānserēs**: ānser, -eris, M., *goose.* — **sacrī**: sacer, -cra, -crum, with gen., *sacred(to).* — **clangōrem**: clangor, -ōris, M., *cry.*

7. **ēdidērunt**: from **ēdō** (not edō).

8. **M.**: *i.e.* **Mārcus.**

11. **cāsū**: *fall.* — **dēturbāvit**: dēturbō, 1, *carry off (one's) feet.*

12. **cōnātū dēsistere**: cf. p. 21, l. 3.

14. **longum est**: *'twould be a long (tale);* cf. the similar idiomatic use of the present indicative of possum, *e.g.* p. 41, l. 7.

17. **forte**: cf. the note on p. 85, l. 12.

18. **exspectāssent**: *should wait for;* lit. *should have waited for.*

sērō adferrētur, cōnstituerunt, sī possent, Britannos ipsī
dēterrēre.

Post domum, quae in promunturio posita erat, silva erat
parva. Itaque līberī, cum ad aedēs cucurrissent, armīs
5 confēstim arreptīs, portā posticā in silvam clam egressī
sunt; tum autem palam e silvā in aedēs cum armīs prope-
rāverunt. Quod idem cum saepius fēcissent, Britannī, quī
cōnspiciēbant procul nec quicquam plāne videre poterant,
manum magnam in aedēs convenisse ratī, pedetemptim
10 tamen progredī perseverāvērunt: dum vero praeter pro-
munturium nāvigant, subitō alter ex līberīs inmīsit tēlum ac
gubernātōrem graviter vulnerāvit; quī cum prōlapsus gubernācula e manibus dīmīsisset, nāvis ē cursū flūmine secundō ferrī coepta est. Quam ob rem Britanni, se sic omnīs
15 interficī posse arbitrātī, animō minimē aequō sē recēpērunt
ad oppidum, unde nuper profectī erant.

LESSON 88

Horatius at the Bridge

Quae res memorābilis me admonet dē facinore similī sed
maiore, quod Rōmae antīquitus ab Horātio quōdam factum
esse trāditur. Cum enim bellum a rege Porsinna esset
20 Romanis indictum, Iāniculum impetu repentīno captum est

1. sērō: adv., *late*; in this context, *too late.*
3. domum: *(their) home.* —
posita erat: *had been built.*
5. portā: *door*; for syntax, cf.
sēmitā, p. 103, l. 17. — posticā:
posticus, -a, -um, *back.*
7. idem: note the gender, and
cf. p. 103, l. 12. — saepius: *over
and over again*; what use of the
compar.?

8. quicquam: neut. of quisquam (cf. p. 2, l. 11).
11. alter ex: *one of* (the two).
13. secundō: cf. p. 87, l. 18.
14. coepta est: cf. the note on
coeptus est, p. 66, l. 12.
18. Rōmae: note that this is a
town name.
20. Iāniculum: a hill on the
west bank of the Tiber, opposite
Rome.

Pōns

Until the second century B.C., the only bridge across the Tiber at Rome was of wood. Afterward several stone bridges were built, one of which is shown above.

Rōmānīque perterritī trāns Tiberim in urbem quam celer-
rīme fugere coeperunt. Tum Horātius, quī sentiēbat hostēs,
nisi pons esset perruptus, urbe quoque statim potītūros,
cīvīs suōs hortātus est ut pontem ignī ferrōque perrumpe-
5 rent, cum ipse impetum hostium sōlus sustinēret.

Itaque cum duōbus amīcīs fidēlibus, quōs pudor eum
deserere nōn patiēbātur, ad prīmum aditum pontis fortiter
progressus, audācissimē ibi constitit. Qua audaciā obstupefactī, hostēs prīmo paulum morātī sunt, deinde impetum
10 ācriōrem fecērunt; Horātius vero, minās contumēliāsque
vōciferāns, summā virtūte dīmicābat, nec locō cessit priusquam post tergum pons perruptus est. Tum in Tiberim
armātus dēsiluit, et ad rīpam alteram incolumis pervēnit,
quo paulō ante, exigua parte pontis adhuc relictā, amīcōs
15 duo sē recipere coēgerat.

Sīc memoriae trāditum est; Līvius autem (ā quō haec
narrantur) facinus hoc apud posteros plūs gloriae quam
fideī habuisse palam confitētur.

---

1. quam celerrimē : translate
freely.

3. pōns (pontis, M.) : *bridge.*
— esset perruptus : cf. exspectāssent, p. 104, l. 18; for mood, cf.
admoveantur, p. 61, l. 14.

4. ferrō : ferrum, -ī, N., *iron;*
freely, *the ax.*

5. cum : *while.*

6. pudor (-ōris, M.) : *shame.*

7. patiēbātur : we would say
"*would* not allow"; cf. vidēbant,
p. 36, l. 7. — aditum : aditus, -ūs,
M., *approach.* — pontis : cf. l. 3.

8. obstupefactī : obstupefac-
tus, -a, -um, part., *amazed.*

10. minās : minae, -ārum, F.:
threats.

11. vōciferāns : vōciferor, 1,
shout out. — dīmicābat : *fought on.*
— locō : cf. the note on p. 7,
l. 4.

13. dēsiluit : dēsiliō, 4, -siluī,
leap down.

14. quō : the adv. ; cf. p. 47,
l. 2. — exigua parte, etc. : translate
by a "while" clause.

16. memoriae, etc. : cf. p. 85,
l. 6, and translate freely. — haec :
neuter.

17. apud posterōs : *i.e. in the
following generations;* lit. what ?
— plūs : see multus. — glōriae :
partitive gen.

18. cōnfitētur : cōnfiteor, 2,
-fessus sum, *admit.*

LESSON 89

A Favor Repaid

Ōlim Indus īgnotus in dēversōrium ēsuriēns vēnit; cum autem diū frūstra venātus erat, cibum emere non potuit. Sed colōnus quīdam, quī animadverterat fame hominem esse paene confectum, cauponam iussit cibum dare, ipseque 5 pecuniam solvit. Indus colono grātiās maxımas ēgit pollicitusque est se semper beneficium memorıa custōdītūrum.

Paucīs post annīs colōnus ipse ab Indīs captus est et in Canadam dēductus; ubi ā dominō in silvās saepe līgnātiōnis causa mıssus est. Olim, cum procul ab aedibus labōrāret, 10 subitō in conspectum vēnit Indus quīdam, quī eum hortātus est ut paulō post in locum certum ad colloquium venīret. Colonus haud invītus pollicitus est; tum īnsidiās veritus consilium mūtāvit, neque ad locum vēnit cōnstitūtum. Paucīs post diēbus Indus eum iterum convēnit, iterumque 15 hortātus est ut aliō diē ad locum dēstinātum īret.

Quō ubi perventum est, Indus se sequī iussit, ac per silvās celeriter profectus est. Alter, etsī timor eius occupābat anımum, fīnemque itineris omnıno nesciēbat, est tamen secūtus; cumque diēs multōs per silvas iter fēcissent, po- 20 stremō ad oppidum pervenerunt, quod colōnus laetus ut suum cōgnōvit. Tum dux, "Ego is sum," inquit, "quem tū abhinc multōs mensīs cibō iūvistī. Hoc modō refero gratiam."

1. ēsuriēns (-entis, part.) · *hungry.* — cum : *inasmuch as.*
4. cōnfectum : *exhausted.* — caupōnam : caupōna, -ae, F., *mistress of (the) inn.*
8. līgnātiōnis : cf. the use of the gerundive with causā to express purpose.
14. Indus : *the Indian.*

15. dēstinātum : dēstinātus, -a, -um, *designated.*
16. sē : obj. of sequī.
17. eius : modifier of **animum.**
18. fīnem : contrast fīnēs.
20. ut suum : *as his own.*
21. is : *the man.*
22. grātiam : contrast the meaning of grātiās, l. 5.

LESSON 90

An Earthquake in Colonial Times

Cum iam colonī plūrimī Britanniam Novam incolēbant, ōlim noctū, dum hominēs ferē omnes somno gravī quiescunt, repente mōtus terrae maximus factus est. Sono horrendo ad aurīs adlātō, colōnī graviter permōtī ē lectīs cōnfēstim 5 exsiluerunt, tēcta ratī undique labefactārī; quīn etiam erant quī timerent ne vēnisset diēs mundī ultima aut certē adesset. Interim in marī nautae mōtum sēnsērunt, crēdēbantque navīs suas in saxa abscondita dēlātās esse; in agrīs autem boves, cum mugītūs maximos ederent, omnīs in partes per-10 territī cucurrērunt.

Quīdam cōnfīrmant se tum vīdisse ignem per terram currere; ac certē quōdam loco erat terrae hiātus, ex quo pulvis levis fūmō similis aliquamdiū efferēbātur. Diēbus proximīs complūres consecūtī sunt mōtus, sed minores; 15 multīque hominēs, quī adhuc religionem spreverant, propter timōrem ad cultum deōrum se convertērunt. Trāditum quoque est, aquam cuiusdam fontis, quī terrae motū humī depressus erat, posteā hieme interdum glaciem factam

---

3. **mōtus** (-ūs, M.) : lit. *movement*.

5. **labefactārī** : labefactō, 1, *shake down.* — **erant quī** : *there were (some) who.* The subjunctive is used regularly after any tense of sunt quī or nēmō est quī.

6. **mundī** : mundus, -ī, M., *the world.*

8. **autem** : *moreover.*

9. **cum . . . ēderent** : note the ē, and translate by a partic. phrase. — **mūgītūs** : mūgītus, -ūs, M., *bellowing.*

11. **quīdam** : here, noun. —**per** : *along.*

12. **hiātus** (-ūs, M.) : with gen., *cleft* (*in*), lit. *yawning* (*of*).

13. **levis** (-is, -e) : *light* (of weight). — **efferēbātur** : *i.e. kept rising;* lit. what ?

16. **cultum** : cultus, -ūs, M., *worship.*

17. **humī** : *into the ground;* what is the commoner meaning ?

18. **dēpressus erat** : dēprimō, 3, -pressī, -pressus, *sink.* — **glaciem factam esse** : *i.e.* froze solid.

esse, quamquam antea omnī tempore annī ūberius fluere consueverat.

LESSON 91

Evils of the Slave Trade

Gentes, quae Āfricam incolunt, quondam inter se saepe dīmicābant, captīvīque a negōtiātōribus emptī, nāvibus in 5 terras sunt trānsportātī dīversas, ubi dominīs novīs trāditī summīs labōribus aetātem in agrīs agebant. Dum autem navigant, condicio captīvōrum miserrima erat; nam trāditum est dominos, quī quaestum volēbant facere quam maximum neque aliud cūrābant, valētūdinī salūtīque ser-10 vorum operam minimam dedisse.

Quī igitur miserī in locīs angustīs foedīsque procul ā lūce caelīque spīritū saepe claudēbantur. Quīn etiam interdum, ut naves quam plūrimos portārent, inter se vinculīs iūnctī, supīnī dies noctēsque iacere coactī sunt, spatiō minimō 15 tantum relictō, ubi paucī vice alternā sē exercēre possent: quorum cruciātus, tempestāte coortā, maximus erat; tum enim forīs omnibus clausīs vix respīrāre poterant, multīque

1. **quamquam**: *whereas.* — **ūberius** : adv.(positive not in use), *very freely.*

4. **nāvibus** : *by ship.*

6. **labōribus** : translate as sing. — **aetātem** : cf. **vītam** with the same verb, p. 61, l. 13. — **dum . . navigant**, etc. : freely, *it was, however, while they were on shipboard, that,* etc.

9. **aliud** : *anything else.*

11. **qui . . . miserī** : *the poor wretches.* — **locīs** : *quarters.* — **foedīs** : **foedus, -a, -um**, *foul.*

12. **caeli** : (*open*) *air.* — **spīritū** : **spīritus, -ūs, M.**, *breath.*

13. **inter sē** : *i.e. to one another.* — **iūnctī** : **iungō, 3, iūnxī, iūnctus**, *bind.*

15. **paucī** : *i.e. small groups.* — **vice alternā**, abl. phrase, *in turn.* — **exercēre** : **exerceō, 2, -uī, -itus**, *exercise.* — **possent** : note the mood.

16. **quōrum** : (*but*) *their.* — **tempestāte coortā** : translate by a "when" clause.

17. **forīs** : **forus, -ī, M.**, *gangway.* — **respīrāre** : **respīrō, 1**, *breathe.*

moriēbantur. Quō modō saepe factum est ut vīvī, vinculīs retentī, inter mortuōs iacere cogerentur, dōnec postero diē nautae solverent mortuos corporaque in mare abicerent.

LESSON 92

A Pirate Outdone

Illīs temporibus, cum servī plūrimī ex Āfrica in terrās
5 dīversas transportārentur, saepe in marī coniurationem inter se nautae fēcērunt, dominōque nāvis aut coniecto in vincula aut interfectō, ducem novum ipsī dēligēbant; quo modō pīrātae factī secundum lītus Āfricae ultro citroque nāvigābant et naves gentium spoliābant omnium.
10 Quorum e numero quidam in portum ōlim vectī longinquum, ubi in lītore collocāta erant castra parva Britannica, lēgātum tēla aurumque ē castrīs ad sē mittere summa superbiā iusserunt. Ille vero, vir maximae constantiae, aurum respondit se non datūrum esse, sed tēla libenter mis-
15 surum, sī eorum navis propius accessisset. Tum pīrātae īrā commōtī castra acerrime adortī sunt, ac lēgātus Britannicus, postquam tēla dēfēcērunt e castrīs se recipere coactus, postrēmo ab hostibus captus est; quī eum cum custōdibus confēstim ad ducem mīserunt. Iste scīlicet

1. moriēbantur: cf. rapiēbant, p. 7, l. 17.—factum est ut: cf. p. 74, l. 15.

3. solverent . . . abicerent: translate both the subjunctives "should."

5. marī: *the high seas.*

8. pīrātae: predicate nom.

9. nāvēs: *commerce.*

10. ē: *of.*

12. aurum: do not confuse aurum with auris.

14. libenter: cf. the note on p. 93, l. 9.

15. accessisset: cf. esset perruptus, p. 107, l. 3.

16. īrā commōtī: freely, *filled with wrath.*

18. cum custōdibus: *i.e. under guard.*—ducem: (*their*) *chief.*

hominem horrendīs exsecrātiōnibus accepit, quod animō tam obstinātō rēsistere ausus erat; lēgātus autem minime territus audācter respondit atque etiam maiōribus exsecrātiōnibus quam dux ipse usus est. Quae res eī salūtī fuit; 5 nam pīrātae cēterī, nova rē dēlectātī, cachinnōs sustulērunt maximos et ultrō vītam bominī concesserunt, quod male dīcendō ducem ipsum superare potuerat.

LESSON 93

Colonization in Africa

Americanī Britannīque, cum demum plane coepissent cognoscere mala, quae ab emptione servorum oriuntur, 10 colōniās in Āfricam statuērunt dēdūcendās esse, in quas lībertīnī mitterentur; illīsque temporibus erant etiam quī servōs ferē omnēs postrēmo sīc in patriam redūcī posse exīstimarent.

Colōniae, quae prīmo sunt eō dēductae, non erant validae, 15 et saepe cum incolīs Āfricānīs pugnandum erat. Sīcut olim, cum colonı quīdam prōmunturiō īnsulāque emptīs

---

1. exsecrātiōnibus: exsecrātiō, -ōnis, F., *curse.*

5. novā rē: *at the unexpected turn (of events)*; abl. of cause.
— dēlectātī: dēlectātus, -a, -um, part., *highly amused*, lit. *delighted.*
— cachinnōs: cachinnus, -ī, M., *roar of laughter.*

7. dīcendō: abl. of specification.

9. mala: as (neut.) noun; cf. the somewhat similar use of the neut. bona. — emptiōne servōrum: freely, *traffic in slaves;* lit. what?

— oriuntur: orior, 4, ortus sum, *arise* (cf. coorior).

10. in Africam . . . dēdūcendās esse: freely, *ought to be planted in Africa.*

11. lībertīnī: lībertīnus, -ī, M., *freedman.* — mitterentur: note the mood.

12. patriam: *i.e. (their) rightful country.* — posse: *could.*

13. exīstimārent: cf. the note on erant quī, p. 109, l. 5.

14. eō: the adv.; for meaning, cf. quō, p. 107, l. 14.

oppidum parvum in lītore condidissent, nātiones proximae
molestē ferēbant peregrīnos illīc cōnsēdisse; verēbantur
enim ne iura sua vetera amitterent, emptiōque servorum
(quā ex re quaestum magnum faciēbant) mox tōta repri-
5 meretur. Quārē, armātīs undique convocatis, in oppidum
colōnorum repente impetum fēcerunt ācerrimum. Intrā
munītiōnes erant dux aeger et trīginta quīnque tantum
homīnes, quī arma ferre possent; at illī, cum in proeliō
quīndecim ex ipsorum numero aut vulnerātī aut interfectī
10 essent, hostēs praedā occupātōs postrēmō in fugam conie-
cērunt. Paucīs autem post diēbus oppugnatiō ā barbarīs
redintegrāta est; qui ne tum quidem rem bene gessērunt.
Itaque, pace iam dēmum factā, haec quidem colōnia paulātim
numero vīribusque aucta est.

LESSON 94

A Prize Won and Lost

15 Olim, cum navis longa Americana per mare Mediterra-
neum navigaret, nautae procul vēlum vīdērunt; quo viso,
praefectus, liburnicas piratārum haud procul abesse ratus,
suos summa celeritāte īnsequī iussit. Dum autem vēlīs
remisque contendunt, subitō nāvis in saxīs absconditīs
20 adhaesit, neque ūllo modō dētrūdī poterat. Quo casu

2. **molestē ferēbant**, etc.: *i.e.
were much wrought up that*, etc.
—**illīc**: adv., *there.*

4. **tōta**: translate as if an adv.

6. **intrā**: *behind.*

8. **cum**: *after.*

9. **ipsōrum**: *their.*

10. **occupātōs**: *busied.*

12. **nē . . . quidem**: see the
Vocab.

13. **haec quidem colōnia**: freely,
this particular colony; lit. what?
(Do not confuse **quidem** with
quīdam.)

14. **vīribus**: contrast the meaning of **vīs** and **vīrēs** (see the
Vocab.).

19. **rēmīs**: rēmus, -ī, M., *oar.*
Roman ships often had both sails
and oars, and **vēlīs rēmīsque** came
to be a standing phrase for "at
full speed."

secundum lītus nūntiātō, pīrātae oppugnandī causa undique convenerunt, et Americānī, etsī, ut nāvem levārent, in mare iēcerant omnia, postremo sē dēdere coāctī sunt.

Quā victōria partā, rex pīrātārum, veritus nē aliae naves
5 longae oppidum suum oppugnarent, Americānōs miserōs mūnitiōnēs fīrmāre coegit, cum interim a pīrātīs captivī tantā dīligentia custōdiēbantur, ut, quamquam dies noctēsque dē fuga cogitābant, rem numquam perficere possent.

Eīs nantīs, quī noctū quoque labōrāre volēbant, pecuniam
10 dedit rēx, cum opera sua vellet quam mātūrrime perficī; illī autem pecuniam acceptam statim prōfūdērunt, et ēbrii per oppidum vagantēs iniurias oppidānīs saepe intulērunt. Tum mīrīs modīs poenas dedisse dīcuntur; hominis enim supīnī sola pedum verberābantur, idque saepe tam vehemen-
15 ter ut sanguis exīret. Interdum autem, pecunia līctōribus datā, storeīs interpositīs nautae verberābantur, cum interim lēgātus huic reī praepositus (quī tamen extrā forēs carceris morārī solēbat) ex clāmōribus iūdicābat homines cruciatus patī maximos.

LESSON 95

A Prize Won and Lost (Continued)

20 Interim pīrātae longam navem Americanam de saxīs dētrūserant; quam ob rem captivī scilicet etiam molestius

---

1. oppugnandī causā: freely, to the attack. What part of the verb is oppugnandī?
2. levārent: levō, 1, lighten.
10. vellet: he was anxious (that). — mātūrrime: from mātūre.
11. prōfūdērunt: prōfundō, 3 fūdī, -fūsus, squander. — ēbrii: ēbrius, -a, -um, intoxicated.
13. mīrīs modīs: transl. as sing. — hominis: modifying pedum, l. 14.

14. supīnī: (placed flat) on his back. — sola: solum, -ī, N., sole (of the foot).— verberābantur: verberō, 1, beat. — idque: freely, and that too; strictly, id is subject of fīēbat supplied.
15. sanguis (-inis, M.): blood.— exīret: freely, flowed. — līctōribus: līctor, -ōris, M., policeman.
16. storeīs: storea, -ae, F., mat.

ferēbant navem suam in hostium potestātem venisse:
itaque eorum dux, Bēnbrigius nomine, litteras clam mīsit,
quibus hortātus est alium praefectum Americanum, quī
eōdem in marī nāvigābat, ut cīvibus auxiliō venīret prae-
5 damque e manibus hostium eripere conārētur. Ille, litterīs
acceptīs, suspicionis vītandae causa liburnicam mīsit; quae
nocte intempestā portum ingressa, ad navem longam cursu
tam incertō navigavit, ut pīrātae quī in ea custōdias agēbant,
veritī nē liburnica in navem inlīderētur, magna voce guber-
10 natōrī imperārent ut ancoras iaceret. Is autem respondit
ancoras amissas esse.

Quo responsō dēceptī, pīrātae liburnicam vagantem propius accēdere patiēbantur, cum subito ex ea septuāgintā
armātī gladiīs dēstrictīs in navem longam ascendērunt
15 atque in hostīs perturbātōs impetum fēcērunt ācerrimum.
Pīrātae fortissime dīmicāvērunt; brevī autem paene ad
unum occīsī sunt. Tum, cum reliquī se in mare iecissent,
ignes multīs simul locīs navī longae Americānī ipsī admōvērunt, quattuorque tantum vulnerātīs, liburnicā salvā ad
20 classem se receperunt.

Paulō post oppidum ipsum classe est oppugnātum,
atque invītus rex pīratārum captivos Americānōs incolumēs
abīre patī coactus est.

---

3. **quibus**: cf. the note on
p. 38, l. 16.

4. **cīvibus auxiliō**: cf. the
same construction with the verb
sum.

6. **liburnicam**: this being the
type of vessel used by the pirates
themselves (cf. p. 113, l. 17).

8. **eā**: *i.e.* nāve longā.

9. **magnā**: see the Vocab. for
the varied meanings of this adj.

12. **respōnsō**: noun.— **dēceptī**:

dēcipiō, 3, -cēpī, -ceptus, *throw
off* (one's) *guard.* — **vagantem**:
erratic; lit. what? (cf. **vagantēs**,
p. 114, l. 12). — **propius**: absol.
compar., *very close.*

14. **dēstrictīs**: **dēstrictus**, -a,
-um, part., *drawn.*

19. **quattuor**: as noun. — **salvā**:
i.e. incolumī; translate the abl. by
"with."

22. **invītus**: translate by a
phrase. — **incolumēs**: *scot free.*

LESSON 96

A Mysterious Disappearance

Colōniīs multīs iam in Americam dēductīs, Gallī etiam in Indōrum fīnēs sacerdōtēs mittere consueverant, non solum ut barbarī ad suam religiōnem converterentur, sed etiam ut illī amīcī essent, sī quandō cum Britannīs dīmi-
5 candum esset. Quī homines sānctī interdum maximīs in perīculīs versābantur ; sīcut ōlim in regiōnibus longinquīs, quae posteā cīvitātis Noveboracensis pars factae sunt, sacerdōtēs complūrēs, quī cum negōtiātōribus paucīs castellum parvum ibi tenēbant, subitō certiōrēs factī sunt Indōs pere-
10 grīnōs omnīs occīdere cōnstituisse.

Palam fugere non audēbant sacerdōtes, neque eīs ūllae erant nāvēs, quibus ad Canadam veherentur. Itaque clam intrā castellum scaphās facere statim coepērunt ; deinde, postquam omnia ad fugam iam sunt parata, barbarōs ad
15 convīvium vocāvērunt. Illī convēnērunt laetī ; cumque ēdissent omnia, quae sacerdōtēs apposuerant, domum regressī in tabernaculīs mox sōpītī iacēbant. Tum Gallī silentiō scaphās ad rīpam portāvērunt, et flūmine secundō ad Canadam versus profectī sunt.

20 Māne Indī vīdērunt castellum clausum ; quā rē animadversā, prīmō sacerdōtes vōta facere crēdēbant. Postremō tamen, fenestrīs ingressī, intus esse nēminem

---

1. colōniīs . . . dēductīs: translate by a "when" clause.

4. sī quandō: cf. p. 54, l. 4.

5. sānctī: sānctus, -a, -um, *pious*.

6. versābantur: freely, *were exposed (to)*.

11. eīs: dat. case.

14. omnia: note the gender.

15. convīvium: convīvium, -ī, N., *feast*. Cf. the illustration on the opposite page.

21. vōta facere: *to be at prayers* (vōtum, -ī, N., *prayer*).

22. fenestrīs: cf. the note on p. 76, l. 3.

CONVĪVIUM

The Oriental fashion of reclining at meals was much in vogue among the Greeks and Romans. The above illustration is taken from a wall decoration at Pompeii.

timōre maximō sēnsērunt; nesciebant enim Gallīs ūllas esse scaphas, eōsque arte magicā effūgisse iūdicābant.

LESSON 97

Early Days in Liberia

Cum in Africa abhinc multōs annos condita esset res publica, quae Līberia appellātur, incolae eius regionis no-5 vae cīvitātī inimīcissimī erant. Nam advenae statuerant emptiōnem servorum reprimendam esse, Afrī autem quaestum suum dīmittere nōlēbant.

Olim prope colōniam quandam subito multitūdō barbarorum armātōrum per silvam viam rumpere audīta est. Sed 10 in oppidō arma multa apud sacerdōtem quendam condita erant; quī, una cum duōbus fabrīs, quī eīsdem in aedibus habitābant, tēla cōnfēstim in hostīs inmittere coepit, multōsque vulnerāvit. Dux tamen Afrōrum paucīs cum comitibus fortiter progressus iam coepit perrumpere pālōs, quī 15 circum aedēs in terra dēfīxī erant. Illum autem ūnus ex fabrīs statim tēlō interfēcit, barbarīque cēterī, hōc cāsū perterritī, cōnfēstim vertērunt terga et quam celerrimē in silvam sē contulērunt. At paulō post, molestē ferentēs ducem mortuum in colōnōrum potestāte relictum, corporis quaerendī

---

1. timōre maximō: *to their great alarm*; lit. what?

4. Līberia: note the significance of the name (cf. lībertās).

6. emptiōnem servōrum: cf. p. 112, l. 9.—reprimendam: translate the gerundive "must."

9. viam: (*their*) *way.* — rumpere: translate as if a present part. (rumpō, 3, rūpī, ruptus, lit. *break*).

10. apud: *at the house of*; what are other meanings of this word?

11. fabrīs: faber, -brī, M., *carpenter.*

12. tēla . . . inmittere coepit: *opened fire.*

14. pālōs: pālus, -ī, M., *stake*; pl., *palisade.*

19. in . . . potestāte: freely, *in the hands.* — relictum: sc. esse.

causa rediērunt, summaque virtūte identidem impetum in aedēs fecerunt acerrimum, donec, cum horam amplius dīmicatum esset, subitō proeliō dēstitērunt et rursus maestī in silvam regressī sunt.

LESSON 98

An Experience with Robbers

5 Quondam in rīpīs illīus flumınıs, quī lingua Indorum pater aquarum appellābātur, pıratae multī in spēluncīs latēbant, ut navigia spoliārent, quae illīs temporibus mercibus variīs onusta ultro citrōque nāvigābant; quīn etiam quodam locō castra parva fēcerant, ibique summā audācıa
10 naves vel maximās adoriēbantur.

Quem locum ōlim negōtiātor locuplēs, ventum idōneum nactus, velīs passīs incolumis est praetervectus; quī autem ad rīpam navem suam appellere non ausus est, dōnec duo diēs inde adversō flūmine nāvigāvit. Interim vero pīrātae,
15 quī navem vīderant praetereuntem, nec praedam tam pulchram dīmittere volēbant, rēcta vıa per silvam erant secutī, et locō opportūno in īnsidiīs iam latēbant; quī, nave

1. identidem: adv., *time and again.*

2. hōram amplius: cf. p. 101, l. 3, and the note.

3. proeliō: cf. p. 69, l. 17.

5. quī: for gender, cf. quod, p. 30, l. 6. — linguā: we would say, "*in* the language."

6. spēluncīs: spēlunca, -ae, F., *cave.*

7. mercibus: merx, mercis, F., (sing. and pl.) *merchandise.*

9. ibi: *at that point.*

10. vel: *even.* — maximās: *of the largest size.*

12. nactus: freely, *with the aid of*; lit. what? — passīs: see the Vocab. under pandō.

13. duo diēs: *for the space of two days.*

15. praetereuntem: from praetereō.

16. rēctā: rēctus, -a, -um, *straight*, or *direct.* The robbers were able to gain upon the trader because of the bends in the river.

ad rīpam appulsa, e silvā subito ēruperunt, ac nautās captōs
ad castra sua navem redūcere coēgērunt.

Ibi negōtiātōris coquus Afer consiliō callidō usus est;
nam simulābat dominum sibi iniūriās intulisse, sēque gau-
5 dēre eum captum esse : quo modō in amīcitiam pīrātārum
inrēpsit, quī crēdēbant hominem socium fidēlem esse fu-
tūrum. Sed ōlim, cena omnibus in nave appositā, coquus
repente proximum pīrātam in flūmen proiēcit; quo sīgnō
nautae cēterōs quoque in aquam dētrūsērunt. Pīrātae ad
10 rīpam nandō pervēnērunt; negotiātor autem navem confēstim solvit ac summā celeritāte domum profectus est.

LESSON 99

The Capture of Stony Point

Olim Britannī castra satis magna occupāverant in rīpā
flūminis Hudsōnis, haud procul ā castellīs complūribus,
quae adhūc tenēbant Americānī victī. Quārē colōnī, ca-
15 stella sua magnō esse in perīculō ratī, castra statim sibi
dēlenda esse exīstimābant. Quam ad rem cōnficiendam
dēlēctus est quīdam Antonius, vir fortissimus, quī anteā
facinora saepe ansus erat audācissima.

Omnibus rēbus parātīs, Americānī, per silvās clam prō-
20 fectī, sōlis occāsū prope castra Britannica in latebrīs con-

1. captōs : translate as if cēpē-
runt et.
3. coquus (-ī, M.) : *cook.* —
ūsus est : *put into execution.*
6. inrēpsit : inrēpō, 3, -rēpsī,
worm (one's) way.
7. omnibus : *i.e. for the whole
party.*
8. quō sīgnō : cf. p. 57, l. 16.
10. nandō : cf. p. 12, l. 17.

15. magnō : modifier of perīculō.
16. dēlenda esse : for the translation, cf. the note on reprimendam, p. 118, l. 6.
18. ausus erat : freely, *had per-
formed.*
20. sōlis : sōl, sōlis, M., *sun.* —
occāsū : abl. of time when (occāsus,
-ūs, M., lit. *setting*).

sēdērunt, ibique horas complūrīs morātī sunt; tum tertia ferē vigiliā silentiō ad castra accessērunt, cum interim duce ūterentur servō Afrō, quī Pompēius appellābātur.

Una cum servō praegrediēbantur duo mīlitēs, quī vestī- 5 menta agricolārum gerēbant. Quārē custōdēs nihil suspicantēs hominēs propius accēdere passī sunt; Pompeius enim erat omnibus nōtus, quod anteā ad castra saepe vēnerat ut vēnderet bācās: quīn etiam sīgnum eī ā Britannīs interdum datum erat. Ita factum est ut sine strepitū custōdēs a 10 mīlitibus duōbus caperentur; et legiōnēs ipsae paene in castra vēnērunt, priusquam Britannī sēnsērunt hostēs adesse. Tum autem celeriter concurrērunt ad arma et fortissimē dīmicāvērunt.

In proeliō Antōnius graviter vulnerātus est; castra 15 autem sunt expugnāta ab Americanīs, quī brevī dēiēcērunt opera omnia, quae Britannī magnā dīligentiā ibi effēcerant.

LESSON 100

Nathan Hale

Postquam Britannī Longā īnsulā tōtā potītī sunt, Vasingtō tamen Novī Eborācī aliquamdiū morātus est, cum discēdere nōllet, dōnec dē cōnsiliīs hostium certior factus

2. cum . . . ūterentur: translate by a partic. phrase. — duce: (as) *guide.*

3. quī . . . appellābātur: *named.*

4. praegrediēbantur: praegredior, 3, -gressus sum, *go on ahead.*

5. nihil suspicantēs: *i.e. without suspicion.*

6. propius: cf. the force of the word on p. 115, l. 12.

7. omnibus: as (masc.) noun dat. case.

8. sīgnum: *countersign.*

9. datum erat: *had been communicated.* — factum est ut: cf. p. 74, l. 15. — sine strepitū: *without (making any) disturbance.*

12. concurrērunt: sc. Britannī.

18. Novī Eborācī: locative case; cf. domī and humī.

19. factus esset: cf. exspectāssent, p. 104, l. 18.

esset. Diū ille hominem frūstrā quaerēbat, quī veste mu-
tātā castra Britannica speculandī causā adīre vellet; postrēmo autem ad hanc rem suscipiendam lēgātus adulēscens
repertus est: quī, vestīmentīs magistrī puerorum sumptīs,
5 liburnica vectus ad īnsulam incolumis pervēnit. Ubi Britannī, quī nihil suspicābantur, hominem lībere circum castra omnia ambulāre passī sunt. Ille autem dīligenter
faciēbat dēscrīptiōnēs; commentāriōs vērō, nē sibi essent
dētrīmentō, sī in manus hostium venisset, Latīne scrīpsit.
10 Tum paucīs post diēbus, rē bene cōnfectā, ad locum rediit,
unde ad continentem trānsitūrus erat.

Dum autem ibi liburnicam exspectat, in dēversōriō ā
perfuga quōdam conspectus est, quī Britannos sine mora
dē eius latebrīs certiōrēs fēcit. Itaque ab hostibus cōnfē-
15 stim missa est navis longa, quae hominem interciperet.
Scaphā e navī ad lītus appulsā, lēgātus scīlicet amīcos adesse
crēdēbat; quare e latebrīs palam progressus, in lītore facile captus est. Is paulō post ā Britannīs capitis damnatus, fortissime se gerēbat; cumque tempus moriendī iam
20 adesset, aequissimō animō "Hoc sōlum me paenitet," inquit,
"quod mihi est ūna vīta tantum, quam pro patriā largiar."

1. **ille**: omit in translating. —
quī . vellet: *willing.* — **veste
mūtātā**: *i.e. in disguise.*
2. **speculandī causā**: *i.e. as a
spy*; lit. what?
4. **magistrī puerōrum**: *a tutor.*
6. **līberē**: adv., *freely*, or *at
will.*
8. **dēscrīptiōnēs**: dēscrīptiō,
-ōnis, F., (*a*) *drawing* (cf. scrībō).
— **commentāriōs**: commentāriī,
-ōrum, M., *notes.*
9. **dētrīmentō**: dat. of service
(cf. **praesidiō**, p. 65, l. 4); translate
freely. — **vēnisset**: cf. **factus esset**,

p. 121, l. 19. — **Latīne**: adv., *in
Latin.*
11. **trānsitūrus erat**: *was to
cross.*
18. **is**: omit in translating. —
capitis damnātus: cf. the note on
p. 47, l. 16.
19. **moriendī**: freely, *of execution.*
20. **aequissimō**: *fully composed.*
— **me paenitet**: *causes me regret*
(paenitet, 2, paenituit).
21. **quod**: *that.* — **largiar**: subjunctive. For the phrasing of the
whole clause, cf. p. 39, l. 17.

STORIES FROM CAESAR RETOLD

THE WINTER OF 54–53 B.C.

LESSON 101

In 58 B.C. Julius Caesar became governor of northern Italy and the vast country extending from the Alps to the North Sea, and spent the next nine years in disciplining various tribes of that great territory.

Unexpected Trouble

Caesar, cum in Galliā bellum gerēbat, tōtam aestātem hostes premere solitus est, tum, ut vīres mīlitum conservāret, exercitum in hīberna dēdūcēbat: nam caelum eārum regionum bieme asperrimum est; quare ille iūdicābat
5 aestāte sibi cum hostibus esse dīmicandum, reliquos autem annī menses in hībernīs mīlites retinendōs esse. Olim, cum trānsīsset in Britanniam multōsque diēs cum incolīs eius īnsulae bellum gessisset, aestāte exāctā ad continentem rediit. Ibi certior factus est propter siccitātem in Galliā
10 summam esse frūmentī inopiam. Itaque exercitum in partes complures dīvīsum in dīversīs cīvitātibus hiemandī causa collocāvit.

1. **cum**: *at the time when.* — aestātem: not aetātem. The acc. may be rendered " throughout."

2. **vīres**: do not confuse vīs and vir.

3. **dēdūcēbat**: note the tense. caelum: *climate.*

4. **asperrimum**: *i.e.* as compared with that of Italy. — ille: omit in translating.

6. **ōlim**: freely, *one year.*

8. **aestāte exāctā**: freely, *at the very end of the season;* cf. vigiliā . . . exāctā, p. 102, l. 8.

9. **siccitātem**: siccitās, -ātis, F., *drought.*

11. **dīvīsum**: freely, *after dividing*, etc.; lit. what? — in collocāvit: *quartered upon.* — dīversīs cīvitātibus: the tribes of

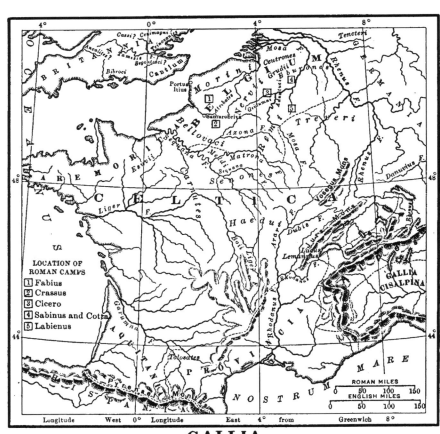

GALLIA

Quō factō, dux quīdam Gallōrum, nomine Ambiorīx, cum exercitus tot in partēs dīvīsus esset, Rōmanōs iam dēmum facile superari posse ratus, una castra longinqua subitō est adortus; impetus autem fortiter exceptus est ā nostrīs, 5 quī equitēs hostium cōnfēstim in fugam dedērunt. Quā spe dēiectī, Gallī clāmaverunt sē colloquium velle; quo audītō, lēgātī quī illīs castrīs praeerant, extrā mūnītiōnes non dubitāvērunt eōs mittere, quī cum Ambiorīge colloquerentur.

LESSON 102

A Parley with the Enemy

Ad colloquium missus est C. Arpineius, eques Rōmanus, 10 et Q. Iūnius, Hispaniensis, quī iam ante a Caesare ipsō saepe dēlēctus erat, ut cum Ambiorīge ageret.

Eīs, cum extra mūnītiōnēs egressī essent, rex confīrmāvit Gallōs ūniversōs cōnstituisse eo ipsō diē omnia hīberna Caesaris simul oppugnare, ne qua legiō alterī legioni

Gaul were numerous, and more or less independent of one another. In dividing his force for the winter, it was Caesar's idea, in view of the scanty crops, to distribute more widely than usual among the Gallic tribes the burden of supplying the grain needed by his soldiers.

1. **cum**: causal.

3. **longinqua**: this particular camp (No. 4 on the map) was distant about two hundred miles from Caesar's headquarters at Samarobriva.

4. **nostrīs**: the story being told from the point of view of the Romans.

5. **quā spē**: the same construction as with **dēsistō** (*e.g.* p. 119, l. 3); translate freely.

7. **castrīs**: for syntax, cf. p. 58, l. 12.

8. **eōs**: *men.*

9. **C.**: *i.e.* **Cāius** (*Gaius*).— **eques Rōmānus**: *a Roman knight,* *i.e.* a member of the middle order in the Roman state.

10. **Q.**: *i.e.* **Quīntus.**

12. **rēx**: *i.e.* **Ambiorīx.**

13. **ūniversōs**: freely, *generally*; lit. what?

14. **nē qua**: *so that no;* cf. the note on **quid**, p. 56, l. 1.— **legiō**: *legion* (a body of about

subsidiō venīre posset; sē tamen invītum castra oppugnasse, sed voluntātī cēterorum Gallōrum cīvitātem suam resistere non potuisse. "Nec tamen," inquit, "Caesaris in me beneficiorum immemor sum; itaque vos magnopere hor-
5 tor, ut quam celerrime exercitum vestrum ad proxima hiberna dēdūcātis. Magna enim manus Germanorum Rhēnum nuper transiit, quorum multitūdinī nūllō modō resistere poteritis. Quare salūtī vestrae statim cōnsulite." Simul pollicitus est sē Rōmanos per fīnīs suos incolumēs
10 iter facere passurum.

Quā ōrātiōne habitā, discessit Ambiorīx; nuntiī autem rediērunt in castra lēgātōsque dē regis verbīs certiores fecerunt.

LESSON 103

Division of Opinion in the Roman Camp

Q. Sabīnus et L. Cotta lēgātī, rē repentīna permotī, ea
15 verba, etsī ab hoste dicta erant, tamen non neglegenda esse exīstimābant; itaque, consiliō convocatō, quid optimum factū esset diū disputātum est.

Tribūnī centuriōnesque complures nihil sibi temere agen-

4000 infantry, supplemented usually by a small detachment of cavalry, mostly foreign). In the camp attacked, the force amounted to a legion and a half; the other camps were manned by a legion apiece.
1. **subsidiō**: dat. of service.
2. **voluntātī**: **voluntās, -ātis,** F., *wish;* for syntax, see the Vocab. under resistō.
3. **in mē** (acc.): *to me.*
4. **immemor** (-oris, adj.): *unmindful.*

5. **vestrum**: **vester, -tra, -trum,** *your.*
7. **trānsiit**: *has crossed.*
12. **lēgātōs**: *the commanders.*
14. **L.**: *i.e.* Lūcius. — **lēgātī**: cf. l. 12.
15. **neglegenda**: **neglegō,** 3, **neglēxī, neglēctus,** *disregard,* or *ignore.*
16. **cōnsiliō**: *council of war.*
17. **factū**: supine, *to do.* — **esset**: subj. in indirect question.
18. **tribūnī** (sc. **mīlitum**):

dum, neque ex hībernīs ınıussu Caesaris discēdendum iūdicābant; cum enim castra munıtissima essent, crēdēbant se
Germānīs facile resistere posse, dōnec Caesar cum legiōnibus subsidıo venīret. Sabīnus autem, veritus nē Gallī cum
5 Germanıs se coniungerent, statim discēdendum cēnsuit;
sciēbat enim Germanıs magno dolōrī fuisse victōriās supe-
rıorēs Rōmānōrum, neque arbitrābātur Gallos, quī tot contumēliās ā Rōmānīs acceperant, sē cum hoste quovıs
coniungere dubitātūrōs.
10   Orātiōne in utramque partem habita, cum Cotta sententiae collēgae suı acrıter resisteret, Sabīnus postrēmo ıratus
"Fīat," inquit, "ut vōbīs vidētur; ego non is sum, quī
mortis perīculō magnopere terrear."

LESSON 104

The Advice of the Enemy is Taken

Quibus verbīs commōtī, omnes statim e cōnsiliō surrexe-
15 runt, lēgātosque vehementer hortātī sunt ne sua pertināciā
rem in summum perīculum dēdūcerent: neque enım ullum

(*military*) *tribunes.* Of these there
were six for each legion; in rank
they stood next to the legion commander. — centuriōnēs : *centurions*
(subordinate officers, ranking from
captain down).
   3. legiōnibus : *troops.*
   6. dolōrī : dat. of service. —
superiōrēs : as on p. 79, l. 7. —
   8. ā : *at the hands of.* — sē :
obj. of coniungere, l. 9. — hoste : sc.
Rōmānōrum. — quōvīs : from quīvīs.
   10. in utramque partem : freely,
pro and con. — cum . . . resisteret : translate by a partic. phrase. —

sententiae : for syntax, cf. Germānīs, l. 3.
   11. collēgae : collēga, -ae, M., lit.
colleague; here, *brother officer*
(namely, Sabinus).
   12. fīat : *let it be.* — ut . . . vidētur : *as* (*it*) *seems best.* — is . . . quī :
cf. eōs . . . quī, p. 125, l. 8.
   16. rem : *matters.* — neque :
in combination with enim and
other postpositive words, neque
usually replaces nōn. In the translation of this particular clause,
combine the negative with ūllum
(= nūllum).

hostem sibi timendum esse, sī modo omnes ıdem probarent; in dissēnsıone autem nullam esse spem.

Cum iam ad mediam noctem disputātum esset, tum demum Sabīnī sententia superavit, ac mane castra mōtum 5 īrī mīlitibus pronuntiātum est. Consūmpta est vigiliīs reliqua pars noctis, cum mīlitēs bona colligerent sua, nec satis scīrent quid in hībernīs relinquendum, aut quid secum portandum esset. Deinde prīma lūce e castrīs longıssımo agmine maximīsque impedīmentīs profectī sunt; plērīque 10 enim non suspicābantur Ambiorīgem omnia ea, quae de Germanorum adventū dīxerat, mentītum esse, cum speraret ita sē Rōmānōs ex hībernīs ēlicere posse.

At interim hōstēs, quī ex nocturno strepitū intellexerant lēgātōs constituisse confēstim castra movēre, in silvas 15 paulum se receperant īnsidiīsque locō idoneo collocātīs adventum Romanorum cupide exspectābant.

LESSON 105

The Romans are Ambushed

Ita factum est ut, cum maior pars agminis Romanorum in magnam vallem dēscendisset, Gallī subito e latebrīs

1. **timendum esse**: *need be feared*, a common force of the gerundive, esp. in negative phrases. The indirect discourse at this point is due to the idea of saying (dīxērunt) implied in hortātī sunt, p. 127, l. 15. — **modo**: consult the Vocab. under **sī**. — **idem probārent**: *i.e.* *should agree upon one plan*; lit. what?

2. **dissēnsiōne**: dissēnsiō, -ōnis, F., *disagreement*.

4. **mōtum īrī**: what part of the verb?

5. **vigiliīs**: we would say "*in* wakefulness." What is another meaning of this word?

6. **colligerent**: colligō, 3, -lēgī, -lēctus, *get together*. Translate this clause by a partic. phrase.

7. **relinquendum**: sc. esset; for mood, cf. esset, p. 126, l. 17. — **aut**: we would say "and."

8. **longissimō**: and, therefore, *straggling*.

11. **cum spērāret**: cf. the cumclause in l. 6.

ērumperent, atque inīquissimo nostrīs loco proelium com-
mitterētur. Sabīnus, quī adhūc nihil suspicatus erat,
acerrimo hostium impetū vehementer commōtus, in omnīs
partes properāvit ac cohortēs disponere cōnātus est : Cotta
5 vero, quī cōgitāverat haec posse in itinere accidere, <u>ob</u>
eamque causam censuerat ex hībernīs non discēdendum
esse, virum magnum interim se praebēbat; omnibus enim
modīs communi consulēbat salūtī, ac fortissime officia et
imperātōris et mīlitis simul praestābat.
10   Tum, quod propter longitūdinem agminis non facile
prōvidērī poterat quid quōque locō faciendum esset, lēgātī
suīs imperaverunt ut, impedimentīs relictīs, in orbem con-
sisterent.   Quod consilium (etsī eōdem imperātores summī
in eius modī casu ūtī solent) tum haud fēlīciter accidit; nam
15 hōstēs, nōn sine maximō timore impedimenta a Romanīs
relicta esse ratī, etiam acrius iam dīmicāvērunt.

1. **nostrīs**: dat. case; construe with **inīquissimō**. — **commit-
terētur**: note the termination,
which indicates the case of **proelium**.

3. **ācerrimō**: translate the superlative "exceedingly."

4. **cohortēs**: ten cohorts con-
stituted a legion (p. 125, l. 14,
note).

5. **haec**: neut. — **ob eamque
causam**: the prep. ob does not
combine with -que, which is, therefore, passed on to the following
word.

7. **virum magnum**: pred. acc.
— **praebēbat**: praebeō, 2, -uī, -itus,
show.

8. **communī . . . salūtī** : for
syntax, cf. p. 126, l. 8. — **et . . .
et** : correlative.

9. **mīlitis** : *a soldier (in the
ranks).*

10. **longitūdinem** :   longitūdō,
-inis, F., *extent* (cf. longus).

11. **prōvidērī** : note the last letter of the word. — **quōque** : from
quisque. — **faciendum** : cf. the note
on p. 128, l. 1.

12. **in orbem** : *i.e.* so as to form
a circle.

13. **eōdem** : referring to cōnsilium.

14. **modī** : *sort.*

16. **etiam ācrius** : *(all the) more
fiercely.*

LESSON 106

The Enemy Prevail

Accēdēbat ut mīlitēs multī ab sīgnīs discēderent et bona sua carıssıma ab impedīmentīs arripere conarentur : cēterī autem, quamquam a Fortūnā dēserēbantur, tamen omnem spem salūtis in virtūte pōnēbant, et quotiēns quaeque cohors 5 procurrerat, ab eā parte magnus numerus hostium cadēbat. Quā rē animadversā, Ambiorīx suos procul tēla conicere iussit nec propius accēdere. Quam ob rem, cum iam aliqua cohors excesserat ex orbe atque impetum fēcerat, summa celeritāte fuġiēbant hostēs; cum autem cohors rursus ad 10 aciem se recipere coeperat, tum Gallī, undique coortī, nostrōs acerrıme premēbant.

Cum sīç a prīmā luce ad horam octāvam pugnatum esset, T. Balventius, vir fortis et magnae auctōritātis, trāgulā graviter vulnerātus est; Q. Lūcānius, fortissimē pugnāns, 15 dum circumventō fīliō subsidıo venit, est interfectus; ac L. Cotta lēgātus, cum mīlitēs hortārētur, fundā percussus est. Quibus rēbus permōtus Sabīnus, cum procul Ambiorīgem suos cohortantem conspexısset, interpretem suum

1. accēdēbat : impersonal use, *it was added* (*that*) ; freely, *matters were made worse by the fact* (*that*). — ab sīgnīs : *i.e.* from their places in the line. Each cohort had its own special standards.

4. quotiēns . . . prōcurrerat : cf. p. 72, l. 1, with the note on the pluperfect.

5. ab : cf. the use of this prep. in the phrase ā tergō. — cadēbat : note the tense.

7. propius : absol. compar.

8. excesserat : excēdō, 3, -cessī, -cessum est, *move out.* — orbe : cf. p. 129, l. 12.

10. aciem : *i.e.* orbem. — coortī freely, *closing in.*

12. hōram octāvam : cf. the note on p. 74, l. 16.

13. T. : *i.e.* Titus.

15. circumventō : translate by a relative clause.

16. fundā : funda, -ae, F., *sling;* see the illustration on p. 140.

18. suōs : reflexive to Ambio-rīgem. — interpretem : interpres, -etis, C., *interpreter.*

Cn. Pompeium ad eum mīsit rogatum, ut sibi mīlitibusque parceret.

LESSON 107

Annihilation of the Roman Force

Rex respondit nihil Rōmānīs timendum esse, sēque Sabīnī ipsīus salūtem praestare, sī ille ad colloquium venīre vellet.
5 Quo audītō, Cotta tamen negavit ad armatum hostem se itūrum, atque in eo perseveravit. Sabīnus autem tribūnos mīlitum centurionesque quī adstābant sē sequī iussit; cumque propius Ambiorīgem accessisset, iussus arma abicere, paruit, ac suīs ut idem facerent imperavit. Dum
10 autem ibi dē condicionibus inter se agunt, Sabīnus paulātim circumventus a Gallīs occīsus est.

Tum vero hostēs sustulērunt ululātum, impetūque in nostrōs factō ōrdines perturbāvērunt. Ibi L. Cotta pugnans periit cum maximā parte mīlitum. Reliquī se in
15 hīberna recepērunt, unde erant nuper egressī. E quibus L. Petrosidius aquilifer, homo magnarum vīrium, cum confertissimā multitūdine hostium premeretur, aquilam intrā vāllum proiecit, ipse pro castrīs fortissime pugnans interfectus est.

20 Rōmānī aegrē ad noctem oppugnatiōnem sustinuerunt;

1. **Cn.:** *i.e.* **Cnaeus**(*Gnaeus*).— rogātum: cf. petītum, p. 95, l. 13.

4. vellet: cf. the note on admoveantur, p. 61, l. 14.

6. eō: (neut.) noun.

8. propius: with the force of a prep., *quite near to.*

9. idem: note the gender.

14. cum: *i.e.* ūnā cum.

16. aquilifer (-erī, M.): *stand-ard hearer,* lit. *eagle hearer.*— Aside from the standards of the cohorts, each legion carried a silver eagle. — vīrium: from what nom. sing.? Give some of the meanings of the singular.

17. aquilam: aquila, -ae, F., *eagle.*

18. ipse: autem may be supplied.

STANDARD BEARERS

The standards carried in the Roman army were numerous and rather diverse (see also the illustration on page 162). As the eagle was the chief standard of the legion, upon it was lavished all the enthusiastic devotion which modern soldiers feel for their flag. No disgrace was so deep and terrible as to have the eagle fall into the hands of the enemy.

tum, dēspērātā salūte, ad ūnum omnes se ipsī interfēcērunt. Paucī, quī paulō ante ē proeliō effūgerant, per silvās incertīs itineribus ad T. Labienum lēgātum in hīberna pervenērunt, atque eum dē rēbus gestīs fēcērunt certiorem.

LESSON 108

The Gauls attack a Second Camp

5 Hac victōriā sublātus, Ambiorīx statim cum equitātu in Aduātucos, quī erant eius regno fīnitimī, profectus est; neque noctem neque diem intermīsit, peditātumque se iussit subsequī.

Rē dēmōnstrātā Aduātucīsque concitātīs, posterō diē in 10 Nervios pervenit, eosque hortātus est, nē suī in perpetuum līberandi occāsionem dīmitterent. Interfectos esse lēgātōs duo Rōmānōs magnamque partem exercitūs interīsse docuit; facillimēque opprimī posse eam quoque legiōnem, quae cum Q. Cicerōne in fīnibus eorum hiemaret. Qua ōrātione 15 facile Nerviīs persuāsit.

1. dēspērātā: dēspērō, 1, *despair of.* — sē ipsī: cf. ipse . . . sē, p. 8, l. 2. The men probably ran upon one another's swords.

3. ad T. Labiēnum: in connection with in hīberna, this phrase may conveniently be rendered by a genitive. For the location of Labienus' camp, see the map on p. 124.

4. gestīs: lit. *done;* translate freely, using a relative clause.

5. sublātus: from tollō. — in: *into the territory of.*

6. Aduātucōs : for this and other peoples mentioned, see again the map on p. 124.

7. intermīsit: sc. cursum, *i.e.*

drew rein. — sē: omit in translation.

9. concitātīs: concitō, 1, *stir up.*

10. suī: gen. pl.

11. līberandī: gerundive, taking its form from suī. Render the gen. (freely) "to."

13. facillimēque: as governing verb for this clause, dīxit may be supplied.

14. Q. Cicerōne: another of Caesar's lieutenants (see the map). — eōrum: *i.e.* Nerviōrum. — hiemāret: for mood, cf. admoveantur, p. 61, l. 14.

15. Nerviīs persuāsit: *won over the Nervii;* lit. what?

Itaque confēstim dīmissīs nūntiīs ad Ceutrones, Grudiōs, nātiōnesque aliās, ut quam maximīs cōpiīs auxiliō statim venīrent, repente ad Ciceronis hīberna hostēs sē ostendērunt; ubi nonnūllī mīlites, morte Sabīnī Cottaeque nōndum 5 nūntiātā, sine timōre extrā munītiōnes officiīs variīs operam dabant. Ex hīs quīdam, quī līgnātiōnis causā in silvās discesserant, repentīnō equitum adventū interceptī sunt. Cēterī autem celeriter concurrerunt ad arma, vallumque conscendērunt.

LESSON 109

The Besieged attempt to Communicate with Caesar

10   Missae sunt ad Caesarem confēstim a Cicerone litterae; obsessīs autem omnibus viīs, ab hostibus missī interceptī sunt. Noctū ex materia, quam munītiōnis causa comportāverant, nostrī turres circiter CXX incredibilī celeritāte exstrūxērunt.

15   Posterō diē hostēs, multō maiōribus coactīs copiīs, castra iterum oppugnaverunt, fossamque complēre conātī sunt. Eādem ratione, qua prīdie, nostrī restitērunt. Hoc idem reliquīs deinceps diēbus factum est. Nūlla pars noctis labōribus mīlitum carēbat: non aegrīs, non vulnerātīs

---

2. **aliās**: not reliquās or cēterās. — **ut**: the construction is determined by the idea of urging or commanding implied in the sending of messengers. — **maximīs cōpiīs**: abl. case; translate " with."

3. **ad**: *in the neighborhood of.*

6. **līgnātiōnis causā**: cf. p. 108 l. 8.

7. **equitum**: *i.e.* of the enemy.

9. **cōnscendērunt**: *manned.*

11. **missī**: part., as (masc.) noun.

12. **noctū**: *during the (following) night.* — **māteriā**: māteria, -ae, F., *timber.*

17. **quā**: freely, *as*; strictly, abl., in the same construction as eādem ratiōne.

18. **reliquīs**: *the following.* — **deinceps**: adv., *in turn.*

19. **labōribus mīlitum**: freely, *toil for the soldiers.* — **carēbat**: *was without,* or *lacked*; cf. the note on mē . . . carēre, p. 68, l. 13.

facultās quiētis dabātur: nec Cicero ipse, etsī tenuissima erat valētūdine, nocturnō tempore ad quiętem ūtēbātur, priusquam mīlitum vōcibus sibi parcere coactus est.

Tum ducēs Nerviōrum, quī aliquam causam amīcitiae 5 cum Cicerone habēbant, colloqui sese velle nūntiāvērunt. Factā potestāte, eadem commemorant, quae paulō ante Ambiorīx cum Sabīno egerat. Addunt etiam dē Sabīnī morte, et cōnfīrmant se nihil recusare nisi hīberna, atque hanc inveterascere consuētūdinem nolle; quam ob rem 10 Rōmanīs licere incolumibus ex castrīs discēdere et quas- cumque in partes velint sine timōre proficīscī.

LESSON 110

Heroic Defense of their Camp

At Cicero, quī iniussū Caesaris castra movere nolēbat, Gallīs respondit non esse consuētūdinem populī Rōmānī ūllam accipere ab hoste armātō condiciōnem; sī ab armīs 15 discēdere atque lēgātōs ad Caesarem mittere vellent, spe- rare se eos, quae petīssent, impetrātūrōs.

1. quiētis: quiēs, -ētis, F., *rest.* — tenuissimā: tenuis, -is, -e, *slight; here, poor.*

2. valētūdine: cf. p. 110, l. 9. The abl. phrase expresses quality or characteristic; cf. the similar use of the genitive.

4. causam: *i.e. ground.*

6. potestāte: *i.e.* facultāte. — commemorant: *i.e.* dīcunt. In animated narration, the pres. in- dic. is often thus used for the perfect.

7. cum Sabīnō ēgerat: *had treated (in his dealings) with Sa- binus.*

9. hanc . . . cōnsuētūdinem: *i.e.* the practice of quartering a divi- sion of the army upon them for the winter. — inveterāscere: invete- rāscō, 3, -veterāvī, *become fixed.*

10. incolumibus: pred. dat. quāscumque: quīcumque, quaecum- que, quodcumque, *whatsoever.*

14. ūllam: modifier of con- diciōnem.

15. lēgātōs: as on p. 48, l. 9.

16. quae: *i.e.* ea quae, lit. *the things which;* freely, *the con- cessions which.* — petīssent: *i.e.* petīvissent; cf. also the note on exspectāssent, p. 104, l. 18.

Hāc spe dēiectī Nerviī vāllō pedum decem et fossa pedum quīndecim hīberna circumdant. Eīs autem nūlla erat ferramentōrum copia, quae ad eam rem usuī sunt; gladiīs igitur caespitēs circumcīdere et manibus sagīsque
5 terram exhaurīre cogēbantur. Quā ex rē hominum multitūdō cōgnoscī potest; nam hōrīs ferē tribus decem mīlium passuum in circuitū mūnītiōnem pedum quīndecim perfēcērunt.

Septimō oppugnātiōnis die, maximō coortō ventō, hostēs
10 tēla fervefacta in casās iēcērunt; quae celeriter comprehendērunt ignem, et ventī magnitūdine in omnem locum castrōrum distulērunt. Tum Gallī, victōriam ratī iam dēmum esse partam, maximō clāmōre vāllum scālīs ascendere coepērunt. At tanta erat virtūs nostrōrum, ut, cum
15 maximā tēlōrum multitūdine premerentur, suaque impedīmenta omnia ignī cōnsumī intellegerent, dē vāllō dēcēderet nēmo. Hīc dies nostrīs longē gravissimus fuit; sed tamen

1. **hāc spē dēiectī**: cf. the similar phrase, p. 125, l. 5.
2. **circumdant**: for tense, cf. p. 135, l. 6. — **eīs**: *i.e.* Nerviīs.
3. **ferramentōrum**: ferramentum, -ī, N., *iron implement.*— **eam**: *such.*— **rem**: *business.*—**ūsuī sunt**: *are needed.*
4. **circumcīdere**: circumcīdō, 3, -cīdī, -cīsus, *cut out*, lit. *cut around.*
5. **exhaurīre**: exhauriō, 4, -hausī, -haustus, *remove*, lit. *haul out.*
7. **pedum quīndecim**: freely, *fifteen-foot* (including both vāllum and fossa, as thus far completed).
10. **fervefacta**: fervefactus, -a, -um, *red-hot.* — **casās**: *barracks.* — **quae**: feminine.

11. **ventī**: gen. case. — **magnitūdine**: abl. of cause (magnitūdō, -inis, F., *force*, lit. *greatness*; cf. magnus); translate "by reason of."
12. **distulērunt**: sc. eum (*i.e.* ignem).
13. **vāllum**: *i.e.* castrōrum; not the vāllum of l. 1. — **scālīs**: scālae -ārum, F., *ladder(s).*
14. **cum**: concessive.
15. **maximā . . . multitūdine**: freely, *a perfect storm.*
16. **dē vāllō**: *i.e. from (his position upon) the rampart.* — **dēcēderet**: dēcēdē, 3, -cessī, -cessum est, *withdraw.*
17. **nostrīs**: dat. case; translate "for."

hunc habuit eventum, ut eō diē maximus numerus hostium interīret aut vulnerāretur.

LESSON III

A Messenger eludes the Enemy

Quanto erat in dies gravior oppugnātiō, tantō crēbriōrēs litterae nuntiīque ad Caesarem mittēbantur; e quibus non-
5 nūllī, in conspectu nostrōrum mīlitum interceptī, cum cruciātū necātī sunt. Intrā hīberna autem erat Nervius quīdam, nomine Verticō, quī ad Cicerōnem perfūgerat, cum prīmum castra oppugnāta sunt. Hīc servo spe lībertātis magnīsque persuāsit praemiīs, ut litterās ad Caesarem dē-
10 ferret. Ille celeriter profectus, et Gallus inter Gallōs sine ūllā suspīcione versātus, ad Caesarem incolumis pervēnit. Ab eo de perīculīs Cicerōnis legiōnisque cognitum est.

Caesar, acceptīs litterīs hōrā ferē ūndecima diei, nuntium cōnfēstim in Bellovacōs mittit ad M. Crassum, cuius
15 hīberna aberant ab eo mīlia passuum quīnque et vīgintī; iubet·media nocte legiōnem proficīscī celeriterque ad se venīre. Alterum ad C. Fabium lēgātum mittit, quī eī

1. **ut:** *that.* — eō diē: *i.e.* the day referred to on p. 136, l. 17 as hīc diēs.

3. **quantō . . . tantō:** with the comparatives, *the . . . the,* lit. *by how much . . . by so much.* **erat:** *became.* — in diēs: cf. p. 44, l. 4. — crēbriōrēs: crēber, -bra, -brum, lit. *frequent:* transl. as adv.

8. **servō:** sc. suō (*i.e.* "of his"); dat. case, to be construed with **persuāsit,** l. 9.

10. **ille:** the slave. — **Gallus:** (*since he was*) *a Gaul.* — inter . . . **versātus:** freely, *mixing*

with; lit. what? — **sine:** *without* (*exciting*).

12. **perīculīs:** translate as sing.

13. **hōrā . . . undecimā diēī:** cf. the note on p. 74, l. 16.

14. **in:** cf. the note on p. 133, l. 5. — **mittit:** cf. commemorant, p. 135, l. 6. — ad M. Crassum: see the map on p. 124.

15. **eō:** *i.e.* Caesare.

16. **iubet:** sc. eum (*i.e.* Crassum). — **ad:** *to (join).*

17. **alterum:** sc. nūntium. ad C. Fabium: see the map again. — **eī:** *i.e.* Fabiō.

nuntiet, ut legionem in Atrebatēs addūcat, quorum per
fīnēs sibi iter faciendum sciēbat. Scrībit Labieno ut, sī
reī pūblicae commodō fierī possit, cum legiōne ad fīnēs
Nerviōrum veniat. Reliquam partem exercitūs, quae
5 paulō aberat longius, non arbitrātur exspectandam; equites
circiter CCCC ex proximīs hībernīs cogit.

LESSON 112

Caesar heads a Relief Force

Hōrā ferē tertiā ab antecursoribus dē Crassī adventū
Caesar certior est factus. Eō diē mīlia passuum vīgintī
progressus est. Crassum Samarobrīvae praeposuit, legiō-
10 nemque eī trādidit, quod ibi relinquēbat impedīmenta exercitūs, obsidēs cīvitātum, litterās pūblicās, frumentumque
omne, quod eō tolerandae hiemis causā comportāverat.
Paulō post Fabius, ut imperātum erat, in itinere cum
legiōne occurrit. At Labienus, morte Sabīnī et clāde
15 cohortium cōgnitā, cum omnes ad eum Trēverōrum cōpiae
venissent, veritus ne, sī ex hībernīs fugae similem pro-

1. legiōnem: sc. suam. — in
Atrebatēs: *i.e.* F. was to march
south to join Caesar, as the latter
moved eastward.
2. ut: in this connection,
scrībit implies imperat also; hence
the ut-clause.
3. reī pūblicae commodō: lit.
*with the well-being of the common-
wealth*; freely, *without endanger-
ing the public weal.* — possit: *it
may.* — legiōne: sc. suā.
7. hōrā . . . tertiā: *i.e.* of the
day following. — antecursōribus ·
antecursor, -ōris, M., *courier.*

9. praeposuit: with dat., *left
in charge* (*of*).
11. cīvitātum: *i.e.* the Gallic
states; translate the gen. "from."
— litterās: *documents.*
12. eō: the adv.
13. imperātum erat: note the
gender.
14. occurrit: sc. eī (*i.e.* Caesarī).
15. cohortium: freely, *to the
cohorts.* — cum: causal. — ad . . .
vēnissent: *had marched upon.*
Trēverōrum: see the map on p. 124.
16. fugae: dat. case; construe
with similem.

fectionem fēcisset, hostium impetus sustinerı non posset,
litteras Caesarī remīsit, quibus ostendit quantum esset
perīculum docuitque omnes peditātūs equitātūsque copıas
Trēverorum tria mīlia passuum ab suīs castrīs cōnsēdisse.

5   Caesar, consilio eıus probātō, etsī opīnıone trium legıonum
dēiectus ad duas redierat, omnem tamen communıs salūtis
spem in celeritāte ponēbat.   Venit igitur magnīs itineribus
in Nervıorum fīnes.   Ibi ex captīvīs cognoscit quae in
Cicerẽnıs hībernīs gerantur, quantōque in perīculo res sit.

LESSON 113

The Besieged learn of Caesar's Approach

10   Itaque cuidam ex equitibus Gallīs Caesar magnīs praemiīs
persuasıt, ut ad Ciceronem epistulam dēferret.   Hanc
Graecīs litterīs scrīptam mīsit, nē Gallō intercepto nostra
cōnsilia ab hostibus cognoscerentur.   Hominī imperāvit ut,
sī hīberna intrāre non posset, trāgulam cum epistulā ad
15 āmentum dēligātā intrā mūnītiones abiceret.   In epistulā
scrīpsit se cum legiōnibus profectum celeriter adfore;
Ciceronem hortātus est ut prīstinam virtūtem retinēret.

1. fēcisset: cf. exspectāssent,
p. 104, l. 18.
2. quibus: cf. p. 38, l. 16.
esset: why subjunctive?
4. Trēverōrum: *belonging to
the Treveri.* — suīs: *his.*
5. opīniōne: opīniō, -ōnis, F.,
expectation; cf. the similar phrase,
p. 125, l. 5 ff.
6. redierat: *i.e. had been reduced.*
7. venit: what tense? (note
the ĕ). — magnīs itineribus: *i.e.
forced marches.*
8. captīvīs: *i.e.* Gauls whom

he had arrested as he marched. —
quae: neut. interrogative; translate as sing. (quid).
10. ex: *of.* — Gallīs: with adj.
force.   The cavalry of the Roman
army was recruited largely from foreign nations (cf. the note on legiō,
p. 125, l. 14).
11. epistulam: epistula, -ae, F.,
letter.
12. Gallō interceptō: translate
by a conditional clause.
15. āmentum: āmentum, -ī, N.,
strap. — dēligātā: dēligō, 1, *fasten.*
16. adfore: *i.e.* adfutūrum esse.

ARMA

The upper illustration is interesting as showing the very primitive equipment of some of the light-armed troops.   In the lower picture may be seen on the spears of the warrior the strap (*amentum*) which was used to assist the hand when the weapons were hurled.

Gallus, cum ad hīberna venisset, perīculum veritus, ut erat imperātum, trāgulam cum litterīs mittit. Haec casu ad turrim adhaesit, neque a nostrīs statim animadversa, tertiō diē ā mīlite quōdam conspicitur; quī eam sine mora 5 ad Ciceronem dēfert. Ille, epistulā perlēctā, mīlitēs laetus docet Caesarem iam subsidiō venīre. Tum fūmī incendiōrum procul cernēbantur; quae res omnem dubitātionem adventūs legiōnum expulit.

LESSON 114

The Enemy raise the Siege

Gallī re cognitā per explōrātōrēs, obsidiōne statim relicta, 10 ad Caesarem omnibus copiīs contendunt. Quō animadverso, Cicerō Gallum quendam celeriter cum litterīs mittit, in quibus scrībit hostēs ab sē discessisse omnemque multitūdinem ad Caesarem convertisse. Quibus litterīs circiter media nocte adlātīs, Caesar suos facit certiōrēs, eosque ad pu-15 gnandum animo cōnfirmat.

Posterō diē, cum lūce prīmā mōvisset castra et circiter mīlia passuum quattuor progressus esset, trans vallem ma-

1. perīculum: *i.e.* of trying to enter the camp.
2. litterīs: *i.e.* epistulā. — cāsū: *i.e.* forte.
3. ad . . . adhaesit: freely, *caught upon.*
6. tum: *later.* — fūmī: translate as singular.
7. cernēbantur: cf. the rendering of vidēbant, p. 36, l. 7. — quae rēs: cf. quae urbs, p. 44, l. 13. — omnem: *any.* — dubitātiōnem: dubitātiō, -ōnis, F., *doubt.*

9. rē: *the situation.* — per: freely, *from*; lit. *through.*
10. ad: *against.* — omnibus cōpiīs: cum may be supplied with this abl.
12. omnem . . . multitūdinem: sc. suam. The whole is obj. of convertisse.
14. pugnandum: gerund.
15. animō: lit. *in mind.* — cōnfirmat: *fortifies.* Render freely.
16. mōvisset: subject, Caesar.
17. magnam: modifying both

gnam et rīvum hostium multitūdinem vīdit. Erat magnī
perīculī res cum tantīs cōpiīs inīquō loco dīmicare; tum,
quoniam obsidiōne līberātum esse Ciceronem sciēbat, dē
celeritāte aliquid sibi remittendum exīstimābat: quare con-
5 sedit, et, quam aequissimō locō poterat, castra mūnīvit.

LESSON 115

They are Outgeneraled by Caesar

Postrīdiē hostium equitātus prīmā lūce ad castra accessit,
proeliumque cum nostrīs equitibus commīsit. Caesar autem suīs imperāvit ut cēderent consultō sēque in castra
reciperent; simul ex omnibus partibus castra altiōre vāllō
10 munīrī, portās obstruī, omniaque cum simulātiōne timōris
agī iussit.

Quibus rēbus invītātī, hostes copias rīvum trādūxērunt
omnīs, aciemque inīquo locō cōnstituērunt; tum Caesar,
omnibus portīs eruptiōne facta equitātūque ēmissō, ·eōs

vallem and rīvum, and agreeing
with the nearer.

2. rēs: *a matter.* — cōpiīs: sc.
Gallōrum. — tum: *furthermore.*

3. obsidiōne: translate the abl.
"from."

4. aliquid sibi remittendum:
freely, *he should relax somewhat;*
lit. what?

5. quam aequissimō locō poterat: *in as favorable a position
as he could.* This fuller form
helps to show how quam and the
superl. came to mean "as . . . as
possible." — mūnīvit: cf. the part.
mūnītus.

6. castra: sc. Caesaris.

8. cōnsultō: adv.

9. altiōre vāllō: not a new
rampart, but the old built higher.

10. obstruī: obstruō, 3, -struxī,
-strūctus, *block up.* — simulātiōne
timōris: the purpose of this ma-
neuver is made clear by the following sentence.

12. invītātī: invītātus, -a, -um,
part., *invited;* freely, *made bold.*
— rīvum trādūxērunt: *i.e.* dūxē-
runt trāns rīvum; cf. flūmen trāductīs, p. 91, l. 10.

13. omnīs: modifier of cōpiās.

14. omnibus portīs: for syntax,
cf. fenestrā, p. 76, l. 3.

celeriter in fugam dedit. Longius autem īnsequī veritus, quod silvae palūdesque intercēdēbant, omnibus suīs incolumibus eōdem diē ad Cicerōnem pervenıt. Turres mūnītiōnēsque hostium admīrātur. Legıone prōductā, 5 cognōscit non decimum quemque esse reliquum mīlitem sine vulnere; qua ex re iūdicat quanto in perīculō res fuerit. Cicerone mīlitibusque laudātīs, centuriōnēs tribūnosque singulōs appellat, quorum egregiam fuisse virtūtem testimōniō Cicerōnis cōgnōverat. De casu Sabīnī et Cot-10 tae certius ex captīvīs cognoscit.

LESSON 116

Arrangements for the Rest of the Winter

Dum haec fīunt, ad Labıenum incrēdibilī celeritāte de victōriā Caesaris fāma dēfertur ; quīn etiam, cum ab hībernīs Cicerōnis mīlia passuum Labıenus abesset circiter sexagınt̨a, atque ad Cicerōnem post bōram nonam diēī Caesar 15 pervēnisset, ante mediam noctem subitō ad portās Labiēnī castrorum audītus est eorum clamor, quī lēgātō grātulārī

1. **longius**: absol. compar.

2. **intercēdēbant**: intercēdē, 3, -cessī, -cessum est, *intervene.* — **omnibus suīs incolumibus**: abl. absol. ; translate "with."

4. **hostium**: freely, *built by the enemy.*

5. **nōn decimum**, etc.: order of lit. translation : nōn quemque decimum mīlitem esse reliquum.

7. **fuerit**: perf. subjunctive; why this mood? Note carefully the force of the tense.

8. **ēgregiam**: pred. adj. (ēgregius, -a, -um, *conspicuous*).

9. **testimōniō**: testimōnium, -ī, N., *report.* The abl. expresses means ; we would say "from."

10. **certius**: as noun (neut. sing.) ; see the Vocab. under cōgnōscō.

11. **haec**: *this.* — **Labiēnum**: cf. p. 138, l. 14 ff.

12. **fāma** (-ae, F.): *report.* — dēfertur: *i.e.* by natives. — **cum**: concessive.

15. **ad**: *before.*

16. **eōrum**: *of those.* — **clāmor**: translate as pl. — **grātulārī**: grātulor, I, *offer congratulation.*

volēbant, quod hostīs Caesar superavisset. At Trēverī, quī postero diē hīberna Labienī oppugnare constituerant, repentīnā rē perterritī noctū domum celeriter se receperunt.

Postrīdiē Caesar cōntione habitā mīlitēs cōnfīrmāvit, 5 eosque docuit dētrīmentum, quod temeritāte lēgātī esset acceptum, aequiōre animō esse ferendum, quod beneficiō deorum immortālium et virtūte eōrum legiones ceterae conservātae essent neque hostibus diūtinum gaudium relinqueretur. Fabium cum legione remīsit in hīberna; 10 ipse cum tribus legiōnibus circum Samarobrīvam hiemare constituit: nam cum animī omnium Gallorum ad bellum incitātī vidērentur, tōtam hiemem sibi apud exercitum manendum arbitrābātur.

4. cōntiōne habitā: *i.e.* in Cicero's camp.

5. temeritāte: translate the abl. "through." — lēgātī: *i.e.* Sabīnī. — esset acceptum: for mood, cf. admoveantur, p. 61, l. 14.

6. aequiōre animō esse ferendum: *i.e. should be taken the more philosophically*; lit. what?

7. immortālium: immortālis, -is, -e, *immortal*. In passages like the present, the use of this adj. is formal and conventional; properly, it contrasts the life of

the gods with the (earthly) life of men. — eōrum: *i.e.* the soldiers addressed.

8. diūtinum: diūtinus, -a, -um, *long-continued*. — gaudium (-ī, N.): *exultation* (cf. gaudeō).

9. Fabium, etc.: see again the map on p. 124.

11. cum: causal.

12. tōtam hiemem: usually this was not necessary, the winter months being normally a season of rest from active field service (see p. 123, l. 3 ff.).

AN AFRICAN CAMPAIGN

LESSON 117

During the civil war which broke out between Caesar and Pompey four or five years after the events above narrated, there was fighting in all parts of the civilized world, and more than once Africa was the battleground.

Caesar lands a Force in Africa

Interim C. Cūrio duās legiones, D equitēs, ex Siciliā in Africam transportāvit. Ubi eius adventum L. Caesar cum decem longīs nāvibus exspectābat; quī autem, cum classis Cūriōnis in conspectum vēnisset, nāvium multitūdinem 5 veritus, appulsā ad proximum lītus trirēme, pedibus Hadrumētum fūgit: quo nāves quoque eius reliquae, fugā ducis cognitā, statim sē recēperunt.

Cūrio Mārcium Rūfum cum classe Uticam praemittit. Ipse eōdem cum exercitū proficīscitur; trīduīque iter pro- 10 gressus, ad flūmen Bagradam pervēnit. Ibi C. Canīnium Rebilum lēgātum legiōnesque relinquit; ipse cum equitātū antecēdit ad Castra Cornēlia exploranda, quī locus peridoneus castrīs existimābātur.

1. **C. Cūriō**: one of Caesar's generals.—**D.**: the numeral: supply -que or et with this clause.
2. **L. Caesar**: an officer in Pompey's navy.
5. **veritus**: *appalled at.* — **trirēme**: sc. suā (trirēmis, -is, F., *galley*). — **pedibus**: we would say "*on* foot"; cf. manibus genibusque, p. 59, l. 8. — **Hadrumētum**: consult the map on p. 146; for syntax, see the note on p. 79, l. 21.
6. **quō**: the adv. — **fugā**: *defection.*
8. **Uticam**: the base of operations of Pompey's forces in Africa.
9. **proficīscitur**: from Anquillaria.
12. **antecēdit**: antecēdō, 3, -cessī, -cessum est, *push ahead,* lit. *go on ahead.* — **quī locus**: cf. quae urbs, p. 44, l. 13. — **peridō-**

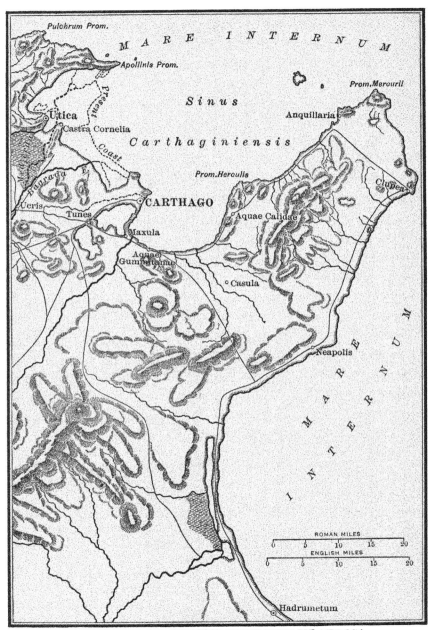

THE SCENE OF CURIO'S CAMPAIGN IN AFRICA.

Hac explōrātā regione, Cūriō Uticae quoque munītiōnes speculātus est; cumque animadvertisset plēnissimīs viīs undique portārī agīque multa, quae repentīnī tumultus timōre ex agrīs in urbem conferēbantur, equitātum mīsit, 5 ut praeda īnspērātā potīrētur. Simul ex urbe emissī sunt DC equitēs Numidae, quī agricolīs fugientibus auxiliō essent. Concurrunt equitēs inter sē; neque vero prīmum impetum nostrōrum Numidae ferre poterant, sed interfectīs circiter CXX reliquī se in urbem contulērunt.

LESSON 118

Operations about Utica

10 Interim Marcius nāvēs longās Uticam dēduxerat; cuius adventu cognitō, Cūriō pronuntiārī iussit onerāriīs, quae in portū ad ancoram stābant numero circiter CC, sē in hostium locō habitūrum omnes, quī non statim ad Castra Cornēlia navīs trādūxissent. Quā prōnūntiātiōne factā, 15 sine mora sublātīs ancorīs omnēs reliquērunt Uticam et, quo imperātum erat, trānsiērunt. Quae res omnium rerum copia exercitum nostrum complēvit.

neus (-a, -um): *particularly suitable*; cf. the note on **perpaucōs**, p. 25, l. 10.

2. plēnissimīs: plēnus, -a, -um, *congested.* — viīs: translate the abl. "along"; cf. sēmitā, p. 103, l. 17.

3. portārī agīque: cf. the note on rapere et agere, p. 49, l. 8.

4. timōre: freely, *in the panic;* strictly, abl. of cause.

5. īnspērātā: īnspērātus, -a, -um, *unexpected.*

6. Numidae: with adj. force.

7. neque: cf. p. 127, l. 16.

10. **Mārcius**: see p. 145, l. 8.

11. prōnūntiārī: cf. p. 128, l. 5; note the final vowel.

12. numerō: for syntax, cf. animō, p. 37, l. 20. — in hostium locō habitūrum: *would regard as enemies;* lit. what?

13. omnēs: masc.

14. nāvīs: *i.e.* the onerāriae of l. 11. — trādūxissent: *i.e.* across the harbor (see the map). For mood and tense, cf. esset perruptus, p. 107, l. 3. — prōnūntiātiōne: prōnūntiātiō, -ōnis, F., *announcement.*

16. quō: the adv.

Hīs rēbus gestīs, Cūriō se ın castra ad Bagradam recipit, posterōque dıe exercitum Uticam dūcit et prope oppidum castra pōnit. Nōudum opere castrorum perfectō, equitēs ex statıone nuntiant magna auxilia equitum peditumque ā 5 rēge Iubā missa Uticam venīre; eodemque tempore vīs magna pulveris cernēbātur, et temporis pūnctō prīmum agmen erat in conspectū. Quā re nova Cūriō permōtus equites suos praemittit, quī prīmum impetum sustineant; ipse, celeriter ab opere dēductīs legiōnibus, aciem īnstruit.

LESSON 119

Curio gains an Initial Advantage

10 Interim equitēs cum hostibus proelium commīserunt et, priusquam legiōnes plane explicārī possent, tōta auxilia regıs, quae nūllō ōrdine et sine metū iter faciēbant, in fugam coniecta sunt. Equitēs hostium per lītus in oppidum prope-rāvērunt, peditum autem magnus numerus interfectus est.
15 Proxima nocte centuriones duo ex castrīs Cūriōnis cum manipulāribus suīs duōbus et vīgintī ad Attium Vārum per-fugiunt; cui cōnfīrmant tōtīus exercitūs anımos aliēnos esse

1. **ad Bagradam**: cf. p. 145, l. 10. In connection with in castra, translate "*at* the Bagrada"; cf. **ad T. Labiēnum in hīberna**, p. 133, l. 3.
3. **opere**: *i.e. construction.*
4. **statiōne**: statiō, -ōnis, F., *outpost.*— auxilia: *auxiliary forces.*
5. **Iubā**: king of Numidia, friendly to Pompey (cf. p. 147, l. 5 ff.). — **venīre**: *i.e.* appropin-quāre ad. — **eōdem . . . tempore**: *i.e.* simul.
6. **cernēbātur**: cf. cernēbantur, p. 141, l. 7. — **temporis pūnctō**: *in*

a moment (pūnctum, -ī, N., *point*).
— **prīmum agmen**: *vanguard*; lit. what?
9. **opere**: (*the work of*) con-struction (cf. l. 3).
11. **legiōnēs**: sc. Cūriōnis.
12. **sine metū**: evidently they had not heard of Curio's arrival in Africa.
13. **oppidum**: *i.e.* Utica.
16. **Attium Vārum**: com-mander of the Pompeian forces at Utica.
17. **aliēnēs . . . ā**: freely, *dis-affected toward.*

ā Cūriōne, multōsque facultāte datā libenter esse trānsitūrōs.
Qua ōrātiōne adductus Vārus posterō diē māne legiōnēs ex
castrīs ēdūcit. Facit idem Curiō, atque una valle non
magnā interpositā suas uterque cōpiās īnstruit.

5 Erat in exercitū Vārī lēgātus quīdam, cui nōtī erant
multī Cūriōnis mīlites. Hanc ille nactus appellātiōnis causam, circumīre aciem Cūriōnis atque omnes hortārī coepit,
ut Varum sequerentur ; quīn etiam praemium pollicitus est,
sī quī ad eum transīre voluissent. Hīs verbīs audītīs, nūllam
10 in partem ab exercitū Cūriōnis fit sīgnificātiō, atque ita suas
uterque copiās redūcit.

LESSON 120

He maintains his Army's Loyalty to Caesar

At in castrīs Cūriōnis animī omnium sollicitī erant; quisque enim ad id, quod ab aliō audierat, aliquid suī timōris
addēbat.

5 Cōnsiliō convocātō, duae sententiae dictae sunt. Erant
quī castra Vārī statim oppugnanda cēnsērent ; alterī autem

1. **facultāte datā** : translate as a conditional clause. — **esse trānsitūrōs** : *i.e. will desert* (to Varus).

3. **castrīs** : built just outside the city walls. — **ēdūcit** : ēduco, 3, -dūxī, -ductus, *lead out.* — **idem** : note the gender.

4. **uterque** : as noun.

6. **appellātiōnis** : appellātiō, -ōnis, F., *accosting* ; translate here *accosting (them).* — **causam** : freely, *excuse (for).*

8. **Vārum sequerentur** : *i.e.* join the army of Varus.

9. **sī quī** : *if any* (noun); cf. the note on quid, p. 56, l. 1. —

eum : *i.e.* Vārum. — voluissent : freely, *were willing ;* cf. esset perruptus, p. 107, l. 3. — nūllam in partem : see the Vocab. under pars.

10. sīgnificātiō (-ōnis, F.) : *sign.* — ita : *i.e.* with the loyalty of Curio's troops still a matter of doubt.

12. sollicitī : sollicitus, -a, -um, *unsettled.* — quisque : noun..

13. ad id, quod : freely, *to what.* — suī : cf. suum, p. 11, l. 6; for syntax of the gen. phrase, cf. glōriae, p. 107, l. 17.

16. cēnsērent : cf. the note on erant quī, p. 109, l. 5. — alterī : *i.e. the other party.*

optimum factū exīstimābant in Castra Cornēlia legiōnes re-
ducere, ut maiōre spatiō temporis interpositō mīlitum mentēs
sanārentur, simul ut exercitus, sī proeliō victus esset, in
Siciliam facile transportārī posset. Cūriō tamen " Neutrum
5 cōnsilium," inquit, " probo; neque enim tantī sum animī, ut
castra tam munīta temere oppugnanda censeam, neque tantī
timōris, ut spem statim dīmittam, atque omnia prius experienda arbitror."

Quāre, dimisso consiliō, contiōnem advocat mīlitum;
10 quorum animos verbīs confīrmat, docetque quid sit causae,
cur sibi Caesarīque fidēlēs sint. Quā oratione permōtī mīlitēs eum etiam dīcentem interpellābant, discēdentem vero
ex cōntiōne ūniversī cohortantur ut magno sit animo neve
dubitet proelium committere et suam fidem virtūtemque
15 experīrī.

---

1. factū: cf. p. 126, l. 17;
omit here in translating.
2. maiōre: absol. compar. —
mentēs: mēns, mentis, F., *feeling*,
lit. *mind*.
3. sānārentur: sānō, 1, *heal*,
pass., *become normal*. — simul: *i.e.*
furthermore.
4. neutrum: neuter, -tra,
-trum, *neither* (of two).
5. cōnsilium: contrast the
meaning here and on p. 149, l. 15.
— neque: cf. p. 127, l. 16.
7. prius: *i.e.* before giving up
hope. — experienda: experior, 4,
expertus sum, *try*.
9. cōntiōnem: *assembly.* — advocat: advocō, 1, *call together*
10. verbīs: sc. suīs. — quid . . .
causae: *what grounds*; for syntax

of the gen., cf. suī timōris, p. 149,
l. 13.
11. sint: lit. *they should be;*
translate the clause freely.
12. eum: *i.e.* Cūriōnem. —
etiam dīcentem: translate this and
the following part. by clauses.
interpellābant: *kept interrupting*
(interpellō, 1). — discēdentem: sc.
eum.
13. cōntiōne: *the meeting.* —
ūniversī: freely, *one and all.* —
magnō . . . animō: for syntax, cf.
the note on p. 135, l. 2. — nēve:
and not to (nē + ve); cf. neque
(in sense = nōn + que).
14. fidem: *loyalty;* cf. fidēlēs,
l. 11.
15. experīrī: *make trial of;*
cf. l. 7.

LESSON 121

The Pompeians suffer a Second Reverse

Quibus rēbus confīrmātus Cūriō constituit, cum prīmum esset data potestas, proeliō rem committere; postrīdieque mīlitēs prōductōs eōdem locō, quō ante cōnstiterant, in aciē collocāvit. Quō animadversō, Vārus quoque copiās pro-
5 dūxit, nē, sī aequō locō darētur occāsiō, dīmicandī facultātem dīmitteret.

Erat vallēs inter duas aciēs, ut supra demonstrātum est, non ita magna, at difficilī et arduo ascensu. Hanc uterque sī adversāriorum copiae transīre conarentur, exspectābat,
10 quo aequiōre loco proelium ipse committeret. Postrēmō Vārī equites in vallem dēscendere coeperunt. Ad eōs Cūriō equitātum et duas cohortēs mittit; quorum prīmum impetum equitēs hostium non ferunt, sed admissīs equīs ad suos re-fugiunt.

15 Quā rē animadversā, legiones se sequī iubet Cūrio, et omnibus cum copiis in vallem confēstim descendit; in-terim autem hostēs, veritī ne ab equitātū circumvenīrentur, terga vertunt universī, ac summa celeritāte se in castra recipiunt.

2. **esset data**: cf. **exspectāssent**, p. 104, l. 18. — **proeliō**: dat. case.

3. **eōdem locō**: construe with **collocāvit**, l. 4. — **quō**: antecedent, **locō**.

5. **darētur**: *i.e. should present itself.* — **dīmicandī**: gerund.

7. **suprā**: namely, p. 149, l. 3 ff.

8. **ita**: *so very.* — **arduō**: ar-duus, -a, -um, *steep.* — **ascēnsū**: ascensus, -ūs, M., *slope.* — **hanc**: object of **trānsīre**, l. 9. — **uterque**: *each (commander).*

9. **sī**: *in the hope that.* — ad-versāriōrum: adversārii, -ērum, M., *the opposing party.* — **exspectābat**: cf. **interpellābant**, p. 150, l. 12.

10. **quō**: cf. the note on p. 101, l. 14.

13. **hostium**: *i.e.* Varus' party. — **admissīs**: admissus, -a, -um, part., *let go, i.e. at full speed.*

17. **equitātū**: sc. Cūriōnis (cf. l. 12).

18. **castra**: cf. the note on p. 149, l. 3.

LESSON 122

Narrow Escape of their Commander

Qua in fugā Fabius Paelignus, mįles quīdam ex Curionis exercitu, agmen fugientium consecutus, magna voce Vārum ita nomine appellāvit, ut unus esse ex eius mīlitibus et velle aliquid dīcere vidērētur. Ubi autem Vārus saepius appel-
5 lātus cōnstitit, et quis esset aut quid vellet quaesīvit, tum Fabius eius umerum apertum gladiō appetiit. Quod ille perīculum sublātō scutō vītāvit ; Fabius autem a proximīs mīlitibus circumventus interficitur.

Interim fugientium multitūdine portae castrōrum com-
10 plētae sunt, atque iter erat ita impedītum, ut plures in eo loco sine vulnere quam in proeliō aut fugā interīrent ; nōnnūllī vērō erant adeō perterritī, ut prōtinus eōdem cursu per castra in oppidum ipsum contenderent. At Cūrionis mīlites, ad proelium egressī, secum nūllam copiam portāve-
15 rant eārum rerum, quae ad oppugnātiōnem castrōrum erant usui. Itaque Cūrio exercitum tum in castra redūcit.

Cuius discessu vulnerātī ē castrīs hostium in oppidum redūcuntur ; quō quidem tempore multī praeterea per simulātiōnem vulnerum propter metum eōdem sēsē recipi-

1. in : *during*.
2. fugientium : sc. hostium.
4. saepius : absol. compar.
5. aut : cf. the note on p. 128, l. 7.
6. apertum : *unprotected, i.e.* the right.—ille : Varus.
7. scūtō : scūtum, -ī, N., *shield.*
10. iter : *roadway.*
11. sine vulnere : *i.e.* wound in-flicted by the enemy.
12. adeō : the adv. — eōdem cursū : *i.e. without stopping.*

13. castra : see again the note on p. 149, l. 3. — ipsum : *proper.*
14. proelium : *a battle (in the open).* — ēgressī : sc. ex castrīs ; translate the part. by a relative clause.
16. tum : *for the time being.*
17. discessū : abl. of time when ; translate " on."
18. quidem : omit in translat-ing. — per : freely, *under.*
19. eōdem : adv., *to the same shelter.*

SCŪTA

This illustration, taken from the carvings on the column of Trajan (see page 40), shows how Roman soldiers, by locking their shields (*scūta*), formed a solid roof over their heads as they came up under a wall from which the enemy were sending down a shower of missiles.

unt. Quā re animadversā exercitūsque timōre cognitō, Vārus, būcinātore tabernaculīsque paucīs in castrīs ad speciem relictīs, tertiā vigiliā reliquum quoque exercitum silentiō in oppidum redūcit.

LESSON 123

King Juba marches to the Relief of Varus

5 Postrīdiē eius diēi Curio obsidēre Uticam coepit. Sed iam ad urbem perveniunt ā rege Iuba nuntiī, quī illum adesse magnīs cum cōpiīs dīcant oppidānōsque dē dēfēnsione urbis hortentur. Nūntiābantur haec eadem Cūrioni. Ille tamen prīmō regem nihil contra se ausurum exīstimābat; 10 sed ubi certior est factus copiās Iubae ab Uticā minus quīnque et vīgintī mīlia passuum abesse, relictīs mūnītionibus sēsē in Castra Cornēlia recēpit. Hūc comportāre coepit omnia, quae ad obsidiōnem sustinendam usuī erant.

Dum haec fīunt, ex oppidānīs perfugīs audīvit Iubam 15 aliō bello esse revocātum, et Saburram, eius praefectum, parvīs cum copiīs Uticae appropinquare. Quō audītō, cōnsilium temere mūtāvit, proelioque rem committere con-

2. būcinātōre: būcinātor, -ōris, M., *trumpeter.* — ad speciem: *i.e.* to keep up the appearance of occupancy.

5. eius diēi: omit in translating. The gen. depends upon the diē which enters into the composition of postrīdiē.

6. Iubā: see the note on p. 148, l. 5.

8. haec eadem: neut.; translate as singular.

10. minus: *less (than)*; cf. the use of amplius, p. 101, l. 3.

12. Castra Cornēlia: see again the map on p. 146.

13. omnia: *all sorts of things.* — obsidiōnem: of the same derivation as the verb obsidēre, l. 5.

14. perfugīs: with adj. force, *deserting.*

15. aliō bellō: abl. of means. Apparently this item of news regarding Juba's movements was deliberately fabricated, the "desertions" from the city having been planned for the express purpose of deceiving Curio.

stituit. Quare equitātum omnem prima nocte ad castra Saburrae praemittit; quī hostīs necopīnantēs adortus, magnum eorum numerum occīdit. Quō factō, ad Curiōnem equitēs redeunt captīvōsque ad eum redūcunt.

LESSON 124

The Numidians resort to Strategy

5 Curio, cohortibus quīnque castrīs praesidiō relictīs, omnibus cum cōpiīs quārtā vigiliā profectus, sex mīlia passuum iam ipse progressus erat. Quī, victōriā equitātūs cognitā, etiam celerius iter fēcit; Iubam enim crēdēbat longe abesse, exiguasque Saburrae cōpiās facile se opprimere posse 10 exīstimābat.

Interim autem Iuba (cuius dē discessu falso erat nuntiātum, quīque iam haud longe aberat), dē nocturno proelio certior factus, duo mīlia equitum eamque peditum partem, cui maxime cōnfīdēbat, Saburrae subsidiō mittit, ipseque 15 cum reliquīs cōpiīs elephantīsque sexāgintā lēnius subsequitur. Suspicātus brevī Cūriōnem ipsum adfore, Saburra copias equitum peditumque statim īnstrūxit atque eīs imperāvit ut simul atque nostrī in conspectum venissent, simulātiōne timōris paulātim cēderent.

20 Quō factō, hostēs fugere Cūriō ratus legiōnēs dē collibus

---

1. ad: *i.e. to attack.*
11. falsō: adv., lit. *falsely;* render the clause freely.
12. quīque: *i.e.* quī + que. — nocturnō proeliō: see l. 1 ff.
14. cōnfīdēbat: cōnfīdō, 3, -fīsus sum, with dat., *rely (upon).* — subsidiō: dat. of service.
15. elephantīs: elephantus, -ī, M., *elephant.*

16. suspicātus: translate as a present. — ipsum: as contrasted with his cavalry, which had already been in action. — adfore: *i.e.* adfutūrum esse.
18. simul atque: *i.e.* cum prīmum. — vēnissent: cf. the note on exspectāssent, p. 104, l. 18.
19. simulātiōne: translate the abl. "with."

in plānitiem dēdūxit; cumque longius esset inde progressus, confecto iam labōre exercitū, loco inīquo cōnstitit.
Tum suīs sīgnum subitō dat Saburra aciemque explicat.
Peditātū prīmo ad speciem tantum utitur, equitēs in aciem
5 nostram inmittit.

LESSON 125

Curio's Army is Annihilated

Repentīnā rē minimē permōtus Cūriō ōrdines circumiit
mīlitesque hortātus est ut spem omnem in virtūte ponerent.
Hī prīmō fortissimē dīmicābant; sed hostēs, quī numero
longe erant superiores, mox aciem nostram circumventam
10 a tergō adorīrī coeperunt. Tum Curio, ubi perterritīs omnibus cohortātiōnēs suas non audīrī intellēxit, unam salūtis
esse spem reliquam arbitrātus, proximos colles capere atque eo sīgna ferre iussit. Sed hos quoque praeoccupat
missus a Saburrā equitātus.
15 Tum vero ad summam dēsperationem nostrī perveniunt,
et Cn. Domitius, praefectus equitum, cum paucīs equitibus
circumsistens, Cūriōnem orat ut fuga petat salūtem, et se
ab eo non discessurum pollicētur. At Cūriō numquam se,

1. **longius**: absol. compar.
inde: *i.e.* from the point where
he had left the hills.
2. **cōnfectō**: construe with
exercitū.
4. **prīmō**: the adv.
8. **dīmicābant**: *kept up the
fight.*
9. **circumventam**: translate as
if **circumvēnērunt eamque.**
10. **ā tergō**: cf. p. 78, l. 18.
omnibus: noun, forming an abl.
absol. with **perterritīs.**

11. **cohortātiōnēs**: cohortātiō,
-ōnis, F., *exhortation.*
12. **spem**: *chance.* — **capere**
make for; as subject, **suōs** may
be supplied.
13. **eō**: the adv. —**sīgna**: see
the notes on pp. 130, l. 1, and 131,
l. 16. — **hōs**: *i.e.* **collēs.**
15. **dēspērātiōnem**: dēspērātiō,
-ōnis, F., *despair.*
18. **numquam sē**, etc.: the indirect discourse depends upon cōn-
fīrmat, p. 157, l. 2.

amisso exercitu quem a Caesare accepisset, in eius conspectum rediturum confirmat, atque ita pugnans interficitur.

E proeliō equites nostrī perpaucī effūgerunt; quibuscum
nonnullī, quī equōrum reficiendōrum causā in itinere paulum
5 morātī erant, fugā tōtīus exercitūs procul animadversā, incolumes in castra sē contulērunt. Peditēs ad ūnum omnēs
interfectī sunt.

4. reficiendōrum: reficiō, 3,
-fēcī, -fectus, *refresh*.

6. castra: *i.e.* the camp at
Castra Cornēlia.

SELECTED PASSAGES FROM LATIN PROSE AUTHORS

AN EPISODE FROM THE GALLIC WAR

(Caesar, *Dē Bellō Gallicō*, VI, 7, 8)

LESSON 126

Though disconcerted for the time being by Caesar's decisive victory over the Nervii (Lesson 115), the Treveri subsequently more than once threatened the winter camp of Labienus (cf. Lessons 112 and 116, and see the map on page 124).

Dum haec a Caesare geruntur, Trēverī magnīs coactīs
peditātūs equitātūsque cōpiīs Labienum cum una legione,
quae in eorum fīnibus hiemābat, adorīrī parabant; iamque
ab eo non longius bīduī viā aberant, cum duas venisse
5 legiōnēs missū Caesaris cognoscunt. Positīs castrīs a
mīlibus passuum xv, auxilia Germanorum exspectare con-
stituunt.

Labienus, hostium cognito consiliō, spērans temeritāte
eorum fore aliquam dīmicandī facultātem, praesidiō quīnque

1. **haec:** *i e.* events mentioned in the narrative from which this extract is taken.

2. **cum:** translate "and." — unā : *the one.*

4. **viā:** *than a journey;* abl. with the compar. — **vēnisse:** *i.e.* to reënforce Labienus.

5. **missū:** missus, -ūs, M., lit. *sending;* here, *order.* — cōgnō-

scunt : cf. **commemorant,** p. 135, l. 6. — **ā:** as adv., *away* (with abl. of degree of difference).

8. **temeritāte:** cf. the adv. **temerē.**

9. **eōrum:** *on their part.* — dīmicandī: *i.e.* before the Germans should arrive. — **praesidiō . . . re-** lictō: abl. absol. — **quīnque cohor-** tium: (*consisting*) *of five cohorts.*

cohortium impedīmentīs relictō, cum xxv cohortibus ma-
gnoque equitātū contrā hostem proficīscitur, et mīlle passuum
intermissō spatiō castra commūnit. Erat inter Labiēnum
atque hostem difficilī trānsitū flūmen rīpīsque praeruptīs.
5 Hoc neque ipse trānsīre habēbat in animō neque hostēs
trānsitūros exīstimābat. Augēbātur auxiliōrum cotīdiē
spes. Loquitur in consiliō palam, quoniam Germanī ap-
propinquāre dīcantur, sēse suas exercitūsque fortūnas
in dubium nōn dēvocātūrum, et posterō diē prīma lūce ca-
10 stra mōtūrum. Celeriter haec ad hostēs dēferuntur, ut ex
magnō Gallōrum equitātus numerō nonnullōs Gallicīs rēbus
favēre nātūra cōgēbat.

LESSON 127

The Enemy are Deceived and become Overconfident

Labienus noctū tribūnīs mīlitum prīmīsque ōrdinibus
convocātīs, quid suī sit consilī, propōnit et, quō facilius

1. impedīmentīs: at this time
Labienus had charge of the heavy
baggage of Caesar's entire army.

2. hostem: sing. for pl., as
in English. — mīlle: indeclinable
adj., here as genitive.

3. intermissō: i.e. relictō
(namely, between him and the
enemy). — commūnit: commūniō,
4, intrench.

4. trānsitū: trānsitus, -ūs, M.,
passage (cf. trānseō). — praeruptīs:
praeruptus, -a, -um, rugged.

7. spēs: namely, for the
Treveri. — loquitur: subject, Labiēnus. — consiliō: as on p. 126,
l. 16. — quoniam: inasmuch as.

8. suas . . . fortūnās: i.e.

suam salūtem.— exercitūsque: and
(that) of the army.

9. dubium: i.e. perīculum; lit.
what? — dēvocātūrum: dēvocō, 1,
bring; lit. call. — castra mōtūrum:
i.e. he will fall back.

10. ut: inasmuch as. — ex:
out of

11. Gallōrum: freely, recruited
from among the Gauls (cf. the
note on p. 139, l. 10). — Gallicīs
rēbus: the Gallic cause.

13. ōrdinibus: i.e. centuriōnibus.

14. quid suī sit consilī: what
his plan involves; lit. what? (for
consilī, cf. Standisī, p. 16, l. 4).
— prōpōnit: i.e. ostendit. — quō:
see the note on p. 101, l. 14.

ˊhostibus timōris det suspīcionem, maiore strepitū et tumultū,
quam populī Romanī fert consuētūdo, castra moverī iubet.
Hīs rēbus fugae similem profectiōnem efficit. Haec quoque per explōrātōrēs ante lūcem in tantā propinquitāte
5 castrorum ad hostēs dēferuntur.

Vix agmen novissimum extrā mūnītiōnēs prōcesserat,
cum Gallī cohortātī inter sē, nē spērātam praedam ex
manibus dīmitterent — longum esse, perterritīs Rōmanīs,
Germānorum auxilium exspectāre, neque suam patī digni-
10 tātem ut tantīs copiīs tam exiguam manum, praesertim
fugientem atque impedītam, adorīrī non audeant — flūmen
trānsīre et inīquō loco committere proelium non dubitant.
Quae fore suspicātus Labiēnus, ut omnes citrā flūmen
ēliceret, eādem usus simulātiōne itineris placide progre-
15 diēbātur.

1. timōris : namely, on his part.
2. fert : *calls for*.
3. similem : pred. adj. — haec : neut.
4. per : freely, *by*; cf. p. 141, l. 9. — in tantā propinquitāte : freely, *on account of the close proximity* (propinquitās, -ātis, F., *nearness*).
6. agmen novissimum : namely, of Labienus' army. With this phrase cf. prīmum agmen, p. 148, l. 6. — prōcesserat : prōcēdō, 3, -cessī, -cessum est : *advance*.
7. inter sē : freely, *one another*.
8. longum esse : *it was needless* (lit. *too long*). The indirect discourse is due to the idea of saying implied in cohortātī, l. 7. Do not attempt to translate this paren-thetical matter (between the dashes) until the rest of the sentence is clear.
10. ut : *that*; dependent on patī. — tantīs cōpiīs : see p. 158, l. 1.
11. fugientem atque impedītam : modifying manum, l. 10. — flūmen : see p. 159, l. 3 ff.
13. quae : neut., *this*. — fore : supplying here a future infinitive for fīō. — ut : depending on prōgrediēbātur, l. 14. — omnēs : *them all*. — citrā : prep., *to the near side of*, *i.e. to his side of*.
14. ūsus : *keeping up*. — itineris : here, *retreat*. — placidē : adv., *steadily*. — prōgrediēbātur : *continued to move on.*

Tum praemissīs paulum impedīmentīs atque in tumulo quodam collocātīs, "Habētis," inquit, "mīlitēs, quam petīstis facultātem; bostem impedītō atque inīquo locō tenētis: praestāte eandem nōbīs ducibus virtūtem, quam saepenu-
5 mero ımperātōrī praestitistis, atque illum adesse et haec coram cernere exīstimāte." Simul sīgna ad bostem convertī aciemque derıgī iubet; paucīs turmīs praesidiō ad impedī-menta dīmissīs reliquōs equitēs ad latera dispōnit.

Celeriter nostrī clāmōre sublātō pīla in hostēs inmittunt.
10 Illī ubi praeter spem, quos modo fugere crēdēbant, īnfēstīs sīgnīs ad sē īre vīdērunt, impetum ferre nōn potuērunt, ac prīmō concursu ın fugam coniectī proxımas silvās petīvērunt.
Quōs Labiēnus equitātu consectātus, magno numerō inter-fectō, complūribus captīs, paucīs post diēbus cīvitātem
15 recepıt. Nam Germanı, quı auxiliō veniēbant, perceptā Treverorum fuga, sēsē domum receperunt.

---

1. **tumulō**: tumulus, -ī, M., *hillock.*

2. **inquit**: subject, Labiēnus. — **mīlitēs**: voc. case. — **quam petīstis facultātem**: *i.e.* eam facultātem quam petīvistis.

4. **nōbīs ducibus**: *i.e.* mē duce (abl. absol.). The use of the first person pl. for the corresponding sing. is very common. — **saepenumerō**: *i.e.* saepe; strictly, numerō is abl. of specification.

5. **imperātōrī**: freely, *before the eyes of your commander in chief* (*i.e.* Caesar). — **haec**: *this action.*

6. **cōram**: adv., *in person.* **cernere**: *i.e.* **vidēre.** — **sīgna . . .**

convertī: a signal to change front.

7. **dērigī**: *i.e.* īnstruī (dērigō, 3, -rēxī, -rēctus).

8. **ad**: *on.*

10. **praeter**: *i.e. contrary to.* — **spem**: *expectation.* — **quōs**: supply as antecedent, eōs, *those* (subject of īre, l. 11).

11. **ad . . . īre**: freely, *advancing upon.* — **ac**: freely, *but.*

12. **concursū**: concursus, -ūs, M., *clash* (cf. coʟcʟrrō).

13. **cōnsecıatus**: cōnsector, 1, *follow up.*

15. **recēpit**: sc. in dēditiōnem. — **perceptā.** *i.e.* cōgnitā (percipiō, 3, -cēpı, -ceptus).

SIGNA

With these standards compare those shown in the illustrations on page 132. Flags (*vēxilla*) were used for giving signals, and to differentiate small bodies of troops. In the matter of inspiring loyalty among the men, their effect was in general very slight as compared with that of the flag in modern armies.

AN EPISODE FROM THE CIVIL WAR

(Caesar, *Dē Bellō Cīvīlī*, III, 95–98)

LESSON 129

When, in 49 B.C., Caesar marched some of his troops south into Italy, and_thus precipitated the civil war between himself and Pompey (cf. the episode in Lessons 117–125), Pompey was taken by surprise, and retired into Greece. In the decisive battle of Pharsalus, fought there in the following year, Caesar gained the first advantage, driving the Pompeians back to the shelter of their ramparts.

Caesar, Pompēiānis ex fugā intrā vāllum compulsīs, nullum spatium perterritīs darī oportēre exīstimāns, mīlites cohortātus est ut beneficiō Fortunae uterentur castraque oppugnarent.   Quī, etsī magno aestū fatīgātī—nam ad
5 merīdiem res erat perducta—tamen ad omnem labōrem animo paratī, imperio paruerunt.

Castra a cohortibus, quae ibi praesidio erant relictae, industriē dēfendēbantur, multō etiam acrius a Thrācibus barbarīsque auxiliīs.   Nam qui ex acie refugerant mīlitēs,
10 et animo perterritī et lassitūdine cōnfectī, missīs plērīque

1. **vāllum:** *i.e.* of their own camp.

2. **spatium:** *respite.* — perterritīs: modifying eīs, supplied. **darī oportēre:** *should be allowed* (oportet, 2, -uit, impersonal verb, lit. *it is fitting*).

4. **aestū:** aestus, -ūs, M., *heat.* — fatīgātī: *i.e.* dēfessī (fatīgō, 1).

5 **merīdiem:** here, *midday.* — rēs: *engagement.*

6. **animō:** abl. of specification; translate freely.

7. **castra:** namely, of Pompey.—industriē: adv., *energetically.*

8. **multō:** construe with ācrius.

9. **-que:** *and (other).* — quī . . . mīlitēs: *i.e.* eī mīlitēs, quī. — aciē: *i.e.* proeliō.

10. **lassitūdine:** lassitūdō, -inis, F., *weariness.* —missīs: *discarded* (cf. dīmittō). — plērīque: freely,

armīs sīgnīsque mīlitāribus, magis dē reliqua fuga quam dē castrōrum dēfēnsiōne cōgitābant. Neque vero diūtius, quī in vāllō constiterant, multitūdinem tēlōrum sustinere potuērunt, sed cōnfectī vulneribus locum relīquērunt, 5 prōtinusque omnes, ducibus usī centuriōnibus tribūnīsque mīlitum, in altissimos montēs, quī ad castra pertinēbant, confūgērunt.

Caesar, castrīs potītus, ā mīlitibus contendit ne, in praedā occupātī, reliquī negōtī gerendī facultātem dīmit-10 terent. Qua re impetrātā, montem opere circummunīre īnstituit.

LESSON 130

Unconditional Surrender of the Pompeians

Pompeiānī, quod is mons erat sine aquā, diffīsī eī locō, relicto monte, ūniversī ingīs eius Lārīsam versus se recipere coepērunt. Quā re animadversa, Caesar copiās suas dīvīsit,

in the majority of cases; the word agrees with **mīlitēs**, though in sense it belongs with the abl. absol. Be careful to make the rendering of this sentence idiomatic throughout.

1. **mīlitāribus**: **mīlitāris, -is, -e**, lit. *military*. **sīgna mīlitāria** is the full expression for "standards"; usually the adj. is omitted. — **dē reliquā fugā**: *i.e. about resuming their flight*.

2. **diūtius**: absol. compar.

3. **in vāllō**: *i.e.* to defend it.

4. **locum**: (*their*) *posts*.

5. **ducibus ūsī**: lit. *having (as) leaders*; translate freely.

6. **altissimōs**: absol. superl.

7. **cōnfūgērunt**: **cōnfugiō**, 3,

-fūgī, with **in** and the acc., *take refuge* (*upon*).

8. **contendit**: *i.e.* **petīvit**.

10. **montem**: *i.e.* the particular height upon which the Pompeians had finally assembled. — **circummū-nīre**: **circummūniō**, 4, *girdle*.

11. **īnstituit**: *i.e.* **coepit** (**īn-stituō**, 3, -stituī, -stitūtus).

12. **diffīsī**: **diffīdō**, 3, -fīsus sum, with dat., *lack confidence* (*in*).

13. **iugīs**: **iugum, -ī**, N., *ridge*; translate the abl. "along" (way by which). — **eius**: *i.e.* **montis**. — **Lā-rīsam**: a town some miles north, toward which Pompey had already fled, making for the sea. — **versus**: translate as if **ad . . . . versus** (cf. the note on p. 79, l. 21).

partemque legiōnum in castrīs Pompeī remanēre iussit,
partem in sua castra remīsit, IV sēcum legiōnes dūxit,
commodiōreque itinere Pompēiānis occurrere coepit, et
progressus mīlia passuum VI, aciem īnstrūxit. Quā rē
5 animadversā, Pompeiānī in quōdam monte constitērunt.
Hunc montem flūmen subluēbat. Caesar mīlitēs cohortātus,
etsī tōtīus diēī continentī labōre erant cōnfectī noxque iam
suberat, tamen mūnītiōne flūmen a monte seclūsit, nē noctū
aquārī Pompeiānī possent.

10 Quō perfectō opere, illī dē dēditiōne missīs lēgātīs agere
coepērunt. Paucī ōrdinis senātōriī, quī se cum hīs con-
iūnxerant, nocte fugā salūtem petīvērunt. Caesar prīmā
lūce omnēs eōs, quī in monte cōnsēderant, ex superiōribus
locīs in plānitiem dēscendere atque arma proicere iussit.
15 Quod ubi sine recūsātiōne fēcērunt, passīsque palmīs prōiectī ad terram flentēs ab eō salūtem petīvērunt, cōnsōlātus
cōnsurgere iussit et pauca apud eōs dē lēnitāte suā locūtus,
quo minōre essent timōre, omnēs cōnservāvit.

---

1. **Pompēī**: cf. the note on
Standisī, p. 16, l. 4. — **remanēre**:
remaneō, 2, -mānsī, -mānsum est,
remain.

2. **sua**: note the position.

3. **commodiōre**: *i.e.* than the
route taken by the enemy.

6. **subluēbat**: subluō, 3, ——,
——, *wash the base of.*

7. **continentī**: as adj. (abl.
case), *unbroken.*

8. **suberat**: *i.e.* aderat (sub-
sum, -esse, -fuī). — **sēclūsit**: sē-
clūdō, 3, -clūsī, -clūsus, *shut off.*

9. **aquārī**: aquor, 1, *get water.*

10. **opere**: *i.e.* the mūnītiō of
l. 8. — **dē dēditiōne**: construe with
agere.

11. **senātōriī**: senātōrius, -a,

-um, *senatorial*; the highest order
in the Roman state (cf. the note
on p. 125, l. 9). — **hīs**: *i.e.* the Pompeian forces.

12. **nocte**: *i.e.* noctū.

15. **recūsātiōne**: recūsātiō, -ōnis,
F., *protest* (cf. recūsō). — **palmīs**:
i.e. manibus (palma, -ae, F.) —
prōiectī: freely, *falling forward.*

16. **salūtem**: *i.e.* (*their*) *lives.*
— **cōnsōlātus**: sc. eōs.

17. **cōnsurgere**: *i.e.* surgere
(cōnsurgō, 3, -surrēxī, -surrēctum
est). — **apud eōs**: *in their hearing,*
i.e. to them. — **lēnitāte**: lēnitās,
-ātis, F., *humaneness.*

18. **quō**: note the compar. in
the clause. — **minōre . . . timōre**: abl. of characteristic.

THE DEATH OF CAESAR

(Suetonius, *Iūlius*, 81, 82)

LESSON 131

As a result of the civil war, Caesar became master of the Roman world. Many did not approve of his absolute power, and a plot was formed to take his life. As he left home for the senate house on the fatal day, some one pushed into his hand a document telling of the conspiracy; but he did not stop to examine it.

Plūribus hostiīs caesīs, cum litāre non posset, introiit cūriam sprētā religiōne Spurinnamque irrīdens et ut falsum arguens, quod sine ūllā sua noxā Idūs Mārtiae adessent: quamquam is venisse quidem eās dīceret, sed non praeter-
5 isse. Assīdentem conspirātī speciē officiī circumstetērunt; īlicōque Cimber Tillius, quī prīmās partēs suscēperat, quasi

1. plūribus: *i.e.* complūribus.
hostiīs: hostia, -ae, F., *sacrificial victim.* — caesīs: caedō, 3, cecīdī, caesus, *slay.* — cum: concessive. — litāre: litō, 1, -āvī, -ātum est, *secure favorable omens;* the condition of the entrails of the slaughtered animals being supposed to portend good fortune or the reverse. — introiit: introeō, -īre, -iī, -itus, *enter.*

2. cūriam: cūria, -ae, F., *senate house.* — sprētā: from spernō. — Spurinnam: a priest who had predicted peril for Caesar on the 15th of March (Idūs Mārtiae, l. 3).

— irrīdēns (-entis, part.): *deriding.* — ut falsum: as (a) *false* (*prophet*).

3. arguēns (-entis, part.): *assailing.* — quod: as on p. 55, l. 11.
— suā noxā (noxa, -ae, F): *harm to him* (Caesar).

4. is: *i.e.* Spurinna.

5. assīdentem: sc. Caesarem (assīdō, 3, -sēdī, -sessum est, *take one's seat*). — cōnspīrātī (-ōrum, M.): *the conspirators.* — officiī: *of (showing) respect.*

6. īlicō (adv.): *i.e.* statim. — prīmās partēs: *i.e. the leading rôle.*

CAIUS IŪLIUS CAESAR

A Roman of distinguished family, and one of the ablest warriors the world has known.

aliquid rogāturus propius accessit, renuentīque et gestū in aliud tempus differentī ab utrōque umero togam apprehendit; deinde clāmantem, "Ista quidem vīs est," alter e Cascīs aversum vulnerat, paulum īnfrā iugulum.

5 Caesar Cascae bracchium arreptum graphiō trāiēcit, cōnātusque prosilīre aliō vulnere tardātus est; utque animadvertit undique sē strīctīs pugıonibus petī, toga caput obvolvit, simul sinistrā manu sinum ad īma crura dēdūxit, quo honestius caderet, etiam īnferiōre corporis 10 parte vēlātā. Atque ita tribus et vīgintī plāgīs confossus est, ūnō modo ad prīmum īctum gemitū sine voce editō; etsī trādidērunt quīdam Mārco Brūtō inruentī dīxisse, " Καὶ

---

1. **aliquid rogātūrus**: *intending to make some request;* lit. what ? — **renuentī**: sc. Caesarī (renuō, 3, -nuī, *shake (one's) head*); translate by a clause introduced by "as"; the lit. meaning of the dat. is "for." — **gestū**: gestus, -ūs, M., *gesture.*

2. **differentī**: sc. eum, lit. *putting (him) off.* — **ab**: *at;* cf. the use of ex in phrases like omnibus ex partibus. — **togam**: toga, -ae, F., *robe.* — **apprehendit**: apprehendō, 3, -prehendī, -prehēnsus, *lay hold of.*

3. **clāmantem**: sc. Caesarem. — **ista**: for istud (subject of est); cf. the agreement of quod, p. 30, l. 6. — **vīs**: *(downright) violence.* — **Cascīs**: the two were brothers (nom. Casca).

4. **āversum**: *from behind,* lit. *turned away.* — **īnfrā**: prep., *below.* — **iugulum**: iugulum, -ī, N., *neck.*

5. **bracchium**: bracchium, -ī, N., *arm.* — **graphiō**: graphium, -ī, N., *stylus.* — **trāiēcit**: trāiciō, 3, -iēcī, -iectus, *pierce.*

6. **prōsilīre**: prōsiliō, 4, -uī, *leap forward.* — **tardātus est**: tardō, 1, *stop.* — **ut**: *i.e.* ubi.

7. **strīctīs**: strīctus, -a, -um, part., *drawn.* — **pūgiōnibus**: *i.e.* sīcīs (pūgiō, -ōnis, M.). — **togā**: cf. l. 2.

8. **obvolvit**: obvolvō, 3, -volvī, -volūtus, *shroud.* — **sinistrā**: sinister, -tra, -trum, *left.* — **sinum**: sinus, -ūs, M., *fold;* translate here as pl., (*its*) *folds.* — **ad īma crūra**: *i.e.* to his ankles (crūs, crūris, N., *leg*).

9. **honestius**: honestē (adv.), *in seemly fashion.*

10. **vēlātā**: *i.e.* tēcta (vēlō, 1). — **plāgīs**: *i.e.* vulneribus (plāga, -ae, F.).

11. **ūnō**: construe with gemitū. — **modo**: *i.e.* tantum. — **ad**: *at.* — **īctum**: īctus, -ūs, M., *blow.* — **vōce**: *articulation.*

12. **inruentī**: inruēns, -entis, part., *pressing forward.* — **dīxisse**: sc. eum (*i.e.* Caesarem). — **Καὶ σὺ τέκνον**; *you too, my boy ?*

σὺ τέκνον;" Exanimis, diffugientibus cunctīs, aliquamdıu iacuit, dōnec lectīcae impositum, dēpendente bracchiō, tres servolī domum rettulērunt. Nec in tot vulneribus, ұt Antistius medicus exīstimābat, lētāle ūllum repertum est, nisi 5 quod secundō loco ın pectore acceperat.

THE FATE OF HANNIBAL

(Nepos, *Hannibal*, 12, 13)

LESSON 132

The second Punic War, waged between the Romans and Carthaginians from 218 to 201 B.C., ended in a complete victory for the Romans. The latter, however, were suspicious that Hannibal, the most famous general of the Carthaginians, was simply biding his time to renew the war under more favorable conditions ; and so they desired to arrest and hold him as a prisoner. By hastening into exile, Hannibal escaped for some years, and improved the opportunity to stir up a great deal of trouble for the Romans in the East.

Quae dum in Asiā geruntur, accidit casu ut lēgātī Prusiae Romae apud T. Quīnctium Flāminīnum consularem

---

1. **exanimis** (-is, -e) : *lifeless.* — **diffugientibus** : diffugiō, 3, -fūgī, *scatter.* — **cūnctīs** : *i.e.* omnibus, as noun (cūnctī, -ae, -a).

2. **lectīcae** : lectīca, -ae, F., *litter.* — **dēpendente** : dēpendēns, -entis, part., *hanging down.* bracchiō : cf. p. 168, l. 5.

3. **servolī** : servolus, -ī, M., *young slave;* cf. servus. — **rettulērunt** : sc. eum. — **in** : *among.* — ut : *as.*

4. **medicus** (-ī, M.) : *physician.* — **lētāle** : *i.e.* exitiāle (lētālis, -is,

-e). — **nisi quod** : *excepting* (*one*) *which.*

5. **secundō** : *i.e. specially vulnerable;* lit. *favorable.* — **pectore** : pectus, -oris, N., *chest.*

6. **quae** : *i.e.* events narrated in previous chapters. — **Asiā** : *i.e.* Asia Minor. — **accidit** : impersonal expression. — **cāsū** : *i.e.* forte. — **Prūsiae** (nom. in -a, or -ās) : king of Bithynia (cf. p. 170, l. 5). The gen. may be rendered "from."

7. **cōnsulārem** : cōnsulāris, -is, M., *ex-consul.*

cēnārent, atque ibi dē Hannibale mentiōne facta, ex eīs
unus dīceret eum in Prūsiae regno esse. Id postero diē
Flāminīnus senātuī dētulit. Patrēs conscrīptī, quī Hannibale vīvō numquam se sine īnsidiīs futūrōs exīstimarent,
5 lēgātōs in Bīthȳniam mīserunt (in eīs Flāminīnum), quī ab
rēge peterent, nē inimīcissimum suum secum habēret
sibique dēderet. Hīs Prūsia negāre ausus non est. Illud
recūsāvit, ne id ā sē fierī postulārent, quod adversus ius
hospitiī esset; ipsī, sī possent, comprehenderent; locum,
10 ubi esset, facile inventuros.

LESSON 133

Death rather than Captivity

Hannibal enim unō loco sē tenēbat, in castellō, quod eī ā
rege datum erat muneri, idque sīc aedificārat, ut in omnibus

1. mentiōne : mentiō, -ōnis, F.,
mention.
2. dīceret : in the same construction as cēnārent, l. 1. — eum :
Hannibal.
3. patrēs cōnscrīptī : *i.e. the
senators* (cōnscrīptus, -a, -um, lit.
enrolled). — Hannibale vīvō : abl.
absol. ; translate by a clause introduced by " as long as."
4. exīstimārent : subjunctive
in a causal relative clause.
5. in eīs : cf. p. 38, l. 14.
6. inimīcissimum suum : *their
deadly foe.* — sēcum habēret : *i.e.
harbor.*
7. sibique dēderet : *i.e.* eumque ut sibi dēderet.— hīs : *i.e.* lēgātīs. — illud . . nē : *this . . . that.*

8. id : *a thing;* antecedent of
quod. — adversus (prep.) : *i.e.*
contrā.
9. hospitiī : hospitium, -ī, N.,
hospitality. — ipsī . . . comprehenderent : sc. eum, *i.e. let them arrest
him themselves.*
10. inventūrōs : sc. eōs (subject). The indirect discourse
depends upon the idea of saying
underlying recūsāvit, l. 8 ; cf.
longum esse, etc., p. 160, l. 8.
11. enim : referring to what is
said in the last clause of Lesson 132.
— in : *namely, in.*
12. rēge : *i.e.* Prūsiā. — mūnerī :
i.e. dōnō, dat. of service (mūnus,
-eris, N.). — aedificārat : *i.e.* aedi-
ficāverat.

partibus aedificiī exitūs habēret, scīlicet verens nē usu venīret, quod accidit. Huc cum lēgātī Rōmanı venıssent ac
multitūdine domum eius circumdedissent, puer, ab ıanua
prōspiciēns, Hannibalī dīxit plūrīs praeter consuĕtūdinem
5 armātōs apparere. Quī imperāvit eī ut omnīs forīs circum-
īret ac propere sıbi nuntiāret num eōdem modo undique
obsidērētur. Puer cum celeriter quid vīdisset renuntiāsset,
omnīsque exitus occupātos ostendisset, sēnsit id non fortuītō
factum, .sed sē petī neque sibi diūtius vītam esse retinen-
10 dam. Quam ne aliēno arbitriō dīmitteret, memor prīstina-
rum virtūtum, venenum, quod semper secum habere
cōnsuērat, sumpsit. Sīc vir fortissimus, multīs variīsque
perfūnctus labōribus, anno acquiēvit septuagesımo.

---

1. aedificiī: aedificium, -ī, N.,
structure. — verēns : *ı.e.* veritus.—
ūsū venīret : sc. id (subject), *i.e.*
that (thing) would happen.

2. quod accidit: *which (actually) did come to pass* (namely, the
discovery by the Romans of his hiding place). — hūc: cf. p. 154, l. 12.

3. puer: *i.e.* servus. — iānuā:
iānua, -ae, F., *door.*

4. plūrīs: modifying armātōs,
l. 5. — praeter cōnsuētūdinem:
than usual; lit. *beyond the ordinary.*

5. appārēre: *i.e.* in cōnspectū
esse (appāreō, 2, -uī). — quī: *i.e.*
Hannibal. — eī: *i.e.* puerō. — forīs:
i.e. exitūs (cf. l. 1).

6. properē (adv.): *i.e.* celeriter. — num : conjunction, *whether.*

7. puer cum : *i.e.* cum puer.
— renūntiāsset : renūntiō, 1, *report.*

8. sēnsit : subject, Hannibal.
— fortuītō (adv.): *i.e.* cāsū.

9. factum : sc. esse. — reti-
nendam : render the gerundive by
" could."

10. quam : *i.e.* vītam. — nē :
freely, *to avoid* (with part. in
-ing). — arbitriō : arbitrium, -ī, N.,
bidding.

11. virtūtum : freely, *career
of valor.*

12. cōnsuērat : *i.e.* cōnsuēverat.

13. perfūnctus : perfungor, 3,
-fūnctus sum, *experience.* This
verb takes the same construction
as ūtor and potior. — acquiēvit :
acquiēscō, 3, -quiēvī, *rest, i.e. die.*

CATILINE'S CONSPIRACY

(Sallust. *Bellum Catilīnae*, 40, 41, 60)

LESSON 134

In 63 B.C. Marcus Cicero (brother of the Quintus Cicero who subsequently figured in the events described in Lesson 108 ff.) had to deal with a rather alarming conspiracy which aimed to revolutionize the government of Rome. The chief conspirator, Catiline, took the field with an army, while Lentulus, who was secretly in sympathy with him, supervised matters in the city. One day Lentulus noticed there two Gallic envoys who had come to Rome to complain that Roman officials were oppressing their people, and he thereupon conceived the idea of further embarrassing the government by inducing these Gauls to stir up a revolt among their countrymen.

Igitur P. Umbrēnō cuidam negōtium dat, utī lēgātos Allobrogum requīrat eosque, sī possit, impellat ad societātem bellī, exīstimans pūblice prīvatimque aere aliēno oppressos, praeterea quod nātūra gens Gallica bellicosa
5 esset, facile eos ad tāle cōnsilium addūcī posse.

Umbrēnus, quod in Galliā negōtiātus erat, plērīsque prīncipibus cīvitātium notus erat atque eos noverat. Itaque

1. **P.**: *i.e.* Pūbliō. — **dat**: subject, Lentulus. — **utī**: *i.e.* ut.
2. **Allobrogum**: a tribe of southeast Gaul. — **requīrat**: requīrō, 3, -quīsīvī, -quīsītus, *seek out*. — **impellat**: impellō, 3, -pulī, -pulsus, *incite*. — **societātem**: societās, -ātis, F., with gen., *partnership (in)*.
3. **pūblicē prīvātimque**: advs., *as a people and as individuals*.

.4. **oppressōs**: modifying eōs (*i.e.* Allobrogēs) supplied. — **bellicōsa**: bellicōsus, -a, -um, *warlike*.
5. **esset**: for mood, cf. the note on admoveantur, p. 61, l. 14; translate as a present. — **tāle**: tālis, -is, -e, *such a*.
7. **cīvitātium**: cf. the note on p. 123, l. 11. — **nōverat**: nōscō, 3, nōvī, nōtus: *become acquainted with*.

172

MĀRCUS TULLIUS CICERŌ

The first of his family to reach the consulship, Cicero won some
fame as a statesman by suppressing the conspiracy of Catiline; but
his chief and lasting distinction was along literary lines. In oratory
he was hardly rivaled in his own generation; and his writings are a
priceless possession.

sine mora, ubi prīmum lēgātōs in forō conspexit, percontātus pauca dē statū cīvitātis et quasi dolēns eius cāsum,
requīrere coepit, quem exitum tantīs malīs spērārent. Postquam illōs videt querī dē avāritiā magistrātuum, accūsāre
5 senātum quod in eō auxilī nihil esset, miseriīs suīs remedium mortem exspectāre, "at ego," inquit, "vōbīs, sī modo
virī esse vultis, rationem ostendam, qua tanta ista mala
effugiātis."

LESSON 135

The Envoys are Initiated into the Conspiracy

Haec ubi dīxit, Allobroges ın maximam spem adductī,
10 Umbrenum orare ut suī miserētur: nihil tam asperum
neque tam difficile esse, quod non cupidissimē factūrī
essent, dum ea rēs cīvitātem aere alıeno līberāret.   Ille
eōs in domum D. Brūtī perdūcit, quod forō propinqua erat

1. percontātus: percontor, 1, ask.
2. statū: status, -us, M., with gen., *situation* (*in*). — cīvitātis: sc. eōrum. — quasi: cf. p. 166, l. 6. — dolēns: doleō, 2, -uī, *be concerned about.*
3. requīrere: *inquire* (cf. p. 172, l. 2). — exitum: *solution*, lit., *way out* (cf. p. 171, l. 1). — tantīs malīs: dat. case.
4. magistrātuum: magistrātus, -ūs, M., *official.* — accūsāre: accūsō, 1, *rail at.*
5. quod: cf. the note on p. 62, l. 13. — eō: *i.e.* senātū. — miseriīs: miseriae, -ārum, F., *troubles.* — remedium: (*as*) *a solution* (remedium, -ī, N.).
7. virī esse: *i.e. play the part*

of *men.* — tanta: freely, *over-whelming.* — ista: *those . . . of yours.*
10. ōrāre: for ōrāvērunt. — suī: gen. pl. — miserētur: miseror, 2, miseritus sum, with gen., *take pity* (*on*). — nihil, etc.: the indirect discourse is due to ʰhe idea of saying underlying ōrāɪe.
11. neque: translate "or." — quod nōn . . . factūrī essent: *that they would not undertake it*; a relative clause of result.
12. dum: *provided only.* — ea rēs: *it.* — aere aliēnō: translate the abl. "from" or "of." — ille: Umbrenus.
13. in domum: cf. the note on p. 16, l. 11. — D.: *i.e.* Decimī.

neque aliēna cōnsilī propter Semproniam : nam tum Brūtus
ab Rōma aberat. Praetereā Gabīnium arcessit, quo maior
auctōritās sermonī inesset. Eō praesente coniūrātiōnem
aperuit, nōminat socios, praeterea multōs cuiusque generis
5 innoxios, quō lēgātīs animus amplior esset. Deinde eōs
pollicitōs operam suam domum dīmittit.

Sed Allobrogēs diū in incertō habuere, quidnam cōnsilī
caperent : in alterā parte erat aes alienum, studium bellī,
magna merces in spe victoriae, at in alterā maiores opes,
10 tūta cōnsilia, pro incertā spe certa praemia. Haec illīs
volventibus, tandem vīcit fortūna reī pūblicae. Itaque Q.
Fabiō Sangae, cuius patrōciniō cīvitās plurimum ūtēbātur,
rem omnem, uti cognoverant, aperiunt. Cicero, per San-

1. aliēna : with gen., *un-friendly* (*to*). — Semprōniam :
wife of Brutus, who was him-
self not a party to the conspiracy.

2. quō : note the compar. in
the clause. Umbrenus was a
freedman, hence the need of call-
ing in a conspirator of better so-
cial standing.

3. sermōnī : sermō, -ōnis, M.,
interview. — inesset : īnsum, inesse,
īnfuī, with dat., lit. *be (in)* ; translate the phrase freely. — eō : *i.e.*
Gabīniō.

4. nōminat : nōminō, 1, *name.*
— praetereā : (*and*) *in addition.*

5. innoxiōs : pred. adj. (innox-
ius, -a, -um, *innocent*). — amplior :
amplus, -a, -um, *great* (cf. the
adv. amplius).

6. suam : modifier of operam.
— domum : *i.e.* to their temporary
quarters in Rome.

7. in incertō habuēre (for

habuērunt) : freely, *were undecided.*
— quidnam : *what . . really,*
-nam being an intensive particle.
— cōnsilī : for syntax, cf. quid . . .
causae, p. 150, l. 10.

8. alterā . . alterā (l. 9) :
the one . . . the other. — studium
(-ī, N.) : with gen., *liking (for).*

9. mercēs (-ēdis, F.) : *induce-
ment.* — opēs : namely, those of
the government (ops, opis, F., *help*;
pl., *resources*).

10. illīs : *i.e.* Allobrogibus.

11. volventibus : volvō, 3, volvī,
volūtus, *turn over in (one's)
mind*; cf. the note on dēfendente, p. 44, l. 17. — tandem :
adv., *at length.* — reī pūblicae : sc.
Rōmānae.

12. patrōciniō : patrōcinium, -ī,
N., *legal services.* — plūrimum : see
multum.

13. uti (*i.e.* ut) : *as.* — cōgnō-
verant : sc. eam. — Cicerō : see the
note at the head of Lesson 134.

gam consiliō cōgnitō, lēgātīs praecepit, ut studium con-
iūrātiōnis vehementer simulent, ceterōs adeant, bene
polliceantur, dentque operam utī eos quam maxime mani-
fēstōs habeant.

LESSON 136

The envoys, pretending that it would be difficult to persuade their
countrymen to revolt unless the matter were put into writing, easily
secured thus from the conspirators evidence sufficient to convict nine
of the ringleaders, five of whom were promptly executed in the public
prison. Shortly afterward, in the north country, the army of Catiline
(see the note at the head of Lesson 134) was brought to bay by the
government forces, and he chose to try conclusions with a division
which on the day of battle was under the command of a veteran officer
named Petreius.

5 Sed ubi, omnibus rēbus explōrātīs, Petrēius tubā sīgnum
dat, cohortīs paulātim incēdere iubet; idem facit hostium
exercitus. Postquam eo ventum est, unde [ā] ferentāriīs
proelium committī posset, maximō clāmōre cum īnfēstīs
sīgnīs concurrunt: pīla omittunt, gladiīs res geritur. Ve-

1. praecepit (for praecipit):
i.e. imperat (praecipiō, 3, -cēpī,
-ceptus). — studium: cf. p. 175, l. 8.
2. cēterōs: *i.e.* the other conspirators in Rome.
3. utī: *that.* — maximē: cf.
the note on p. 44, l. 11. — mani-
fēstōs: manifēstus, -a, -um, *obvi-
ously guilty;* translate the phrase
freely.
5. sed: *now.* — explōrātīs:
inspected. — tubā: tuba, -ae, F.,
trumpet. See the second illustration on p. 60.
6. dat: if rendered as a past,

use the pluperfect. — cohortīs: sc.
suās. — incēdere: incēdō, 3, -cessī,
-cessum est, *advance.* — hostium:
i.e. Catiline and his followers.
7. eō . . . unde: *to a point
where* (lit. *whence*). — ferentāriīs: ferentāriī, -ōrum, M., *light-
armed troops* (e.g. slingers; cf.
the top illustration on p. 140).
9. omittunt: *make no use of;*
lit. *omit* (omittō, 3, -mīsī, -missus).
Contrast the regular procedure for
beginning battle, p. 161, l. 9
—rēs: *the fighting.* — veterānī:
i.e. of the government army.

terānī, prīstinae virtūtis memores, comminus ācriter īnstare, illī haud timidē resistunt: maxima vī certātur.

Intereā Catilīna cum expedītīs in prīma acie versārī, labōrantibus succurrere, integrōs pro sauciīs arcessere, 5 omnia providēre, multum ipse pugnare, saepe hostem ferīre: strēnnī mīlitis et bonī imperātōris officia simul exsequebātur. Petreius, ubi videt Catilīnam, contrā ac ratus erat, magnā vī tendere, cohortem praetōriam in mediōs hostīs indūcit eosque perturbātōs atque aliōs alibī resi10 stentīs interficit, deinde utrimque ex lateribus cēterōs adgreditur. Mānlius et Faesulānus in prīmīs pugnantēs cadunt. Catilīna, postquam fūsās cōpiās sēque cum paucīs

---

1. **comminus**: adv., *at close quarters*. — **īnstāre**: **īnstō**, 1, -stitī, *press the fight.* Here, and several times below, the pres. infin. replaces a third person of the perf. or imperf. indic.

2. **illī**: *i.e. their opponents.* — **haud timidē**: *i.e. boldly* (timidē, adv., *with fear*). — **certātur**: *i.e.* dīmicātur (certō, 1, -āvī, -ātum est).

3. **prīmā**: *the front of;* cf. the use of **summum**, p. 104, l. 4.

4. **labōrantibus**: part. (sc. eīs), *those hard pressed.* — **succurrere**: *i.e.* auxiliō venīre (succurrō, 3, -currī, -cursum est). — **prō**: freely, *to replace.* — **sauciīs**: *i.e.* vulnerātīs (saucius, -a, -um).

6. **ferīre**: *i.e.* percutere (feriō, 4, ——, ——). — **exsequēbātur**: *i.e.* praestābat (exsequor, 3, -secūtus sum); cf. p. 129, l. 9.

7. **contrā**: adv., lit. *differently.* — **ac**: *than,* lit. *as.* The whole phrase = praeter spem, p. 161, l. 10.

8. **tendere**: **tendō**, 3, tetendī,

tentus, *stretch;* here, *exert (one's self).* — **mediōs**: *who occupy the center.*

9. **indūcit**: **indūcō**, 3, -dūxī, -ductus, lit. *lead (against).* — **atque**: connecting the two participles. — **aliōs alibī**: *some in one place, some in another;* cf. aliī in aliam, p. 80, l. 5.

10. **utrimque**: adv., *on either side.* — **lateribus**: cf. latera, p. 161, l. 8, and (for the form of phrase) omnibus ex partibus, etc. — **adgreditur**: *i.e.* adorītur (adgredior, 3, -gressus sum). Petreius first broke through the center, and then to the right and left made a flank attack upon the remnants of the enemy's line.

11. **Mānlius et Faesulānus**: *Manlius and the citizen of Faesulae* (a town of Etruria), Catiline's chief lieutenants. — **in prīmīs**: *i.e. in the front rank.*

12. **fūsās**: fundō, 3, fūdī, fūsus, *scatter.* — **paucīs**: *i.e. (but) a handful.*

relictum videt, memor generis atque prīstinae suae dignitātis, in confertissimōs hostīs incurrit, ibique pugnans
confoditur.

ON THE EASTERN FRONTIER

(Cicero, *Ad Familiārēs*, XV, 4)

LESSON 137

About ten years after the suppression of the conspiracy of Catiline,
Cicero, much against his inclination, was appointed governor of Cilicia
and neighboring districts. Below are given extracts from a letter which
he wrote from the east to a friend at Rome, telling some of his ex-
periences as a provincial officer.

Cum in prōvinciam pr. K. Sext. vēnissem, et propter
5 annī tempus ad exercitum mihi cōnfēstim esse eundum
vidērem, bīduum Lāodicēae fuī, deinde Apameae quadrīduum, trīduum Synnadīs, totidem diēs Philomēliī. Quibus
in oppidīs cum magnī conventūs fuissent, multās cīvitātēs
acerbissimīs tribūtīs et gravissimīs ūsūrīs et falsō aere

1. generis . . . dignitātis: for
his was an ancient and noble
family, and he had himself held
high offices.

2. hostīs: *i.e.* the government
forces. — incurrit: incurrō, 3, -currī,
-cursum est: *plunge (in among)*.

4. cum, etc.: translate by a
partic. clause. — pr. K. Sext.: *i.e.*
prīdiē Kalendās Sextīlīs, *the day
before the first of August* (Sextīlis,
-is, -e), namely, *July* 29, as the
calendar was then arranged

5. cōnfēstim: for the winter
would now soon come on (cf. p. 123,
l. 1 ff.). — eundum: not eundem.

6. bīduum: cf. bīduī, p. 158,
l. 4. — Lāodicēae: see the western
end of the map on p. 179. — fuī: *I
stopped.*

7. Synnadīs: pl. city names
have the same form for loc. and
abl. — totidem: indeclinable adj.,
the same number of. — Philomēliī: for case, cf. domī.

8. conventūs: conventus, -ūs,
M., *circuit court.* — fuissent:
freely, *had been held.*

9. acerbissimīs tribūtīs, etc.:
for syntax, cf. aere aliēnō, p. 174,
l. 12. — ūsūrīs: ūsūra, -ae, F., *rate
of interest.*

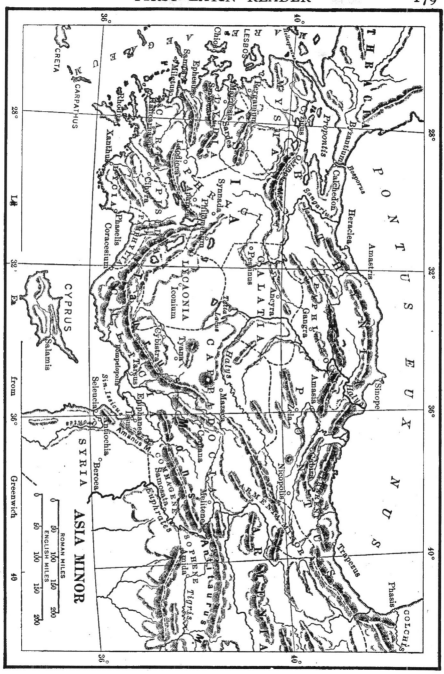

ASIA MINOR

aliēnō līberāvī. Cumque ante adventum meum sēditiōne quādam exercitus esset dissipātus, quīnque cohortēs sine lēgātō, sine tribūnō mīlitum, dēnique etiam sine centuriōne ūllō apud Philomēlium cōnsēdissent, reliquus exercitus 5 esset in Lycāoniā, M. Annēiō lēgātō imperāvī, ut eās quīnque cohortēs ad reliquum exercitum dūceret, coac-¹ tōque in unum locum exercitu, castra in Lycāoniā apud Iconium faceret. Quod cum ab illō dīligenter esset factum, ego in castra a. d. vii K. Sept. venī, cum intereā superio-10 ribus diēbus ex senatūs cōnsultō et evocātōrum fīrmam manum et equitātum sane idōneum et populōrum līberorum regumque sociorum auxilia voluntaria comparavissem.

LESSON 138

A War Scare

Interim, cum exercitū lūstrātō iter in Ciliciam facere coepissem, K. Sept. lēgātī ā rēge Commageno ad me

1. **cumque**: *and inasmuch as.* — sēditiōne: sēditiō, -ōnis, F., *mutiny.*
2. **quādam**: *a sort of.* — esset dissipātus: dissipō, 1, *disrupt.* Supply et after this verb, and after cōnsēdissent, l. 4.
4. **apud**: *i.e.* ad; so also in l. 7.
8. **quod**: relative.
9. **a.d. vii K. Sept.**: *i.e.* ante diem septimum Kalendās Septembrēs, *the seventh* (we would say, *siṅth*) *day before the first of September*, namely, *August* 24, as the calendar was then arranged. — cum, etc.: translate by a partic. phrase. — superiōribus: *the preceding.*

10. **ex**: *in accordance with.* — cōnsultō: cōnsultum, -ī, N., *decree.* — et ... et: *both ... and ... and.* — ēvocātōrum: ēvocātus, -ī, M., *reënlisted man.*
11. **sānē**: adv., *quite.* — līberōrum: līber, -era, -erum, *independent,* or *free.* The genitives may be rendered freely "supplied by"; cf. Gallōrum, p. 159, l. 11.
12. **sociōrum**: as adj., *allied.* — voluntāria: voluntārius, -a, -um, *volunteer.* — comparāvissem: comparō, 1, *get together.*
13. **lūstrātō**: lūstrō, 1, *review.*
14. **K. Sept.**: *i.e.* Kalendīs Septembribus (abl. of time when). — Commāgēnō: an adj.

missī, tumultuōsē neque tamen non vērē Parthōs in Syriam trānsīsse nuntiāvērunt; quo audītō, vehementer sum commōtus cum dē Syriā tum dē meā prōvinciā, dē reliqua dēnıque Asiā.

5 Itaque in Cappadociā extrēma non longe ā Taurō apud oppidum Cybistra castra fēcī, ut et Ciliciam tuērer et Cappadociam tenēns nova fīnitimōrum cōnsilia impedīrem.

Intereā cōgnōvī multōrum litterīs atque nūntiīs magnas Parthōrum copias et Arabum ad oppidum Antiochēam 10 accessisse, magnumque eorum equitātum, quī in Ciliciam trānsīsset, ab equitum meōrum turmīs et a cohorte praetōriā, quae erat Epiphanēae praesidiī causā, occīdiōne occīsum. Quārē, cum vidērem ā Cappadociā Parthōrum copias āversās, nōn longe a fīnibus esse Ciliciae, quam potuī maxi-15 mīs itineribus, ad Amanum exercitum dūxī. Quō ut venī,

---

1. **missī**: not **mīsī**. — **tumultuōsē**: adv., *in great alarm.* — **nōn vērē**: freely, *without foundation in fact* (**vērē**, adv., lit. *truthfully*). — **Parthōs**: two years before, the Romans had suffered crushing defeat at the hands of this warlike people.

3. **cum . . . tum**: *not only . . . but also.* — **dē**: *with reference to.* — **meā**: note the position of the word.

4. **Asiā**: as on p. 169, l. 6.

5. **Cappadociā**: see the map on p. 179. — **extrēma**: **extrēmus, -a, -um**, lit. *farthest*; translate freely (cf. the rendering of **prīmus, summus**, etc.) — **apud**: as on p. 180, l. 4.

6. **Cybistra**: in apposition with **oppidum**; render, however, as if a genitive. — **tuērer**: **tueor, 2, ——,** *protect.*

7. **tenēns**: *while occupying.* Cicero anticipated that the Parthian invaders would take this more northern route. — **nova . . . cōnsilia**: cf. **rēs novās**, p. 28, l. 10. — **fīnitimōrum**: translate the gen. "on the part of."

10. **eōrum**: *of theirs.*

11. **turmīs**: cf. p. 161, l. 7. The forces here mentioned Cicero had sent south at a venture (cf. the note on l. 7).

12. **occīdiōne occīsum**: *had been annihilated* (**occīdiō, -ōnis**, F., *utter destruction*).

14. **quam potuī maximīs**: *i.e. the longest possible*; cf. the note on p. 142, l. 5.

15. **Amanum**: a mountain range near the eastern border of Cilicia. — **ut**: *i.e.* **ubi.**

hostem ab Antiochēā recessisse, Bibulum Antiochēae esse
cōgnōvī. Dēiotarum cōnfēstim iam ad me venientem cum
magnō et fīrmō equitātū et peditātū et cum omnibus suīs
cōpiīs certiōrem fecī non vidērī esse causam, cur abesset a
5 regno, meque ad eum, sī quid novī forte accidisset, statim
litteras nuntiosque missurum esse.

LESSON 139

Mountain Brigands claim the Governor's Attention

Cumque eō animō vēnissem, ut utrīque provinciae, sī ita
tempus ferret, subvenīrem, tum id, quod iam ante statue-
ram vehementer interesse utrīusque prōvinciae, pācāre
10 Amanum et perpetuum hostem ex eo monte tollere, agere
perrēxī. Cumque mē discēdere ab eo monte simulāssem

1. ab: *from the neighborhood of* (the town name without the prep. would mean rather "from"; cf. the note on p. 79, l. 21). — recēdō : recēdō, 3, -cessī, -cessum est, *fall back*. — Bibulum : the (Roman) governor of Syria. Supply -que with this clause.

2. Dēiotarum : a friendly native king, whose offer of aid Cicero had been glad to accept. — ad : *i.e. to join*. — venientem : translate by a relative clause.

3. et . . . et . . . et : the first of these conjunctions connects the two adjs. ; the remaining two may be rendered *and . . . and in fact*. — suīs cōpiīs : *his following*.

4. nōn vidērī esse causam, cūr abesset : *there did not seem to be (any) occasion for him to absent himself*; lit. what?

5. mē : subject of a new main clause in the indirect discourse. — sī quid : *if anything*. — novī : as (neut.) noun. — forte : cf. the note on p. 85, l. 12.

7. cum : causal.—animō : *purpose*.—utrīque prōvinciae : *i.e.* Cilicia and Syria. — ita tempus ferret : *i.e.* freely, *should have opportunity*.

8. subvenīrem : *i.e.* auxiliō essem (subveniō, 4, -vēnī, -ventum est). — tum : *now*. — id . . . agere perrēxī (l. 11) : *I proceeded to carry out a project* (pergō, 3, perrēxī, perrēctum est, *proceed*).

9. interesse : interest, -esse, -fuit, with gen., *be to the interest (of)*. — pācāre : namely, (*the project of*) *reducing to order*.

10. perpetuum hostem : namely, some troublesome robber hordes.

11. -que : translate as if itaque.

et alias partīs Ciliciae petere, abessemque ab Amānō iter
unīus diēī et castra apud Epiphanēam fēcissem, a. d. iiii
Id. Oct., cum advesperasceret, expedītō exercitū ita noctū
iter fēcī, ut a. d. iii Id. Oct., cum lūcīsceret, in Amanum
5 ascenderem; distribūtīsque cohortibus et auxiliīs (cum aliīs
Quīntus frāter lēgātus mecum simul, aliīs C. Pomptīnus
lēgātus, reliquīs M. Anneius et L. Tullius lēgātī praeessent), plerosque necopīnantīs oppressimus: qui occīsī cap-
tique sunt, interclūsī fugā.   Eranam autem (quae fuit
10 non vīcī īnstar sed urbis, quod erat Amānī caput) itemque
Sepyram et Commorim, acriter et diu repugnantibus, Pomp-
tīnō illam partem Amanī tenente ex antelūcānō tempore
usque ad hōram diēī X, magna multitūdine hostium occisa,
cepimus, castellaque vī capta complura incendimus.   Hīs

---

2. **Epiphanēam**: see the map
on p. 179. — **a. d. iiii Id. Oct.** : *i.e.*
ante diem quārtum Idūs Octōbrēs,
on the fourth (we would say, *third*)
day before the Ides of October,
namely, *Oct.* 12.

3. **expedītō**: as adj.; cf. the
noun use, p. 177, l. 3. — **ita**
i.e. at such speed.

4. **a. d. iii Id. Oct.**: *Oct.* 13
(cf. the note on l. 2). — **lūcīsceret**·
lūcīscit, 3, ——, ——, *grow light.*

5. **distribūtīs**: distribuō, 3,
-uī, -ūtus, *divide up*, or *make a
division of.* — **cum aliīs** Quīntus
frāter . . . **praeessent**: *my brother
Quintus . . . being in command
of some*, etc. (cf. aliī . . . aliī,
p. 20, l. 15).

6. **lēgātus**: (*as*) *lieutenant;*
cf. Quintus' similar relation to
Caesar in the Gallic war. — **simul**:
with **mēcum.**

8. **plērōsque**: sc. **hostēs.**

9. **-que**: we would say "or."
— **interclūsī**: interclūdō, 3, -clūsī,
-clūsus, *cut off.* — **fugā**: translate the abl. "from." — **Eranam**:
(along with the town names of l.
11), object of **cēpimus**, l. 14.

10. **instar**: *the size (of)*; cf.
p. 32, l. 5. — **quod**: (*and*) *which;*
for the gender, cf. quod, p. 30, l. 6.
— **item**: adv., *likewise.*

11. **repugnantibus**: *i.e.* resister-
tibus (repugnō, 1); abl. absol. with
iis (*i.e.* incolīs) supplied. The
two following clauses also are abl.
absolutes.

12. **tenente**: *i.e. keeping to.* —
antelūcānō: antelūcānus, -a, -um,
preceding dawn.

13. **X**: *i.e.* decimam, ordinal
and cardinal having the same
sign; cf. the dates above.

14. **vī capta**: *i.e.* expugnāta.

rēbus ita gestīs, castra in rādīcibus Amānī habuimus apud
Arās Alexandrī quadrīduum, et in reliquiīs Amānī dēlendīs
agrīsque vāstandīs, quae pars eius montis meae provinciae
est, id tempus omne consumpsimus.

LESSON 140

Completion of the Destruction of their Strongholds

5 Cōnfectīs hīs rēbus, ad oppidum Eleutherocilicum Pindenissum exercitum addūxī. Quod cum esset altissimo et
munītissimō locō, ab iīsque incolerētur, quī ne regibus quidem umquam pāruissent, cum et fugitīvōs reciperent, et
Parthōrum adventum acerrime exspectārent, ad exīstima-
10 tiōnem imperī pertinere arbitrātus sum comprimere eorum
audāciam, quo facilius etiam ceterorum animī, quī aliēnī
essent ab imperio nostrō, frangerentur.

Vāllō et fossa circumdedī, sex castellīs castrīsque maximīs saepsī, aggere, vīniīs, turribus oppugnavi, ususque tor-

1. rādīcibus: *foothills* (rādīx,
-īcis, F., lit. *root*).

2. reliquiīs: *i.e. the remaining landmarks*; cf. reliquiās, p. 36,
l. 15.

3. vāstandīs: vāstō, 1, *lay
waste.* — quae pars eius montis:
i.e. in eā montis parte, quae. —
meae prōvinciae est: *belongs to*
(lit. *is of*) *my province.*

5. Pindenissum: in apposition
with oppidum. The exact location
of this town is not known.

6. quod cum esset: *since this
was* (*located*).

7. mūnītissimō: transl. the superl. "strongly." — iīs   quī:
with subjunctive, *such* (*people*) *as;*

for the position of -que, cf. **ob
eamque causam**, p. 129, l. 5. —
rēgibus: namely, of their own.

8. cum: (*and*) *since.* — fugitīvōs: fugitīvus, -ī, M., *runaway
slave.*

9. exīstimātiōnem: exīstimā-
tiō, -ōnis, F., *prestige.*

10. imperī: (*our*) *government.*
—comprimere: comprimō,   3,
-pressī, -pressus, *put a stop to.*

11. quō: note the compar. in
the clause. — aliēnī . . . ab: *ill
disposed toward;* cf. p. 148, l. 17:

12. imperiō: *rule.*

13. circumdedī: sc. oppidum.

14. saepsī: saepiō, 4, saepsī,
saeptus, *surround.* —aggere: ag-

mentīs multīs, multīs sagittāriīs, magnō labōre meō, sine ullā molestiā sūmptuve sociōrum, septimō quīnquagesimō diē rem cōnfēcī, ut omnibus partibus urbis disturbātīs aut incensīs, compulsī in potestātem meam pervenīrent.

5   Hīs erant fīnitimī parī scelere et audaciā Tebarānī. Ab iīs, Pindenissō captō, obsidēs accēpī ; exercitum in hīberna dīmīsī ; Quīntum frātrem negōtiō praeposuī, ut in vīcīs aut captīs aut male pacātīs exercitus collocarētur.

---

ger, -eris, M., *mound* (of earth or other material). — vīniīs : vīnia, -ae, F., *penthouse.* — tormentīs : tormentum, -ī, N., *catapult.* Cf. the ballista shown on p. 29.

  1. sagittāriīs : sagittārius, -ī, M., *bowman.* — meō : *on my part.*

  2. molestiā : molestia, -ae, F., *inconvenience.* — sumptū : sūmptus, -ūs, M., *expense.* — sociōrum : *to* (lit. *of*) *the friendly natives* (from whom a Roman governor usually felt at liberty to extort any service he desired).

  3. ut : introducing a result clause. — disturbātīs : disturbō, 1, *wreck.*

  4. compulsī : freely, *in despair*, lit. *forced* (*to it*) ; sc. hostēs.

  5. hīs : the people just subdued. — parī : pār, paris, adj., *equal.* — scelere : scelus, -eris, N., *guilt*, lit. *crime*; the whole abl. phrase expresses quality. — Tebarānī : subject of erant.

  7. negōtiō . . . ut . . . exercitus collocārētur : freely, *the business of quartering the army*; lit. what ?—aut captīs, etc. : translate by a relative clause.

WORD LIST

The following list shows the new words introduced into each successive reading lesson. Aside from numerals, words found in but one lesson are treated in the notes on that lesson, and do not appear here. For proper names, the general vocabulary should be consulted.

The designation (*) indicates that the word so marked occurs in four or more lessons.

English words in italics are derived from, or otherwise related to, the Latin words opposite to which they stand. They may be found useful in helping to recall the meaning of the Latin words as given in the general vocabulary.[1]

---

[1] Many Latin words are formed with the help of a prefix. Though the force of this prefix does not stand out clearly in every case, it is worth while to become familiar with the general meanings of the following: —

ā-, ab-: *away, aside, off.*

ad-: *to, into, near, by, at.*

circum-: *around.*

con-: *with, together* (con- being a form of **cum**). Often denotes completion (*e.g.* cōnficiō [faciō]), or energy of action (*e.g.* contendō).

dē-: *from, down.*

dis-: *from, away, separately.*

ē-, ex-: *forth, out, from, up.* Often denotes success (*e.g.* expugnō), or energy of action (*e.g.* excipiō [capiō]).

in-: *upon, on, in.*

in-: *not,* or *un-.*

inter-: *between.*

ob-: *before, against.*

per-: *through, across.* Often intensive, *very, exceedingly.*

prae-: *before, in advance, over.*

praeter-: *by, past.*

prō-: *before, forth, forward, out, fore-.*

re-: *back, again.*

sub-: *under.*

trāns-: *across, over.*

Some of the above prefixes take different forms according to the first letter of the word with which they are combined. The following alternative forms should in particular be noted: ā-, ab- (abs-); ad- (ac-, af-, al-, ap-, ar-, as-, a[s]-, at-); con- (col-, com-, co-); dis- (dif-, dī-); ē-, ex- (ec-, ef-, e[x]-); in- (ig-, il-, im-); inter- (intel-); ob- (oc-, op-); re- (red-); sub- (sus-, su[s]-); trāns- (trā-).

In some words united with these prefixes a vowel is regularly altered, *e.g.*:

a or **e** becomes **i**; as -ficiō (for faciō) and -tineō (for teneō).

ae becomes **ī**: as -cīdō (for caedō; cf. caedēs) and -īquus (for aequus in inīquus).

ad*
appellō* (-āre), *appella-*
tion
autem*
circum,* *circum-*ference
coepī*
crēdō,* *creed*
cum* (conj.)
cursus*
diū*
dīversus,* *diverse*
ē, ex*
enim*
eō* (verb)
et*
etiam*
exeō,* *exit*
habeō*
homō,* *homi-*cide
ille*
in*
intellegō,* *intelligent*
interdum*
interpōnō*
inveniō,* *inven-*tion
ipse*
ita*
iam*
iuvenis,* *juvenile*
labōrō*
lītus*
longē*
magnus,* *magni-*tude
mare,* *marine*
multus,* *multi-*tude
nāscor,* *nat-*al
nauta,* *nauti-*cal
nāvigō,* *naviga-*tion
nāvis,* *nav-*al
nēmō

neque, nec*
nūllus,* *nulli-*fy
ōlim*
oppidum*
pater,* *pater-*nal
pecūnia,* *pecuniary*
perveniō*
portus*
possum,* *poss-*ibility
posteā,* *post-*pone
prōgredior*
prope* (adv.)
prope* (prep.)
puer,* *puer-*ile
-que*
quī* (relative)
quīdam*
quod* (conj.)
rēx,* *reg-*al
saepe*
secundum* (prep.)
sed*
spērō,* de-*sperate*
suī,* *sui-*cide
sum,* *essence*
suspicor*
tam*
tempus,* *tempor-*al
teneō,* re-*ten-*tive
terra,* *terr-*estrial
timeō,* *tim-*id
trānseō,* *transit*
tum*
usque*
ut, utī*
via,* imper-*vi-*ous
videō,* e-*vident*
volō,* *vol-*untary

2

ad ... versus*

advena* (ad + veniō)
aperiō,* *aper-*ture
audiō,* *audi-*torium
avis, *avi-*ation
bellum,* re-*bell-*ion.
cantus, *chant*
cōgnōscō,* re-*cognize*
cōnsequor,* *consequence*
cōnsilium,* *counsel*
cum* (prep.)
dīcō,* *dic-*tation
diēs,* *di-*urnal
dō,* *do-*nation
faciō,* *fac-*tor
fortiter,* *forti-*tude
gerō,* belli-*gerent*
ibi*
igitur*
īgnōtus,* contrast *noted*
īnsula, *insulate*
interim*
is*
itaque*
iter,* *itiner-*ant
laetus*
libenter*
mōns,* *mount*
morior,* *mori-*bund
nōlō*
nūntius,* e-*nunci-*ate
obtineō, cf. teneō
omnis,* *omni-*potent
paene,* *pen-*insula
parō*
parvus*
paucī,* *pauci-*ty
per,* *per-*forate
perīculum*
petō,* *pet-*ition
postrēmō*
proficīscor*

pulcher*
quaerō,* re-*quire*
quisquam*
redeō* (red + eō)
rēgīna, cf. rēx
rēgnum,* *regn*-ant
rēs,* *rebus*
suus,* cf. suī
tamen*
trēs,* *tri*-nity
ubi* (adv.)
ubi* (conj.)
validus,* *valid*
vereor,* re-*verent*

3

ā, ab*
adeō* (verb), cf. eō
alius,* *ali*-bi
animus,* *anim*-ated
appropinquō*
atque, ac*
bāca
dē*
domus,* *dom*-estic
dux,* *duke*
ēgredior,* *egress*
gaudeō,* *gaudy*
gaza
harēna, *arena*
ignis,* *ignite*
incola*
inde*
īrātus,* *irate*
iaciō,* e-*ject*
māne*
mīlle,* *mile*
moror*
mox*
nato
noctū,* *noct*-urnal

nōn*
numquam*
passus*
post* (adv.), cf. posteā
prīmō,* *prim*-acy
putō,* com-*pute*
quārē*
quoque*
rāmus, *rami*-fy
sentiō,* *senti*-ment
statim*
ūllus,* cf. nūllus
vehementer,* *vehement*

4

amō,* *am*-iable
brevī,* *brevi*-ty
certus*
cīvis,* *civil*
colōnia*
colōnus*
compleō,* *comple*-ment
condō*
coorior*
fēlīciter,* *felici*-ty
ferō,* re-*fer*
fīō,* *fiat*
fluctus, *fluctu*-ate
haud*
incolumis*
iniūria*
interficiō*
iterum,* *iter*-ate
littera*
pars*
praefectus,* *prefect*
properō*
relinquō,* *relinquish*
scrībō,* *scribe*
semel
spēs,* cf. spērō

subitō*
sustineō,* cf. teneō
tempestās,* *tempest*
ūnus,* *uni*-ty
ventus,* *venti*-late

5

adeō (adv.)
amīcus,* *amic*-able
capiō,* *cap*-acity
cōnor*
dōnum,* cf. dō
fīlius,* *fili*-al
forte,* *fort*-uitous
īdem,* *iden*-tical
mīrus, *mir*-acle
nārrō,* *narra*-tion
nōmen,* *nomin*-al
nōtus,* cf. īgnōtus
nunc*
piscis, *Pisces*
quīn* etiam
rapiō,* *rapine*
semper*
senex, *sen*-ility
sōlum,* *sole*-ly
vir,* *vir*-ile

6

adorior *
adversus,* *adverse*
argentum,* *Argentine*
aurum, *auri*-ferous
castra,* *Chester*
celeriter,* *celeri*-ty
cibus*
cōgō,* *cogent*
cōnsūmō,* *consum*-er
dēdūcō,* *deduct*
flūmen*
fortis,* cf. fortiter
frūmentum*

hostis,* *hostile*
inmittō,* cf. **mittō** (below)
mīles,* *milit*-ary
mittō,* re-*mit*
nam*
occīdō,* (sui)*cide*
pōnō,* post-*pone*
prō,* *pro* (and con)
pugnō,* *pugna*-cious
recipiō,* *receipt*
rīpa,* *ripa*-rian
sagitta,* *Sagittarius*
scapha*
silva,* *silvan*
tēlum*
vehō,* *veh*-icle

7

aqua,* *aqua*-tic
arbor,* *arbor*
arma*
collocō,* cf.locus(below)
frīgus, *frig*-id
fugiō,* *fugi* tive
humus,* ex-*hume*
īnsidiae,* *insidi*-ous
iaceō,* ad-*jacent*
iubeō*
locus,* *loco*-motive
manus,* *manu*-al
modo*
perterritus,* cf. **terreō** (below)
prius,* *pri*-ority
procul*
redūcō,* *reduce*
soleō,* ob-*solete*
sonus,* *sono*-rous
terreō,* *terr*-or
veniō,* con-*vene*

8

accipiō,* *accept*
captīvus*
clam*
complūrēs,* cf. *plur*-al
cōnscendō,* (a)*scend*
cōpia,* *copi*-ous
dēmum*
dōnec *
dum*
emō,* red-*emption*
habitō,* *habita*-tion
hīc * (pron.)
idōneus*
miser,* *misery*
nesciō,* contrast *science*
novus,* *nov*-el
quō* (adv.)
reportō,* *report*
sacerdōs,* *sacerdot*-al
sequor,* con-*sequence*
servō,* con-*serve*
suprā*
tractō,* *tract*-able
vēndō,* *vend*-er

9

dūcō,* pro-*duce*
effugiō,* cf. **fugiō**
frangō,* *frag*-ile
frūstrā,* *frustrate*
longus*
mālō*
paulō*
pīrāta*
poena,* *penal*
praeda,* *preda*-tory
sēdecim
vēlum,* *veil*
vetus, *veter*-an

10

carō,* *carn*-al
certē
corpus,* *corpor*-eal
edō,* *ed*-ible
equus,* *equ*-estrian
famēs,* *fam*-ine
fīlia,* cf fīlius
impetus,* *impetu*-ous
iuvō,* coad-*ju*-tor
mātrimōnium, *matrimony*
mēnsis*
mentior
obses*
oppidānī,* cf. **oppidum**
pereō,* cf. eō (verb)
puella*
quamquam*
quondam,* *quondam* (adj.)
trādō,* *tradition*
uxor,* *uxor*-ious

11

cōnspectus,* *conspectus*
deinde*
duo,* *du*-al
explōrō*
ferē*
fretum, *frith* (?)
hīc* (adv.)
lēniter,* *leni*-ty
lūna, *lunar*
nō*

12

altus,* *alti*-tude
āmittō,* cf. **mittō**
angustus
annus,* *annu*-al

conveniō,* *convene*
excipiō*
hiemō*
magister, *magistr*-ate
negōtior, *negotiate*
(posterus)*
scelerātus
sub,* *sub*-tract

13

agō,* *ag*-itate
ante* (adv.), *anti*-cipate
apud*
clāmor,* *clamor*
cōnstituō,* *constitu*-tion
currō,* ın-*cursion*
deus,* *dei*-ty
ēmigrō
ērumpō,* *eruption*
grātia,* *grace*
interdiū
lēgātus,* de-*legate*
līberī*
morbus,*cholera *morbus*
nox,* equi-*nox*
reliquus,* cf. relinquō
saxum*
tūtus, *tute*-lage
undique*
vulnerō,* *vulner*-able

14

acerbus, *acerbi*-ty
ambulō,* per-*ambulate*
asper,* *asperi*-ty
aut*
cadō,* de-*cadence*
commoveō,* *commotion*
dēsum
hiems,* cf. hiemō
inquam*

loquor,* *loqu*-acity
maestus*
-ne
numerus,* *numer*-al
prōpōnō, *propose*
proximus,* *proximi*-ty
rīdeō, *ridi*-culous
sūmō,* re-*sume*
tacitus,* *tacit*
tū*
verbum,* *verb*-al
virtūs,* cf. vir
vōx,* *voc*-al

15

alter,* *alter*-ation
ambō,* *ambi*-guous
arbitror,* *arbitra*-tion·
caedēs,* sui-*cide*
cōgitō,* *cogitate*
comes,* con-*comit*-ant
concilium*
contumēlia,* *contumely*
convocō,* *convoca*-tion
crūdēlis
cūrō,* mani-*cure*
facile,* *facili*-ty
incendō,* *incend*-iary
inimīcus,* *inimic*-al
ostendō,* *osten*-tation
recūsō*
sīca*
sīgnum*
simul,* *simul*-taneously
umquam*
vincō,* con-*vince*
vulnus,* cf. vulnerō

16

afficiō*
amplector (com)*plexus*

bene,* *bene*-fit
dīmittō,* cf. mittō
frāter,* *frater*-nal
gravis,* *grave*
polliceor*
religiō*
secūris*
venēnum, *venom*
vērō,* *veri*-ly

17

admoveō*
animadvertō*
ārdēns, *ardent*
audeō,* *aud*-acious
bōs, *bov*-ine
castellum,* *castle*
cōnātus, cf. cōnor
dēfendō*
dēpōnō, *depose*
dēsistō*
extinguō
hōra*
moneō, *moni*-tor
oppugnō,* (ob+pugnō)
prōdō*
salūs,* *salut*-ary
tantum,* *tant*-amount
tēctum, pro-*tect*
vīlla,* *village*
vocō,* in-*voke*

18

aciēs*
adiuvō,* co-*adju*-tor
adsum*
aedēs,* *edi*-fice
ager,* *agri*-culture
auxilium,* *auxili*-ary
caelum,* *cel*-estial
fenestra

fuga,* cf. fugiō
imperātor,* *imperat*-ive
latebrae,* cf. lateō (below)
lateō,* *latent*
postquam,* cf. post (adv.)
prōspiciō, *prospect*
scīlicet*
sīcut*
templum*
tūtō, cf. tūtus

19

ācriter,* *acri*-monious
aestās
dētrīmentum,* *detriment*
exercitus*
expugnō*
gēns,* *gent*-ile
longinquus,* cf. longus
modus,* *mode*
praeoccupō, *preoccupy*
prīdem
prīmus* *prime*
sciō,* *science*
singulī,* *singul*-ar

20

ācer,* cf. ācriter
armātus,* cf. arma
ascīscō
dēnuō
ēripiō
exsiliō,* *exul*-tation
fīnis,* *fin*-al
herba, *herbage*
minus,* *minus*
palūs*
perficiō,* *perfect*

persuādeō*
sedeō, *sedent*-ary
socius*, *soci*-al

21

abscīdō, cf. occīdō
caput,* *capit*-al (adj)
cōnsōlor, *consola*-tion
dēdō*
īnstruō,* *instruction*
intercipiō*
mora*
pāx,* *pac*-ific
perfugiō
porta,* *portal*
sine,* *sine*-cure
vallēs*

22

ante,* (prep.) *ante*-chamber
audācter,* *audaci*-ty
cēna
cēnō
cōnficiō*
perpaucī, cf. paucī
pēs,* *ped*-al
silentium*
sōpītus,* *sop*-orific
surgō, in-*surgent*
vigilō, *vigil*

23

aes*
aliēnus,* *alien*
clārus,* *clari*-fy
cōmitās, *comity*
cōmiter
grātus*
praemittō,* *premise*
propter*

prōvincia*
solvō,* dis-*solve*
urbs,* *urb*-an
vīvō,* re-*vive*

24

agricola,* cf. ager
assēnsus, *assent*
coerceō, *coercion*
cruciātus,* *cruci*-fixion
iniussū,* cf. iubeō
maneō*
ōrō, ad-*ora*-tion
prīmum,* cf. prīmō
quaestus,* *quest* ·
superior *

25

adhūc*
ballista
cārus, *chari*-ty
custōdia*
custōdiō*
mūrus, *mur*-al
nūntiō,* cf. nūntius
obsideō,* *obsess*
opus,* *oper*-ate
praedium*

26

ancora*
antequam,* cf. ante (adv.)
cōnsistō*
īgnōminia, *ignominy*
labor*
malus,* *male*-factor
paulātim*
propinquus,*propinqui*-ty
revocō, *revoke*

27

abeō,* cf. eō (verb)
aliquamdiū,* cf. diū
appellō* (-ere)
ars, *art*-ist
condūcō
discō, *disc*-iple
lūdō, col-*lusion*
māter,* *mater*-nal
post,* (prep.) *post*-pone
sexāgintā*
simulō,* *simulate*
tribūnus*

28

arceō
at*
casa*
cōnsīdō,* (sub)*side*
īnstar
lectus*
mōs, *mor*-al
regiō*
rīvus,* de-*riv*-ation
tōtus*
ūndēvīgintī

29

advesperāscit, cf. *vespers*
dēligō*
difficilis*
discēdō,* (re)*cede*
impedīmenta,* *impedi-
ment*
nisi*
patior,* *patient*
perīculōsus, cf. perīcu-
lum
respondeō,* *respond*
sī*
tollō,* ex-*tol*

30

frīgidus, *frigid*
glaciēs,* *glacier*
illūcēscō,* (trans)*lucent*
magis*
mātūrē
molestē*
occupō,* *occupa*-tion
pertinācia, cf. teneō
satis,* *satis*-factory
trāns,* *trans*-it
ūnā,* *uni*-ty

31

condiciō*
expellō,* *expel*
explōrātor*
invītus*
legiō*
nē . . . quidem*
opera,* *opera*-tives
ultrō*
unde*

32

admoneō,* cf. moneō
cēdō,* re-*cede*
centuriō*
cohortor*
compellō, *compulsion*
incommodum, *incom-
mode*
inrumpō,* cf. ērumpō
lacus*
proelium*
reliquiae, cf. reliquus
statuō,* *statute*
temerē,* *temeri*-ty
ululātus*

33

alibī, cf. alius
dēmittō*
etsī*
īnferō,* *infer*
laudō, *laud*
mātrōna, *matron*
ōtiōsus, *otiose*
tantus,* cf. tantum
victōria *

34

audācia,* cf. audācter
commūnis, *communi*-ty
concēdō*
exigō, *exact* (verb)
iūs,* *jus*-tice
licet, *license*
memoria*
postulō,* *postulate*
repetō, cf. petō
senātus*
sex,* *sex*-tant
videor,* cf. videō

35

celeritās,* cf. celeriter
collis*
contineō, cf. teneō
cotīdiē,* cf. diēs
exstruō, cf. *structur*ɔ
intrā,* *intrant*
largior, *larg*-ess
lībertās
meus,* *meum* (and
tuum)
mūnītiō,* *munitions*
pūblicus*
quantus,* *quanti*-ty
vāllum*

veterānī, cf. **vetus**
vīta,* *vital*

36

adferō*
aliquī (aliquis)*
celebrō
facultās*
hīberna,* *hibern*-ate
nancīscor*
nihil,* *nihil*-ist
stīpendium, *stipend*

37

circumveniō,* *circum-vent*
cōnservō,* cf. servō
dēvius, *devious*
ego,* *ego*-tism
ēlūdō,* *elude*
glōrior (vain)*glori*-ous
intempestus*
iste*
pugna,* cf. pugnō
strepitus*
tergum,* *tergi*-versation
vesper, cf. advesperāscit

38

comportō,* cf. reportō
dēditiō, cf. dēdō
dubius, *dubious*
ecfrēnātē
eō* (adv.)
ēveniō, *even*-tuate
ēventus, *event*
pueritia, cf. puer

39

agmen*
circiter,* cf. circum

cruentus
dēficiō,* *deficit*
īnferior
inopia,* contrast *op*-ulent
multō,* cf. multus
necessārius
nix*
nūdus, de-*nude*
quīnque*
sagum
vestīgium, *vestige*

40

classis*
coniungō,* *conjunction*
fallō,* *fall*-ible
merīdiēs,* *meridian*
occāsiō, *occasion*
potestās,* cf. possum
rārus, *rare*
rursus*
servus,* *serv*-ile
spectō,* *specta*-cle

41

audāx, cf. audācter
causa*
contrā, *contra*-dict
damnō,* con-*demn*
dēleō,* *dele*-terious
impetrō*
invīsus*
mūniō,* cf. mūnītiō
nātūra
nē*
perfidia, *perfidy*
quam*
strēnuus, *strenuous*

42

anteā,* cf. ante (adv.)
exsilium

graviter,* cf. gravis
indīcō,* (e)*dict*
permōtus,* cf. com-moveō
saltem

43

aeger*
aegrē
fortūna*
oculus, *ocul*-ist
oppugnātiō,* cf. oppugnō
tabernāculum,* *taber-nacle*
varius*

44

contendō,* cf. *tend*
dexter, *dexter*-ous
exspectō,* *expect*
fleō
flōs, *flor*-ist
imperium,* *empire*
inter,* *inter*-sect
lacrima, *lachrym*-ose
multitūdō,* *multitude*
octō,* *oct*-agon
patria,* *patri*-ot
praesidium*
sīc*

45

abhinc*
antīquitus, *antique*
honor
hortor,* cf. cohortor

46

cavus, *cavi*-ty
committō,* *commit*
mulier *

priusquam,* cf. prius
quandō
reperiō*
vīcus,* War-*wick*

47

abripiō, cf. rapiō
dīligentia,* *diligence*
dominus,* *domin*-ate
ēvādō, *evade*
facinus*
fidēlis,* *fideli*-ty
moribundus, cf. morior
quis* (indef.)
stō,* *sta*-tionary
superbia, *superb*
-ve*
vix*

48

barbarus*
expediō,* *expedite*
fīrmō, con-*firm*
incitō, *incite*
intrō,* cf. intrā
praesum*
saltō

49

cēterī*
circumstō, *circumstance*
extrā,* *extra*-ordinary
intervāllum,* *interval*
negōtiātor,* cf. negō-
  tior
patefaciō
plānē,* *plain*-ly
porrigō*
tegō,* cf. tēctum
vestīmentum,* *vestment*
vultus

50

adventus,* *advent*
efferō,* *elation*
faveō, *fav*-or

51

absum,* *absent*
arripiō,* cf. rapiō
canō, cf. cantus
memorābilis, *memorable*
nāvigium,* cf. nāvis

52

admīror, *admire*
ēdō,* *edit*
fortitūdō, cf. fortiter
gemitus
sōlus,* cf. sōlum
superō,* in-*super*-able
vestis, cf. vestīmentum

53

carrus, *carr*-iage
crūdēlitās,* cf. crūdēlis
fluō, *flu*-id
hortus, *horti*-culture
impōnō, *impose*
multum,* cf. multō
paulum*
suspēnsus, *suspense*

54

citrō*
cuneus, *cunei*-form
dēferō*
gubernāculum, *guberna*-
  torial
moveō,* cf. commoveō
pandō, ex-*pand*

55

sententia,* cf. sentiō
ulterior,* *ulterior*

55

impediō,* cf. impedī-
  menta
liburnica*
occidēns, *occident*
onerāria, *oner*-ous
onustus*
tardē, *tardy*

56

abiciō,* cf. iaciō
inlīdō (col)*lision*
obstinātus, *obstinate*
prōiciō,* cf. iaciō
resistō*
respōnsum, cf. respon-
  deō
retineō,* cf. teneō
saevitia
super, *super*-impose
vīgintī*

57

commemorō
dēfīgō (pre)*fix*
necō,* inter-*nec*-ine
prōlābor (re)*lapse*
religō, cf. *liga*-ture
supīnus, *supine*
tenebrae

58

careō
coniciō,* cf. iaciō
exitiālis
fīnitimus*
frequēns, *jrequent*

magicus
palam*
probō,* ap *proba*-tion
pulvis, *pulver*-ize

59

adsequor
circuitus, cf. circum
dubitō,* *dubitate*
īnsequor*
quidem*
redintegrō   (dis)*inte-*
grate
vītō,* ine-*vit*-able

60

clāmō, cf. clāmor
cōnferō,* *conference*
locuplēs

61

accēdō,* *accede*
bonus,* *bonny*
quotiēns, *quotient*

62

errō,* *error*
folium, *foli*-age
quiēscō,* *quiescent*
somnus,* *somno*-lent

63

auris, *aur*-ist
cōnfertus
glōria, *glory*
manipulāris
mors,* cf. morior
opportūnus
ōrdō*
pariō*

tantopere, cf. tantum
ūtor,* *ut*-ensil

64

adulēscēns, *adolescent*
canis, *canine*
dēfessus*
exiguus*
quārtus,* *quarter*

65

aedificō, cf. aedēs
caespes
cōnsuēscō,* (de) *suetude*
cōnsultō
ducentī
ēliciō, *elicit*
excīdō, cf. occīdō
fera, *fero*-cious
frūstum,* *frustum*
sēdēs, cf. sedeō
timor,* cf. timeō
ūsus,* cf. ūtor
vēnor, *ven*-ison
vīcīnus, *vicini*-ty

66

dēniqué
dīligenter,* cf. dīligen-
tia
incendium, cf. incendō
misceō, pro-*misc*-uous
nātiō,* *nation*
praeter,* *preter*-natural
praetervehor, cf. vehō
reor,* *rate* (verb)

67

dīvidō
intus, cf. intrā
mūtō,* per-*muta*-tion

perrumpō, cf. ērumpō
repentīnus*

68

callidus
dēvorō
excitō,* *excite*
lingua, *lingu*-ist
nūper*
praetereō, cf. eō

69

aetās, *et*-ernal
carpō, ex-*cerpt*
prōsper(-erus).
prosperi-ty
septem

70

accidō,* *accident*
argenteus, cf. argentum
cōnfēstim*
duodĉcim, *duodecim*-al
gubernātor, cf gubernā-
culum
pōculum
spoliō*
vīs*

71

avāritia, *avarice*
cōnfīrmō,* cf. *affirm*
foris, per-*for*-ate
praemium,* *premium*
queror, *quer*-ulous

72

appetō, cf. petō
dīmicō*
percutiō, *percussion*
umerus

73

absconditus, cf. condō
adhaerēscō, *adhere*
dēterreō, *deter*
dētrūdō,* (in)*trusion*
eōdem*
praestō*
secundus,* cf. secundum

74

incrēdibilis, *incredible*
lūx,* cf. illūcēscō

75

adstō, cf. stō
circumeō,* cf. eō
colloquium,* cf. loquor
colloquor, cf. loquor
īra, cf. īrātus

76

cōnspiciō,* cf. cōnspec-
   tus
ēruptiō, cf. ērumpō
obscūrus, *obscuri*-ty
trādūcō, cf. dūcō
vigilia,* cf. vigilō

77

addūcō,* *adduce*
perlegō, cf. *lectern*
quīvīs, cf. volō
venia, *venial*

78

custōs,* cf. custōdiō
decem, *decim*-al
fōns, *fount*
prōcurrō
versor*, con-*versant*

79

carcer, in-*carcer*-ate
efficiō, *effect*
negō, *nega*-tion
potior*
prīnceps, *princip*-al
tolerō, *tolerate*

80

claudō,* se-*clude*
oblīvīscor, *obliv*-ion
omnīnō, cf. omnis
vel

81

amplius, *ample*
suscipiō
tribūtum

82

clādēs
integer, *integer*
praesertim
repente,* cf. repentīnus

83

cōnstantia, *constancy*
exīstimō,* cf. *estimate*
persevērō, *persevere*
quīndecim

84

cāsus,* *casu*-al
dētrahō, *detract*
dolor, *dolor*-ous
pedetemptim
quīnquāgintā
quō* (conj.)

85

ob*

86

ascendō,* *ascent*
dēiciō,* cf. iaciō
tertius,* *terti*-ary

87

aequus*, *equ*-able
prōmunturium

88

dēserō
fidēs, cf. fidēlis
similis*

89

beneficium,*   (bene +
   faciō)
dēversōrium
līgnātiō
referō, *refer*

90

convertō*
fūmus, *fume*
horrendus, *horr*-or
incolō, cf. incola
spernō, *spurn*

91

portō,* *port*-er
spatium,* *spaci*-ous
trānsportō,* *transport*
valētūdō, *valetudin*-arian
vinculum
vīvus, cf. vīvō

92

coniūrātiō
male, cf. malus

93

augeō, *aug*-ment
emptiō, cf. emō

peregrīnus
reprimō, *repress*
trīgintā

94

iudicō,* *judic*-iary
praepōnō, *preposition*
vagor, *vaga*-bond

95

gladius,* *gladi*-ator
imperō,* cf. imperātor
incertus, cf. certus
ingredior, *ingress*
perturbō, *perturb*
quattuor
septuāgintā
suspīciō

96

appōnō (ad + pōnō)
cīvitās,* cf. cīvis
regredior

97

vertō, cf. convertō

98

amīcitia, cf. amīcus

99

concurrō,* *concourse*

100

continēns, *continent*
perfuga, cf. perfugiō
speculor, *specula*-tor

101

eques,* cf. equus
noster *

premō,* cf. reprimō
tot

102

cōnsulō, *consult*
magnopere, cf. **magnus**
ōrātiō,* *oration*
subsidium,* *subsidy*
ūniversī,* *univers*-al

103

cēnseō
disputō, *disputa*-tion
quis* (interrog.)
uterque*

104

cupidē, *cupidi*-ty
medius,* *medio*-crity
nocturnus, cf. nox and
   noctū
plērīque*
prōnūntiō, *pronounce*

105

cohors*
dēscendō, cf. ascendō
dispōnō, *dispose*
inīquus,* cf. aequus
officium,* *office*
orbis, *orbit*
prōvideō, *provide*
quisque*

106

auctōritās, *authority*
octāvus, *octave*
parcō, *parsi*-mony
rogō, inter-*roga*-tion
trāgula

107

pāreō

108

dēmōnstrō, *demonstra-*
   tion
doceō,* *doc*-tor
equitātus,* cf. eques
intereō, cf. pereō
intermittō, *intermission*
līberō,* cf. lībertās
nōndum
nōnnūllī* (nōn + nūllī)
opprimō,* *oppress*
peditātus,* cf. pēs
perpetuus, *perpetu*-al
subsequor, *subsequent*

109

addō, *add*-ition
cōnsuētūdō,* cf. cōn-
   suēscō
fossa, *foss*-il (adj.)
prīdiē, cf. diēs
ratiō, *ration*-al
turris,* *turr*-et

110

circumdō
comprehendō, *compre-*
   hend
differō (dis + ferō)
populus, *popul*-ar
septimus

111

commodus, cf. incom-
   modum
ūndecimus

112

occurro, *occur*
profectiō, cf. proficīscor
remittō,* *remit*

113

cernō, dis-*cern*
prīstinus, *pristine*

114

obsidiō, cf. obsideō
quoniam

115

decimus, *decim*-al
ēmittō, *emit*
postrīdiē,* cf. prīdiē
prōdūcō, *produce*
simulātiō,* cf. simulō

116

cōntiō
nōnus
temeritās, cf. temerē

117

trīduum, cf. trēs and diēs
tumultus, *tumult*

118

pedes,* cf. pēs and pedi-
tātus

119

explicō, (im)*plicate*
metus

120

cūr

121

refugiō, *refuge*

122

discessus, cf. discēdō
praetereā, cf. praeter
prōtinus
speciēs, *speci*-ous

123

dēfēnsiō, cf. dēfendō
hūc
necopīnāns, cf. *opin*-ion

124

plānitiēs

125

circumsistō, cf. cōnsistō

126

bīduum, cf. trīduum

127

dignitās, *dignity*

128

īnfēstus
latus, *later*-al
pīlum
turma

129

negōtium, cf. negōtior
   and ōtiōsus (neg-
   = nec, i.e. "*not*")
perdūcō
pertineō, *pertain*

131

āvertō, *avert*
cōnfodiō, cf. fossa
Īdūs
quasi, *quasi* (adj.)

133

exitus, cf. exeō
memor, cf. memoria
septuāgēsimus

134

forum

135

arcēssō
genus, *genus*

136

expedītus, cf. expediō
praetōrius

137

fīrmus, cf. fīrmō
intereā, cf. interim
Kalendae, *calendar*
quadrīduum, *quadr*-en-
   nium

139

pācō, cf. pāx

140

quīnquāgēsimus

LATIN–ENGLISH VOCABULARY

(Numbers in parentheses following a definition indicate the Lesson in which that particular meaning is found.)

ā, ab, *prep. with abl.*, by, at the hands of: from; from the vicinity of; from among (106); of, from (72, 81, 129). See also **aliēnus, pars, petō, repetō,** and **tergum.**

abeō, -īre, -iī, -itum est, go away, go, depart, leave.

abhinc, *adv.*, ago.

abiciō, 3, -iēcī, -iectus, throw aside, throw overboard; throw (56); shoot (113).

abripiō, 3, -ripuī, -reptus, tear away, carry away; pull up, tear up.

abscīdō, 3, -cīdī, -cīsus, cut off.

absconditus, -a, -um, *partic. as adj.*, hidden.

absum, -esse, āfuī, be away, be distant (remote), be absent.

ac, see atque.

accēdō, 3, -cessī, -cessum est, approach, draw near; come, advance (138); *with* ad *and acc.*, approach (115). *Used impersonally,* be added (106).

accidō, 3, -cidī, befall, happen, turn out, develop.

accipiō, 3, -cēpī, -ceptus, receive, greet; learn (80); sustain, suffer (loss, indignity, etc.).

ācer, -cris, -cre, fierce, spirited, energetic, vigorous; sharp, shrill, piercing, penetrating.

acerbus, -a, -um, harsh, bitter; galling (137), outrageous (57).

aciēs, -ēī, *f.*, line of battle, battle line, battle array, line, ranks; regular engagement (36, 40). ex aciē, from the field; in prīmā aciē, in the forefront of the fight.

ācriter, *adv.*, fiercely, furiously; energetically, vigorously; with spirit, with vigor; relentlessly (41); eagerly, with eagerness (140).

ad, *prep. with acc.*, to, for; toward, to the neighborhood of, before (52); against, upon, on; at, on, near, in the neighborhood of, before: until, till, up to. *Often used with the gerundive or gerund to express purpose.* See also **accēdō, appellō** (-ere), **eō** (verb), **perfugiō, pertineō, perveniō, speciēs, ūnus,** and **usque.**

ad . . . versus, toward, in the direction of, for. *With acc. of town name, shortened to* versus (130).

addō, 3, -didī, -ditus, add; make mention in addition.

addūcō, 3, -dūxī, -ductus, lead on, bring on, bring; influence (119), rouse (135).

adeō, *adv.*, to such a degree, so.

adeō, -īre, -iī, -itus, visit, touch at (70); meet (135); run into, fall into (37).

adferō, -ferre, -tulī, -lātus, bring, transport, bear; carry, take, deliver (letter): *with dat.*, inspire (in) (36).

Pass., come; *with* **ad** *and acc.*, come to, reach (63, 76, 90).

adhaerēscō, 3, **-haesī, -haesum est,** stick; ground (of a boat).

adhūc, *adv.*, up to this time, still, yet, hitherto.

adiuvō, 1, **-iūvī, -iūtus,** help, aid, assist, support.

admīror, 1, view with admiration, be filled with admiration for.

admoneō, 2, **-monuī, -monitus,** remind.

admoveō, 2, **-mōvī, -mōtus,** move up (84); **ignēs (-em) admovēre,** *with dat.*, set (apply) fire (to).

adorior, 4, **-ortus sum,** attack, assail; make an assault (86).

adsequor, 3, **-secūtus sum,** catch up with, overtake.

adstō, 1, **-stitī,** stand by, be in attendance.

adsum, -esse, -fuī, be present, be (close) at hand, be in attendance; be on the field (128); be come (100, 131); be there (113); be upon (one) (99); be back (again) (22); come up (124).

Aduātucī, -ōrum, *m.*, the name of a people of northern Gaul.

adulēscēns, -entis, *adj.*, young. *As masc. noun*, (a) youth.

advena, -ae, *c*, stranger, newcomer.

adventus, -ūs, *m.*, approach, arrival, coming; presence (63); inroad (140).

adversus, -a, -um, *partic. as adj.*, contrary. See also **flūmen.**

advesperāscit, 3, **-vesperāvit** (*impersonal verb*), grow dark, begin to grow dark.

aedēs, -is, *f.*; *pl*, house, home.

aedificō, 1, build, build up.

aeger, -gra, -grum, sick, ill. *As noun,* **aegrī, -ōrum,** *m.*, the sick.

aegrē, *adv.*, with difficulty.

aequus, -a, -um, favorable, suitable, good (121): *of mental states*, pleasant, resigned, undaunted, composed. **haud aequus,** no pleasant.

aes (aeris, *n.*) **aliēnum (-ī),** debt.

aestās, -ātis, *f.*, summer.

aetās, -ātis, *f.*, lifetime, life; age, period (74).

Āfer, -fra, -frum, negro. *As noun,* **Āfrī, -ōrum,** *m.*, the Africans.

afficiō, 3, **-fēcī, -fectus,** attack; treat, overwhelm (26). *Pass.*, be filled (84).

Āfrica, -ae, *f.*, Africa.

Āfricānus, -a, -um, African, of Africa.

ager, -grī, *m.*, field; country (45); territory (75).

agmen, -inis, *n.*, (marching) column, (marching) line. **prīmum agmen,** vanguard; **novissimum agmen,** rear guard.

agō, 3, **ēgī, āctus,** drive, drive off (43, 117); do; treat, make overtures; carry out (project), keep (watch), pass (time), give, render (thanks), wear out (life). **inter sē agere,** talk to one another; **vītam agere,** live.

agricola, -ae, *m.*, farmer, planter, rustic.

Alexander, -drī, *m.*, the name of (1) an Indian chief, brother of King Philip; (2) a king of Macedon.

alibī, *adv.*, elsewhere, in other places, in other quarters, at other points. See also **alius.**

aliēnus, -a, -um, another's, of another

(133); inclined away. *With* ab
and abl., unfriendly (to), averse
(to); *with gen.*, unfriendly (to).
See also aes.

aliquamdiū, *adv.*, for some time, for a
time ; for a considerable period (74.)

aliquī (aliquis), aliqua, aliquod (aliquid), *adj.*, some, any ; *noun*, some
one, any one, something, anything.
Pl., any.

alius, alia, aliud, other, another.
As noun, some one else, some other,
another (120) ; anything else (91);
pl., others (86). alius super
alium, one on top of another ;
aliī . . . aliī, some . . . others (17,
139); aliī alibī, some in one place,
some in another (136); aliī in
aliam, some into one . . . some
into another (67) ; neque alius,
and no other (45).

Allobrogēs, -um, *m.*, the name of a
people of southeast Gaul.

alter, -era, -erum, the other, a second,
another, one (of two). *As noun*, the
other, one (of two), the one (of
two) ; *pl.*, the other party (120).
alter . . . alter, the one . . . the
other.

altus, -a, -um, tall, high, lofty, ele-
vated ; deep (85). *As noun*, altum, -ī, *n.*, the deep (sea), the
ocean (12).

Amānus, -ī, *m.*, the name of a mountain range of eastern Cilicia.

Ambiorīx, -īgis, *m.*, the name of a
Gallic chieftain.

ambō, -ae, -ō (*declined as* duo, *except for the* ō), both.

ambulō, 1, -āvī, -ātum est, walk,
stroll ; roam (65); crawl (50).

America, -ae, *f.*, America.

Americānus, -a, -um, American, of
America. *As noun*, Americānus,
-ī, *m.*, (an) American ; *pl.*, the
Americans.

amīcitiā, -ae, *f.*, friendship, confidence.

amīcus, -a, -um, friendly. *As noun*,
amīcus, -ī, *m.*, friend ; *pl.*, Amīcī,
-ōrum, *m.*, the Friends.

āmittō, 3, -mīsī, -missus, lose.

amō, 1, love, like, fancy, cherish ; be
in love with (48). *Pass.*, be beloved (63). *Partic.*, amāns, -antis,
with gen., loyal (to).

amplector, 3, -plexus sum, embrace,
accept.

amplius, *adv.*, *compar.*, further, more.

ancora, -ae, *f.*, anchor.

angustus, -a, -um, narrow.

animadvertō, 3, -vertī, -versus, notice, note, perceive, observe, catch
sight of, witness, see ; discover, find
out.

animus, -ī, *m.*, mind, spirit, soul,
heart ; manner, fashion, spirit :
frame of mind; purpose ; courage
(56, 120), confidence (135). *Pl.*,
courage, feeling (119), insubordi-
nate spirit (140). See also dēmittō
and habeō.

Annēius, -ēī, *m.*, (Marcus) Anneius,
lieutenant to Marcus Cicero.

annus, -ī, *m.*, year.

ante, *adv.*, before, earlier, previously.
See also iam and paulō.

ante, *prep. with acc.*, before; in front
of, ahead of.

anteā, *adv.*, before, previously.

antequam, *conj.*, before.

Antiochēa, -ae, *f.*, Antioch, a city of
Syria.

antīquitus, *adv.*, in ancient times,
in early times.

Antistius, -tī, *m.*, the name of a Roman physician.

Antōnius, -nī, *m.*, Anthony (Wayne), an officer in the Revolutionary War.

Apamēa, -ae, *f.*, the name of a city of Asia Minor.

aperiō, 4, aperuī, apertus, disclose; explain (2). *Partic. as adj.*, apertus, -a, -um, open, unprotected.

appellō, 1, call, name, address by name; call upon, call (122). *Pass.*, be known as.

appellō, 3, -pulī, -pulsus, bring, steer, row. ad lītus appellere, beach, run aground upon the shore.

appetō, 3, -petīvī *or* -petiī, -petītus, attack, aim a thrust at.

appōnō, 3, -posuī, -positus, set on, bring on, serve (food).

appropinquō, 1, -āvī, -ātum est, approach, draw near; be close at hand (47).

apud, *prep. with acc.*, among, in the country of, with; near, at; at (in) the house of; in the presence of.

aqua, -ae, *f.*, water.

Arabēs, -um, *m.*, the Arabs.

Arae (-ārum, *f.*) Alexandrī, the name of an ancient camp site in Cilicia (*lit.* the Altars of Alexander).

arbitror, 1, think, believe, judge.

arbor, -oris, *f.*, tree.

arceō, 2, -uī, keep out, ward off, keep back, keep off.

arcēssō, 3, -īvī, -ītus, call in; call up (136).

Ardeātēs, -ium, *m.*, the people of Ardea (an ancient town about 20 miles south of Rome).

ārdēns, -entis, *partic. as adj.*, blazing.

argenteus, -a, -um, of silver, silver.

argentum, -ī, *n.*, silver, silver plate.

arma, -ōrum, *n.*, arms, weapons.

armātus, -a, -um, *partic. as adj.*, armed, in arms, arms in hand (20); arms and all (88). *Pl., as noun*, armātī, -ōrum, *m.*, armed men, warriors, braves.

Arnoldius, -dī, *m.*, (Benedict) Arnold, an officer in the Revolutionary War.

Arpinēius, -ēī, *m.*, (Gaius) Arpineius, a Roman soldier (102).

arripiō, 3, -ripuī, -reptus, catch up, seize; rescue (106).

ars, artis, *f.*, business, profession. ars magica, black art, magic.

ascendō, 3, ascendī, ascēnsus, ascend, clamber up, scale; *with* in *and acc.*, make the ascent of (139).

ascīscō, 3, ascīvī, ascītus, win over; adopt (67).

Asia, -ae, *f.*, (1) Asia; (2) Asia Minor (132, 138).

Asiāticus, -a, -um, Asiatic, of Asia.

asper, -era, -erum, rough; severe (101); troublesome (135).

assēnsus, -ūs, *m.*, approval.

at, *conj.*, but, whereas, still, however.

Atlanticus, -a, -um, Atlantic.

atque, ac, *conj.*, and. See also simul.

Atrebatēs, -um, *m.*, the name of a people of northern Gaul.

Attius, -tī, *m.*, (Publius) Attius (Varus), one of Pompey's generals.

auctōritās, -ātis, *f.*, influence, dignity, impressiveness.

audācia, -ae, *f.*, boldness, daring, temerity, hardihood; insubordination, lawlessness (140); (act of) daring (88).

audācter, *adv.*, boldly, with boldness.

audāx, -ācis, *adj.*, bold, daring, audacious; of daring (99).

audeō, 2, ausus sum, dare, venture.

audiō, 4, -īvī, -ītus, hear, learn; listen, listen to, heed, give ear to.

augeō, 2, **auxī, auctus**; *pass.*, increase, grow (93); grow brighter (126).

auris, -is, *f.*, ear.

aurum, -ī, *n.*, gold.

ausus, -a, -um, see **audeō**.

aut, *conj.*, or; *sometimes represented in English by* "and." **aut . . . aut**, either . . . or.

autem, *conj.*, however, but, whereas; moreover, and.

auxilium, -lī, *n.*, aid, help, assistance, reënforcement, relief, protection. *Pl.*, auxiliary forces, supplementary force (detachments), allied force, allies, assistants, reënforcements, help. **auxiliō esse**, *with a second dat.*, (*freely*) help, benefit, support, protect, rescue. See also **ferō** and **veniō**.

avāritia, -ae, *f.*, greed, covetousness.

āvertō, 3, **-vertī, -versus**; *pass.*, turn (one's self) aside. *Partic. as adj.*, **āversus, -a, -um**, turned away (131).

avis, -is, *f.*, bird.

bāca, -ae, *f.*, berry.

Bagrada, -ae, *m.*, the name of a river of northern Africa.

ballista. -ae, *f.; pl.*, artillery.

Balventius, -tī, *m.*, (Titus) Balventius, a Roman standard bearer (106).

barbarus, -a, -um, barbarian. *As noun*, **barbarī, -ōrum**, *m.*, savages.

Batāvī, -ōrum, *m.*, the Dutch.

Bēcō, -ōnis, *m.*, (Nathaniel) Bacon, a hero of colonial times.

Bellovacī, -ōrum, *m.*, the name of a people of northern Gaul.

bellum, -ī, *n.*, war, warfare; fighting (116). See also **gerō**.

Bēnbrigius, -gī, *m.*, (William) Bainbridge, an American naval officer.

bene, *adv.*, well, successfully, satisfactorily. See also **gerō**, **habeō**, and **polliceor**.

beneficium, -cī, *n.*, act of kindness, kindness, favor.

Bibulus, -ī, *m.*, (Marcus) Bibulus, a (Roman) governor of Syria.

bīduum, -ī, *n.*, two days.

Bīthȳnia, -ae, *f.*, the name of a district of Asia Minor.

bonus, -a, -um, good. *As noun*, **bona, -ōrum**, *n.*, goods, possessions, belongings, things.

bōs, bovis, *c.* (*dat. and abl. pl.*, **bōbus** or **būbus**); *pl.*, cattle.

Bostō, -ōnis, *m.*, Boston.

Braddoc, -ocis, *m.*, (Edward) Braddock, an English commander in the French and Indian War.

brevī, *adv.*, shortly, (with)in a short time, soon, in a moment, before long, quickly; soon afterward (67).

Britannī, -ōrum, *m.*, the English, the British, Englishmen.

Britannia, -ae, *f.*, England; Britain (101). **Britannia Nova**, New England.

Britannicus, -a, -um, English, British, of the English. See also **vir**.

Brūtus, -ī, *m.*, (1) Marcus Brutus, one of the murderers of Julius Caesar; (2) Decimus Brutus, husband of Sempronia (135).

Bȳzantium, -tī, *n.*, the ancient name of Constantinople.

C., *abbreviation of* **Cāius, -āī**, *m.* (Gaius).

Cabot, -otis, *m.*, (1) John Cabot,

(2) Sebastian Cabot; two early explorers, father and son.

cadō, 3, cecidī, fall ; turn out, fall out (14).

caedēs, -is, f., slaughter, carnage, massacre, murder.

caelum, -ī, n., (the open) sky, heaven; (the open) air; climate.

Caesar, -aris, m., (1) Gaius Julius Caesar, the conqueror of Gaul; (2) Lucius Caesar, an officer in Pompey's navy (117).

caespes, -itis, m., sod.

callidus, -a, -um, clever.

Camillus, -ī, m., (Marcus) Camillus, a hero of ancient Rome.

Canada, -ae, f., Canada.

Caninius, -nī, m., (Gaius) Caninius (Rebilus), lieutenant to Curio in the civil war.

canis, -is, c., dog.

canō, 3, cecinī, play, sing.

cantus, -ūs, m., singing, chanting, chant.

capiō, 3, cēpī, captus, catch, seize, capture, take, occupy; take prisoner, make prisoner ; secure, get' (13) ; adopt (plan), follow (course), make for (hills), take up (arms). *Pass.*, be attracted. pedibus captus, lame; vī capere, take by storm.

Capitōlium, -lī, n., the citadel of ancient Rome, the Capitol.

Cappadocia, -ae, f., the name of a district of Asia Minor.

captīvus, -ī, m., prisoner, captive.

caput, -itis, n., head ; capital. See also damnō.

carcer, -eris, m., prison.

careō, 2, -uī, *with abl.*, be without, lack; spare.

Carletō, -ōnis, m., (Sir Guy) Carleton,

a British officer in the Revolutionary War.

carō, carnis, f., meat, flesh.

Carolaena, -ae, f, Carolina.

carpō, 3, carpsī, carptus, gather, pluck.

carrus, -ī, m., wagon, cart.

cārus, -a, -um, beloved, precious, prized.

casa, -ae, f., hut, shack. *Pl.*, barracks.

Casca, -ae, m., the name of two brothers implicated in the murder of Julius Caesar.

castellum, -ī, n., blockhouse, fort, post; stronghold (133, 139).

Castor, -oris, m., the name of a god worshiped by the Romans.

castra, -ōrum, n., (entrenched) camp, fortress, fortified post, encampment. See also faciō, habeō, and pōnō.

Castra (-ōrum, n.) Cornēlia (-ōrum), the name of the site of a camp established in Africa by Publius Cornelius Scipio at the time of the second Punic War.

cāsus, -ūs, m., fall (86); accident (94), plight (84, 134), calamity (97), disaster (115), emergency (105). *Abl. as adv.*, cāsū, by chance, as chance would have it.

Catilīna, -ae, m., (Lucius Sergius) Catiline, a politician who conspired to overthrow the government of Rome.

causa, -ae, f., cause, grounds, excuse, occasion ; case (41). *Abl.* causā, *with gen. of the gerundive, gerund, or abstract noun*, for the purpose (of), for the business (of), for purposes (of), with the idea (of), with a view to, etc. ob eam causam, for that reason.

cavus, -a, -um, hollow.

cecidī, see cadō.

cēdō, 3, cessī, cessum est, fall back.
locō cēdere, leave (one's) station,
abandon (one's) position, give way.

celebrō, 1, celebrate.

celeritās, -ātis, ƒ., swiftness, speed,
swift action, haste.

celeriter, adv., quickly, swiftly, rapidly,
speedily, fast ; in haste, hastily.
Superl., at top speed, with great
speed, with all speed.

cēna, -ae, ƒ., dinner.

cēnō, 1, -āvī, (-ātus), dine, take dinner.

cēnseō, 2, -uī, (cēnsus), express (the)
opinion, give as (one's) opinion;
urge (120).

centuriō, -ōnis, m., captain, lieutenant,
sergeant ; centurion (103 ff.).

cēpī, see capiō.

Cercās, -ae, m., (Benjamin) Church, a
celebrated Indian fighter.

cernō, 3, (crēvī, certus), see, descry,
discern, observe; watch (128).

certē, adv., at any rate, certainly; as
a matter of fact (90).

certus, -a, -um, certain, definite; as-
sured (135); (a) particular (89).
See also cōgnōscō, faciō, and fīō.

cēterī, -ae, -a, the other, the rest (of).
As masc. noun, the others, the rest,
the other men.

Ceutronēs, -um, m., the name of a
people of northern Gaul.

cibus, -ī, m., food.

Cicerō, -ōnis, m., (1) Marcus Tullius
Cicero, consul in 63 B.C.; (2) Quintus Tullius Cicero, brother of the
preceding.

Cilicia, -ae, ƒ., the name of a district
in Asia Minor.

Cimber, -brī, m., see Tillius.

circiter, adv., about.

circuitus, -ūs, m., circuit, detour;
circumference (110).

circum, prep. with acc., around, about,
in the neighborhood of (116).

circumdō, 1, -dedī, -datus, surround,
girdle, encircle.

circumeō, -īre, -iī, -itus, make the
rounds of.

circumsistō, 3, -stitī or -stetī, rally
(gather, crowd) around.

circumstō, 1, -stitī, stand about; surround, encircle.

circumveniō, 4, -vēnī, -ventus, surround, encircle, hem in, bring to
bay; flank, turn the flank (of).

citrō, adv., see ultrō.

cīvis, -is, c., citizen, fellow-citizen,
countryman. Pl., (one's) countrymen, people, townsmen.

cīvitās, -ātis, ƒ. (gen. pl. -um or
-ium), state, country.

clādēs, -is, ƒ., disaster.

clam, adv., secretly, stealthily, quietly;
unnoticed, unobserved.

clāmō, 1, -āvī, -ātum est, cry out,
call out.

clāmor, -ōris, m., cry, shout.

clārus, -a, -um, famous, prominent;
loud (86).

classis, -is, ƒ., fleet.

claudō, 3, clausī, clausus, close; shut
up, confine (91).

Cn., abbreviation of Cnaeus, -ī, m.,
(Gnaeus).

coēgī, coāctus, -a, -um, see cōgō.

coepī, coepisse, coeptus, began, com-
menced ; proceeded (130).

coerceō, 2, -ercuī, -ercitus, hold in
check.

cōgitō, 1, think, imagine; with dē and
abl., have (any) thought (of) (51).

cōgnōscō, 3, cōgnōvī, cōgnitus, get acquainted with, learn (of), fathom, find, observe; be informed, hear, gain information; get information of, gain (some) conception of (110); realize (93, 122); recognize (63, 89): try (case). *Pass.*, become known, be known. certius cōgnōscere, get more definite information (115).

cōgō, 3, coēgī, coāctus, compel, force, oblige, constrain, impel, lead (126); collect, gather, bring together, call together, call in, get together; concentrate, crowd; muster, organize.

cohors, -rtis, *f.*, cohort. cohors praetōria, bodyguard.

cohortor, 1, rally, cheer on; urge, exhort. inter sē cohortārī, exhort one another (127).

collis, -is, *m.*, hill.

collocō, 1, place, put, deposit; station, locate, quarter, settle; establish, build: arrange, place, lay (ambuscade); mount (artillery); pitch (camp); stack (arms). in aciē collocāre, form in line.

colloquium, -ī, *n.*, conference, interview.

colloquor, 3, -locūtus sum, converse, talk, have an interview.

colōnia, -ae, *f.*, colony.

colōnus, -ī, *m.*, colonist, settler.

Columbus, -ī, *m.*, (Christopher) Columbus, the discoverer of America.

comes, -itis, *c.*, companion, attendant, follower; hanger-on, minion (71). *Pl.*, (one's) men (22, 74), (one's) fellows (86).

cōmitās, -ātis, *f.*, kindliness, courtesy.

cōmiter, *adv.*, courteously (29), kindly (62); on friendly terms (23).

Commāgēnus, -a, -um, of Commagene (a northern district of Syria).

commemorō, 1, relate, rehearse, state, note.

committō, 3, -mīsī, -missus, join, consign. proelium committere, join battle, begin battle, engage in battle, offer battle, fight; *pass.*, (battle) take place; proeliō rem committere, risk an engagement, bring on an engagement.

commodus, -a, -um, easy, expeditious (130). *As noun*, commodum, -ī, *n.*, well-being.

Commoris, -is, *f.* (*acc. sing.* -im), the name of a small town of Asia Minor.

commoveō, 2, -mōvī, -mōtus, move, stir (75), alarm (138). *Partic.*, commōtus, -a, -um, disturbed, excited, upset, startled, alarmed; concerned, stirred up, wrought up; spurred on, moved. īrā commovērī, become angry.

commūnis, -is, -e, common.

compellō, 3, -pulī, -pulsus, drive, force.

compleō, 2, -plēvī, -plētus, fill, fill up; swamp (4), choke (122); supply (118).

complūrēs, -ēs, -a, several, several of, some, (quite) a number of, quite a few, numerous; to a considerable number (139); several (in number) (90).

comportō, 1, bring together, gather together, get together, collect; get in, lay in (109).

comprehendō, 3, -prehendī, -prehensus, arrest (132); catch (fire).

cōnātus, -ūs, *m.*, attempt.

concēdō, 3, -cessī, -cessus, allow, grant, concede.

concilium, -ī, *n.*, council (of war), powwow; (deliberative) body (34).

concurrō, 3, -currī, -cursum est, rush (together), run. inter sē concurrere, charge upon one another (117).

condiciō, -ōnis, *f.*, terms; proposal (110); condition, plight (91).

condō, 3, -didī, -ditus, store, deposit, hide away; found, establish (city, state).

condūcō, 3, -dūxī, -ductus, hire, engage.

cōnferō, -ferre, contulī, conlātus, bring together (117). sē cōnferre, betake (one's) self, make (one's) way, proceed; withdraw, return.

cōnfertus, -a, -um, *partic. as adj.*, dense (107), solid (63); (the) thick (of) (136).

cōnfēstim, *adv.*, at once, quickly, forthwith, immediately, without delay; in haste, hastily, in a hurry, hurriedly.

cōnficiō, 3, -fēcī, -fectus, finish, complete, accomplish, bring to pass; push to a conclusion (140); wear out, exhaust, weaken, overcome.

cōnfirmō, 1, assert, declare; cheer (up), encourage, reassure, fortify, steady (120).

cōnfodiō, 3, -fōdī, -fossus, pierce, slay.

coniciō, 3, -iēcī, -iectus, discharge, hurl, shoot, throw, cast; shower, pour in (missiles). in fugam conicere, put to flight, rout.

coniungō, 3, -iūnxī, -iūnctus, join. sē coniungere, join, unite, effect (a) junction, join forces; ally one's self (103), cast in one's lot (130).

coniūrātiō, -ōnis, *f.*, conspiracy.

cōnor, 1, try, attempt, endeavor.

cōnscendō, 3, -scendī, -scēnsus, climb up (64); go on board, come on board, embark upon; man (rampart); mount (horse); scale (wall).

cōnsequor, 3, -secūtus sum, catch up, come up; catch up with, come up with; follow (90).

cōnservō, 1, preserve (116), save, look out for; husband (101), spare (130).

cōnsīdō, 3, -sēdī, -sessum est, settle, take up quarters; encamp, bivouac; take up (a) position (112); come to a halt (114).

cōnsilium, -iī, *n.*, plan, plans, plan of action, policy, course; design, purpose, scheme, project, venture; device, expedient, plot, stratagem, trick: advice, counsel; council (of war), conference. *Pl.*, course (135). See also mūtō.

cōnsistō, 3, -stitī, -stitum est, stop, halt, come to a halt; take (one's) stand, station (one's) self; stand, ride, remain (at anchor). in orbem cōnsistere, form in a circle.

cōnsōlor, 1, comfort, reassure; address kindly (130).

cōnspectus, -ūs, *m.*, sight, view.

cōnspiciō, 3, -spēxī, -spectus, see, catch sight of; look on (87).

cōnstantia, -ae, *f.*, firmness, resolution, steadfastness, reliability; coolness (83).

cōnstituō, 3, -stituī, -stitūtus, decide, determine, plan; designate, appoint (89); fix, establish, organize; draw up, station (115).

cōnsuēscō, 3, -suēvī, (-suētus); *perf.* (*with force of present*), be accustomed, be wont, be in the habit (of); *translated impersonally*, be (one's) custom.

cōnsuētūdō, -inis, *f.*, practice, custom, policy ; the ordinary (133).

cōnsulō, 3, -suluī, (-sultus), take measures, make provision, look out.

cōnsultō, *adv.*, purposely, designedly.

cōnsūmō, 3, -sūmpsī, -sūmptus, use up: eat, eat up; destroy; spend, pass (time). ignī cōnsūmere, burn.

contendō, 3, -tendī, (-tentus), proceed, march, make one's way; press (push) on, keep on, forge ahead, hurry: beg (129).

continēns, -entis, *partic. as adj.*, continuous, unremitting, unbroken. *As noun*, continēns, -entis, *f.* (sc. terra), mainland (100, 101).

contineō, 2, -tinuī, -tentus, confine, coop up, restrain.

cōntiō, -ōnis, *f.*, address ; assembly, meeting.

contrā, *prep. with acc.*, against, in the direction of (126).

contulī, see cōnferō.

contumēlia, -ae, *f.*, insult, affront, indignity, illtreatment; taunt.

conveniō, 4, -vēnī, -ventus, meet, interview, have interview with, see ; come together, gather, assemble.

convertō, 3,-vertī,-versus, turn (128); direct (114), convert (96). sē convertere, turn, give attention (90).

convocō, 1, call together, get together, convene, call, summon.

coorior, 4, -ortus sum, arise, come up, spring up ; close in (106).

cōpia, -ae, *f.*, supply, abundance; outfit. *Pl.*, supplies, stores; force, forces, troops, companies, army ; (one's) following (138).

Coriolānus,-ī, *m.*, (Gaius) Coriolanus, a Roman who fought against his country.

Cornēlius, -a, -um, see **Castra Cornēlia.**

Cornivallis, -is, *m.*, (Lord) Cornwallis, a British general in the Revolutionary War.

corpus, -oris, *n.*, body.

cotīdiē, *adv.*, daily, every day.

Cotta, -ae, *m.*, (Lucius) Cotta, lieutenant to Caesar in the Gallic war.

Crassus, -ī, *m.*, (Marcus) Crassus, lieutenant to Caesar in the Gallic war.

crēdō, 3, crēdidī, crēditus, believe, think.

cruciātus, -ūs, *m.*, torture, pain, suffering, agony.

crūdēlis, -is, -e, cruel, savage.

crūdēlitās, -ātis, *f.*, cruelty, barbarity, savagery.

cruentus, -a, -um, bloody.

Cūba, -ae, *f.*, Cuba.

cum, *conj.*, (*time and circumstance*) when, while, after, as; at a time when (10): (*cause*) since, inasmuch as, as: (*concession*) though, although. *With subjunctive, often best rendered by a participial phrase.* cum ... tum, not only ... but also; cum prīmum, as soon as, when ... first.

cum, *prep. with abl.*, with, along with. See also **habeō** (**sēcum**), **simul,** and **ūnā.**

cuneus, -ī, *m.*, wedge, stake.

cupidē, *adv.*, eagerly, with great eagerness.

cūr, *adv.*, why, on account of which.

Cūriō, -ōnis, *m.*, (Gaius) Curio, commander of Caesar's forces in Africa.

cūrō, 1, care for; treat (wounds); watch over (47): care for, have regard for (91).

currō, 3, cucurrī, cursum est, run,

rush; run about (90); run, play (of fire) (90).

cursus, -ūs, *m.*, course, stretch.

custōdia, -ae, *f.*, custody. *Pl.*, guards, watch, pickets.

custōdiō, 4, -īvī, -ītus, guard, watch. **memoriā custōdīre,** remember.

custōs, -ōdis, *m.*, guard, sentinel.

Cybistra, -ōrum, *n.*, the name of a city of Asia Minor.

D., *abbreviation of* **Decimus, -ī,** *m.*

damnō, 1, condemn. **capitis damnāre,** condemn to death.

dē, *prep. with abl.*, about, concerning, of, with reference to; down from, from.

decem, *indeclinable adj.*, ten.

decimus, -a, -um, tenth.

dedī, see **dō.**

dēditiō, -ōnis, *f.*, surrender. See also **veniō.**

dēdō, 3, -didī, -ditus, give up, surrender. *Partic. as noun,* **dēditī, -ōrum,** *m.*, surrendered men, prisoners. **sē dēdere,** surrender, give one's self up, capitulate.

dēdūcō, 3, -dūxī, -ductus, lead forth, transport, conduct, escort, take, bring, lead; withdraw, lead away, call away, recall; draw down (131).

dēfendō, 3, -fendī, -fēnsus, defend, protect.

dēfēnsiō, -ōnis, *f.*, defense.

dēferō, -ferre, -tulī, -lātus, bear down (56), carry, bear, bring; report. *Pass.*, be carried, drift.

dēfessus, -a, -um, weary, tired out, worn out.

dēficiō, 3, -fēcī, (-fectus), give out, fail, run low.

dēfīgō, 3, -fīxī, -fīxus, fix, plant, set up.

dēiciō, 3, -iēcī, -iectus, hurl down, hurl back (86); tear down, destroy (99). *Partic.,* **dēiectus, -a, -um,** *with abl.,* (*freely*) disappointed (in).

deinde, *adv.,* then, next, later, subsequently.

Dēiotarus, -ī, *m.*, the name of a native king who favored Roman rule in Asia Minor.

dēlātus, -a, -um, see **dēferō.**

dēleō, 2, -ēvī, -ētus, destroy, make away with; demolish, raze.

dēligō, 3, -lēgī, -lēctus, choose, select, pick out, appoint, delegate. *Partic. as adj.,* **dēlēctus, -a, -um,** chosen (34).

dēmittō, 3, -mīsī, -missus, lower. *Partic. as adj.,* **dēmissus, -a, -um,** downcast, crestfallen; **animō dēmissus,** disheartened, discouraged. **sē animō dēmittere,** lose heart (83).

dēmōnstrō, 1, point out, mention; explain (108).

dēmum, *adv.,* at length, finally, at last. See also **iam.**

dēnique, *adv.,* finally, in fine.

dēnuō, *adv.,* anew, again, once more, a second time.

dēpōnō, 3, -posuī, -positus, put down (load), lay down, surrender (office), give up (hope).

dēscendō, 3, -scendī, -scēnsum est, descend, come down, charge down (121).

dēserō, 3, -seruī, -sertus, desert, leave, leave in the lurch

dēsistō, 3, -stitī, stitum est, desist, cease. **proeliō dēsistere,** cease fighting, withdraw.

dēsum, deesse, dēfuī, be wanting (84), be disloyal (14).

dēterreō, 2, -terruī, -territus, keep off, scare away; intimidate.

dētrahō, 3, -trāxī, -tractus, pull (tear, strip) off; drag out (85).

dētrīmentum, -ī, *n.*, disaster, reverse, calamity, loss, harm, misfortune, mishap, accident; source of danger (100).

dētrūdō, 3, -trūsī, -trūsus, push off, shove off.

dētulī, see dēferō.

deus, -ī, *m.* (*dat. and abl. pl.*, deīs, diīs, *or* dīs), god.

dēversōrium, -ī, *n.*, inn, tavern.

dēvius, -a, -um, out of the way.

dēvorō, 1, devour.

dexter, -tra, -trum, right. *As noun,* dextra, -ae, *f.* (sc. manus), right hand.

dīcō, 3, dīxī, dictus, say, speak, declare, tell, communicate, announce, report, mention, remark, suggest; express (sentiment, view), make (suggestion). male dīcere, swear, curse.

diēs, -ēī, *m. and f.*, day. in diēs, from day to day.

differō, -ferre, distulī, dīlātus, scatter; put off, postpone.

difficilis, -is, -e, hard, difficult, troublesome; delicate (business), obstructed (slope).

dignitās, -ātis, *f.*, reputation, standing.

dīligenter, *adv.*, diligently, carefully, with care; busily (100); with all diligence (137).

dīligentia, -ae, *f.*, care, pains (99), carefulness, vigilance.

dīmicō, 1, -āvī, -ātum est, fight, contend, struggle, be at war; do (one's) fighting (101).

dīmittō, 3, -mīsī, -missus, let go, release; let slip (through one's fin-

gers), miss (121), lose possession of; give up, abandon (36), forego (97); dismiss, send away, allow to depart; send out (108); send on (128).

discēdō, 3, -cessī, -cessum est, withdraw, depart, go (off), march away, retreat, leave; recede (66); move (103, 105). *With* ab *or* ex *and abl.*, leave, desert. ab armīs discēdere, discard (one's) arms (110); īnferior discēdere, be beaten (39).

discessus, -ūs, *m.*, withdrawal, recall.

discō, 3, didicī, learn, acquire.

dispōnō, 3, -posuī, -positus, arrange, station.

disputō, -āvī, -ātum est, discuss, continue (the) discussion (104).

diū, *adv.*, long, for a long time (period); (discuss) at length. neque . . . diūtius, and . . . no longer; nor very long (129); nōn diūtius, no longer. See also iam.

dīversus, -a, -um, different, various.

dīvidō, 3, -vīsī, -vīsus, divide, split up.

dō, dare, dedī, datus, give, grant, present; communicate, supply, provide; afford, offer, allow (109, 129); sound (signal). *Pass.*, present (it)self (121). in custōdiam dare, have arrested, arrest; in fugam dare, put to flight, rout, disperse; operam dare, give attention (91, 108); try, see to it (135); poenās dare, (pay the penalty), be punished; sē somnō dare, go to sleep, betake one's self to rest; vēla dare, set sail.

doceō, 2, -uī, doctus, show, point out; inform, tell; state, remind.

dolor, -ōris, *m.*, distress, grief; matter of chagrin.

dominus, -ī, *m.*, master, owner.

Domitius, -tī, *m.*, (Gnaeus) Domitius, a cavalry officer in Curio's army.

domus, -ūs, *f.*, house, home, residence, dwelling, dwelling place; domī, at home; domō, from home (see also ēgredior); domum, homeward, home, toward home, for home; to (their) homes (96).

dōnec, *conj.*, until.

dōnum, -ī, *n.*, gift, present.

dubitō, 1, -āvī, -ātum est, hesitate.

dubius, -a, -um, doubtful, uncertain. *As noun*, dubium, -ī, *n.*, doubt (126).

ducentī, -ae, -a, two hundred.

dūcō, 3, dūxī, ductus, lead, command, be commander of (9, 34); bring, conduct, take; draw, pull (56); stretch (chain). in mātrimōnium dūcere, marry, take in marriage.

dum, *conj.*, while, as, during the time when; provided only.

duo, duae, duo, two, the two.

duodecim, *indeclinable adj*, twelve.

dux, ducis, *c.*, leader, commander, chief, captain, officer; conductor, guide.

ē, ex, *prep. with abl.*, (*separation, source*), from, (out) of, from out, out from; beyond (sight); after, in accordance with; (*material*), of, from; (*partitive*), of, out of, from. See also aciēs, discēdō, and pars.

Eborācopolis, -is, *f.*, Yorktown.

Eborācum (-ī, *n.*) Novum (-ī), New York (City).

ecfrēnātē, *adv.*, wildly.

edō, 3, ēdī, ēsus, eat.

ēdō, 3, -didī, -ditus, utter, give forth, give voice to.

efferō, -ferre, extulī, ēlātus, carry forth, carry out, bring (forth).

efficiō, 3, -fēcī, -fectus, accomplish, bring (it) to pass; construct (99).

effugiō, 3, -fūgī, escape, make (one's) escape, make good (one's) escape, succeed in escaping, slip away, get away; find relief from (134).

ēgī, see agō.

ego, meī, I

ēgredior, 3, -gressus sum, go out; disembark, come ashore; march forth, file out, step out, pass out, make (one's) way out, come forth, go forth; retire, depart; set out (107); start out (122). domō ēgredī, leave home.

ēlātus, -a, -um, see efferō.

Eleutherocilicēs, -um, *m.*, the Free Cilicians.

ēliciō, 3, -licuī, -licitus, lure forth, lure.

Elizabēta, -ae, *f.*, Elizabeth.

ēlūdō, 3, -lūsī, -lūsus, outwit, cheat, get the better of.

ēmigrō, 1, -āvī, -ātum est, emigrate, move away.

ēmittō, 3, -mīsī, -missus, send forth, send out.

emō, 3, ēmī, emptus, buy, purchase; buy up (91).

emptiō, -ōnis, *f.*, buying; *with gen.*, traffic (in).

enim, *conj.*, for.

eō, *adv.*, thither, to that place, there. eō magis, (on this account the more), all the more; eō ... unde, to a point where.

eō, īre, iī, itum est, go, advance. *With ad and acc.*, go to meet (107).

eōdem, *adv.*, to the same place (spot); to this same point (73); for the same point (destination) (117).

Epiphanēa, -ae, *f.,* the name of a city of Asia Minor.

eques, -itis, *m.,* horseman, knight. *Pl.,* cavalry, horsemen; cavalry detachment (117).

equitātus, -ūs, *m.,* cavalry, cavalry force, cavalry detachment, force of cavalry; horsemen, horse.

equus, -ī, *m.,* horse. See also **vehō.**

Erana, -ae *f.,* the name of a town of Asia Minor.

ēripiō, 3, -ripuī, -reptus, wrest, recover, rescue. *With dat.,* take away (from) (71).

errō, 1, -āvī, -ātum est, wander (about), stray.

ērumpō, 3, -rūpī, (-ruptus), burst (rush) forth, burst (rush) out, dart (out); break out, break through (43), break away (64), make a dash (68).

ēruptiō, -ōnis, *f.,* sally, sortie.

et, *conj.,* and. **et . . . et,** both . . . and.

etiam, *adv.,* even, also, too. See also **quīn etiam** and **sōlum.**

etsī, *conj.,* although, even though.

Eurōpa, -ae, *f.,* Europe.

ēvādō, 3, -vāsī, -vāsum est, get out, escape; emerge (82).

ēveniō, 4, -vēnī, -ventum est, turn out, go, proceed.

ēventus, -ūs, *m.,* outcome, sequel; net result (110).

ex, see **ē.**

exāctus, -a, -um, see **exigō.**

excīdō, 3, -cīdī, -cīsus, cut down.

excipiō, 3, -cēpī, -ceptus, except; withstand (35); await, meet (37, 101).

excitō, 1, rouse, rouse up.

exeō, -īre, -iī, -itum est, go out (forth), come out (forth), go (out), march forth; depart, retire.

exercitus, -ūs, *m.,* army, force, command.

exigō, 3, -ēgī, -āctus, collect (taxes); pass (time). *Partic.,* **exāctus, -a, -um,** completed, ended.

exiguus, -a, -um, small, weak; faint (sound).

exīstimō, 1, think, believe, judge, fancy, feel.

exitiālis, -is, -e, deadly, fatal.

exitus, -ūs, *m.,* means of egress; solution.

expediō, 4, -īvī, -ītus, make ready, get ready, get out; prime (weapons).

expedītus, -a, -um, *partic. as adj.,* unencumbered (by baggage), in light marching order. *As noun,* **expedītī, -ōrum,** *m.,* light-armed troops.

expellō, 3, -pulī, -pulsus, drive out; dispel (doubt).

explicō, 1, -āvī or **-uī, -ātus** or **-itus,** deploy, arrange.

explōrātor, -ōris, *m.,* scout, explorer, frontiersman.

explōrō, 1, explore, reconnoitre, examine, inspect.

expugnō, 1, take by storm, storm, capture, take.

exsiliō, 4, -siluī, leap out; spring up (20); leap (80).

exsilium, -ī, *n.,* exile.

exspectō, 1, await, wait for, await the coming (arrival) of, delay for (111); look forward to, anticipate; wait (67, 121).

exstruō, 3, -strūxī, -strūctus, construct, build.

extinguō, 3, extīnxī, extīnctus, extinguish, put out.

extrā, *prep. with acc.,* outside of, outside, without; beyond (127).

Faber, -brī, *m.*, (Captain John) Smith.

Fabius, -bī, *m.*, (1) Gaius Fabius, lieutenant to Caesar in the Gallic war; (2) Fabius Paelignus, a soldier in Curio's army; (3) Quintus Fabius Sanga, a lawyer who helped Cicero in the suppression of the conspiracy of Catiline.

facile, *adv.*, easily, with great ease, without trouble, without difficulty, readily.

facinus, -oris, *n.*, crime, outrage; deed, exploit, feat.

faciō, 3, fēcī, factus, do, perform, make; commit, perpetrate; build, construct; choose, elect, appoint, make: carry out (massacre); make, lay, place (ambuscade); make, deliver (announcement); afford (opportunity); inflict (injury); leave (tracks); take (departure). castra facere, encamp; certiōrem (-ēs) facere, inform, enlighten, send word to, notify (see also fīō); impetum facere, charge; iniūriās facere, *with dat.*, illtreat (4); iter facere, travel, journey, march, advance, proceed, push on; range (21); stīpendia facere, serve (in army). See also fīō.

facultās, -ātis, *f.*, opportunity, chance.

Faesulānus, -a, -um, of Faesulae (a town of Etruria). *As noun*, Faesulānus, -ī, *m.*, (a) citizen of Faesulae.

fallō, 3, fefellī, falsus, disappoint. *Partic. as adj.*, falsus, -a, -um, false, fictitious (137).

famēs, -is, *f.*, hunger, starvation. See also necō.

faveō, 2, fāvī, fautum est, *with dat.*, be favorably disposed (to), feel sympathy (for), side (with).

fefellī, see fallō.

fēlīciter, *adv.*, successfully, well, prosperously. nec fēlīciter, and unsuccessfully. See (rem) gerō.

fenestra, -ae, *f.*, window.

fera, -ae, *f.*, wild animal (creature, ·beast).

Ferdinandus, -ī, *m.*, Ferdinand, king of Spain.

ferē, *adv.*, about, nearly, almost.

ferō, ferre, tulī, lātus, carry, bear, bring; endure, put up with, bear, withstand, brave, hold out against; permit (139), call for (127): advance (standards); cast (vote), pass (measure). *Pass.*, be carried (hurled, thrown), roll. auxilium ferre, bring relief, bring · help, give assistance, lend aid, lend a hand, assist; *with dat.*, support, help; molestē ferre, be irritated, be indignant, be in a state of indignation, be aggrieved, feel (it) keenly (60), regret (95, 97); chafe under, chafe at, bear with irritation (34, 55).

fidēlis, -is, -e, faithful, loyal, reliable.

fidēs, -eī, *f.*, credence; loyalty (120).

fīlia, -ae, *f.*, daughter.

fīlius, -lī, *m.*, son; the younger, junior (5).

fīnis, -is, *m.*, end, objective point (89). *Pl.*, boundaries, border; territory, land, lands, country.

fīnitimus, -a, -um, neighboring, nearby, adjacent. *As noun*, fīnitimī, -ōrum, *m.*, adjacent peoples (138).

fīō, fierī, factus sum, be done, take place; be accomplished, be gone through with (109); happen, occur, come to pass, arise, come on; be, become, grow; be made, be appointed. certior (-ēs) fierī, be informed, learn. See also faciō.

fīrmō, 1, secure, strengthen.

fīrmus, -a, -um, strong.

Flāminīnus, -ī, *m.*, (Titus Quinctius) Flamininus, a Roman ex-consul.

fleō, 2, flēvī, flētum est, weep, cry.

Flōrida, -ae, *f.*, Florida.

flōs, flōris, *m.*, blossom, flower.

fluctus, -ūs, *m.*, wave.

flūmen, -inis, *n.*, river, stream, current (73). **adversō flūmine**, up the river, up (the) stream, (on) up the stream (98); **secundō flūmine**, with the current, downstream.

fluō, 3, flūxī, (fluxus), flow.

folium, -ī, *n.*, leaf.

fōns, fontis, *m.*, spring.

foris, -is, *m.; pl*, door.

forte, *adv.*, by chance, accidentally, casually, as it chanced; perchance (77).

fortis, -is, -e, brave, courageous, heroic.

fortiter, *adv.*, bravely, courageously, valiantly, stoutly; with courage, with bravery, with fortitude (52); like a man (68).

fortitūdō, -inis, *f.*, fortitude, heroism; spirit (61).

fortūna, -ae, *f.*, fortune, fate, luck; good fortune (135). *Pl.*, well-being. *As proper name*, **Fortūna**, -ae, *f.*, the name of the goddess of fortune.

forum, -ī, *n.*, market place. *In particular, the market place at Rome*, the Forum.

fossa, -ae, *f.*, ditch, moat.

frangō, 3, frēgī, frāctus, break, wreck; break down (26); break, humble (140), discourage, dishearten (33).

frāter, -tris, *m.*, brother.

frequēns, -entis, *adj. ; pl.*, in large numbers.

fretum, -ī, *n.*, strait, channel, sound.

frīgidus, -a, -um, icy.

frīgus, -oris, *n.*, cold. *Pl.*, cold weather (7).

frūmentum, -ī, *n.*, grain, corn.

frūstrā, *adv.*, in vain, to no purpose, without success.

frūstum, -ī, *n.*, bit, piece.

fuga, -ae, *f.*, flight, rout, retreat, escape; defection (117). See also **coniciō** and **dō.**

fugiō, 3, fūgī, flee, retreat, retire, slip away; hurry, run. *Partic. as adj.*, **fugiēns**, -entis, flying (59, 70), in retreat (127).

fūmus, -ī, *m.*, smoke.

Gabīnius, -nī, *m.*, (Publius) Gabinius (Capito), a person implicated in Catiline's conspiracy.

Gallia, -ae, *f.*, France; Gaul (101 ff.).

Gallicus, -a, -um, French; Gallic (126 ff.).

Gallus, -a, -um, Gallic. *As noun,* **Gallus**, -ī, *m.*, (a) Gaul: *pl.*, the Gauls (45 ff.); the French, Frenchmen.

gaudeō, 2, gāvīsus sum, rejoice, be delighted (pleased, glad).

gaza, -ae, *f.*, treasure.

gemitus, -ūs, *m.*, groan.

gēns, gentis, *f.*, nation, tribe, people.

genus, -eris, *n.*, class; birth, family (136).

Germānī, -ōrum, *m.*, the Germans.

gerō, 3, gessī, gestus, do, accomplish, manage (4), carry through to completion (129) : have (quarrel); wear (22, 99). *Pass.*, take place, happen, go on, proceed. **bellum gerere**, wage war, fight, carry on war, be at war, take the field, go on the warpath. **rem bene (fēlīciter) gerere**, be successful, have (any) success, act successfully; **sē gerere**, behave, act, comport (one's) self. See also **rēs**.

glaciēs, -ēī, *f.,* ice.

gladius, -ī, *m.,* sword.

glōria, -ae, *f.,* luster, renown.

glōrior, 1, boast.

Gorgia, -ae, *f.,* Georgia.

Graecus, -a, -um, Greek.

grātia, -ae, *f.,* favor (89). *Pl.,* thanks.

grātus, -a, -um, acceptable, satisfactory, attractive ; grateful (45).

gravis, -is, -e, heavy; trying (110), pressing (111); extortionate, ruinous (137) : serious, dangerous (disease); heavy, deep, sound (sleep).

graviter, *adv.,* seriously, deeply, severely ; much, greatly, exceedingly.

Grudiī, -ōrum, *m.,* the name of a people of northern Gaul.

gubernāculum, -ī, *n.,* steering oar. *Pl.,* steering gear, tiller, helm.

gubernātor, -ōris, *m.,* helmsman, pilot.

habeō, 2, **-uī, -itus,** have, hold, keep ; hold, regard ; get, make (135): deliver, make (speech), set forth (argument); attain (renown, credence). **bene sē habēre**, have a good time ; **castra habēre**, remain encamped ; **in animō habēre**, intend, plan ; think of, consider (doing a thing); **in incertō habēre**, be undecided; **rēs ita sē habēre**, matters stand thus (53); **sēcum habēre**, harbor (132)

habitō, 1, **-āvī,** (**-ātus**), live, dwell, be located.

Hadrūmētum, -ī, *n.,* the name of a town of northern Africa.

Hannibal, -alis, *m.,* the name of a famous Carthaginian general.

harēna, -ae, *f.,* sand.

haud, *adv.,* by no means, not very, not. See also **aequus, invītus, libenter, longinquus, longus, magnus,** and **procul**.

Henrīcus, -ī, *m.,* Henry, king of Portugal.

herba, -ae, *f.,* grass.

hīberna, -ōrum, *n.,* winter quarters, winter camp, winter encampment.

hīc, *adv.,* here.

hīc, haec, hoc, this, that; *abl.,* **hāc** (sc. **viā**), by this route. *As noun,* he, they, this, these; *neut.,* this (thing, action, consideration, story, etc.).

hiemō, 1, **-āvī, -ātum est,** pass the winter, winter, be quartered for the winter.

hiems, -emis, *f.,* winter, winter time, winter season.

Hispānī, -ōrum, *m.,* the Spanish, the Spaniards.

Hispānia, -ae, *f.,* Spain.

Hispāniēnsis, -is, -e, of Spain. *As noun,* **Hispāniēnsis, -is,** *m.,* (a) native of Spain.

homō, -inis, *c.,* man, fellow, individual, person, body; he, the man. *Pl.,* people, mankind (23).

honor, -ōris, *m.,* honor, mark of distinction; esteem, honor ; deference (81).

hōra, -ae, *f.,* hour.

Horātius, -tī, *m.,* Horatius (Cocles), a hero of early Rome.

horrendus, -a, -um, awful, frightful.

hortor, 1, urge, exhort, direct; encourage, cheer, rally; beg (102, 104).

hortus, -ī, *m.*, garden.

hostis, -is, *m.*, enemy.

hūc, *adv.*, to this place, thither.

Hudsō, -ōnis, *m.*, (1) Henry Hudson, the explorer ; (2) the name of a river of New York state.

humus, -ī, *f.*, ground ; humī, on the ground, upon the ground; in(to) the ground (90).

ibi, *adv.*, there, at that point, in that region, right there.

Iconium, -nī, *n.*, the name of a town of Asia Minor.

īdem, eadem, idem, the same, that same, this same; the very (7). *As noun*, the same man; *neut.*, the same (thing, story, procedure, etc.).

idōneus, -a, -um, suitable, proper, satisfactory, well-adapted ; favorable (wind).

Īdūs, -uum, *f.*, the Ides (the 13th of some months, the 15th of others).

igitur, *conj.*, therefore, accordingly, and so.

ignis, -is, *m.*, fire, light, camp fire. *Pl.*, flames. See also cōnsūmō.

īgnōminia, -ae, *f.*, disgrace, humiliation.

īgnōtus, -a, -um, unknown, unexplored, strange.

ille, illa, illud, that, this, the. *As noun*, he, she, the one, they, these; *neut.*, this.

illūcēscō, 3, -lūxī, dawn.

impedīmenta, -ōrum, *n.*, baggage, baggage train, stores; personal effects (110).

impediō, 4, -īvī, -ītus, hinder, molest, delay; put a damper upon (138). *Partic. as adj.*, impedītus, -a, -um, hampered, weighed down, at a dis-

advantage; blockaded, obstructed, choked : difficult (ground) (128).

imperātor, -ōris, *m.*, general, commander, commanding general (officer), commander in chief.

imperium, -rī, *n.*, order (129), command (44); sway, control (81), government, rule (140).

imperō, 1, -āvī, -ātum est, *with dat. case, if any*, give orders (command, direction, directions), issue orders, order, direct.

impetrō, 1, win, gain, secure ; buy (41).

impetus, -ūs, *m.*, attack, assault, charge, onset, onslaught.

impōnō, 3, -posuī, -positus, *with dat. or in and acc.*, place, load (upon, on).

īmus, -a, -um, see īnferior.

in, *prep. ;* (1) *with abl.*, in, at, on, upon, on board, on the surface of ; within, in the midst of, among ; (2) *with acc.*, into, to, in, into the territory of ; against, upon, on, at, among; toward, for ; out upon (51).

incendium, -dī, *n.*, fire, conflagration.

incendō, 3, -cendī, -cēnsus, burn (up), destroy by fire; set fire to, fire.

incertus, -a, -um, irregular, devious (107); insecure (135). *As noun*, incertum, -ī, *n.*, uncertainty (135) (see habeō).

incitō, 1, spur on, stir up. sē incitāre, work one's self up (48).

incola, -ae, *c.*, inhabitant, native.

incolō, 3, -coluī, inhabit, occupy, populate, be settled in.

incolumis, -is, -e, safe, unharmed, in safety, unscathed, unmolested; scot free.

incommodum, -ī, *n.*, inconvenience (54), check, set-back, disaster, reverse.

incrēdibilis, -is, -e, fabulous, astonishing.

inde, *adv.*, thence, from thence; from there; from that point; from it.

Indiāna, -ae, *f.*, Indiana.

indīcō, 3, -dīxī, -dictus, declare (war).

Indus, -a, -um, Indian. *As noun*, Indus, -ī, *m.*, (an) Indian; *pl.*, the Indians.

īnferior, -ior, -ius, inferior, lower, weaker. *Superl.*, īmus, -a, -um, (the) lowest (part of) (131). See also discēdō.

īnferō, -ferre, intulī, inlātus, inflict; *with dat.*, inflict (upon), do (to), make (war upon). iniūriās īnferre, *with dat.*, maltreat.

īnfēstus, -a, -um, threatening, opposing.

ingredior, 3, -gressus sum, enter, effect an entrance.

inimīcus, -a, -um, unfriendly, hostile, ill-disposed. *As noun*, inimīcus, -ī, *m.*, enemy, ill-wisher; *superl.*, deadly foe.

inīquus, -a, -um, unfavorable.

iniūria, -ae, *f.*, injury, wrong, damage; *pl.*, injuries, violence. *Abl. as adv.*, iniūriā, unjustly, wrongfully, without just cause (45). See also faciō and īnferō.

iniussū, *abl. of defective noun, with gen.*, without the order (of), against the order (of), without orders (from).

inlīdō, 3, -līsī, -līsus, dash. *Pass.*, be dashed, crash.

inmittō, 3, -mīsī, -missus, send, throw, hurl, shoot, discharge, fire. **tēlum inmittere**, fire.

inopia, -ae, *f.*, lack, need, scarcity.

inquam, —, -quiī, say, exclaim, cry; inquire, reply, retort.

inrumpō, 3, -rūpī, (ruptus), break (into), burst (into), rush (into), dash (into); burst in, break in.

īnsequor, 3, -secūtus sum, pursue, follow. **vestīgiīs īnsequī**, follow the trail.

īnsidiae, -ārum, *f.*, ambuscade, ambush; treachery, underhand means (72). See also lateō.

īnstar, *indeclinable noun, with gen.*, the size (of), as large as.

īnstruō, 3, -strūxī, -strūctus, draw up, form, marshal; fit out, equip.

īnsula, -ae, *f.*, island. **īnsula Longa**, Long Island.

integer, -gra, -grum, untouched. *As noun*, integrī, -ōrum, *m.*, fresh troops.

intellegō, 3, -lēxī, -lēctus, realize, see, perceive, gather, understand, know.

intempestus, -a, -um, *lit.*, unseasonable. See nox.

inter, *prep. with acc.*, among, in the midst of; between. See also agō, cohortor, and concurrō.

intercipiō, 3, -cēpī, -ceptus, intercept, cut off; capture.

interdiū, by day, by daylight.

interdum, *adv.*, at times, from time to time; sometimes, occasionally; in some cases (91).

intereā, *adv.*, in the meantime, meanwhile.

intereō, -īre, -iī, perish, be killed.

interficiō, 3, -fēcī, -fectus, kill, slay, put to death; murder, massacre, kill off, cut off, cut down, cut to pieces. **tēlō interficere**, shoot dead.

interim, *adv.*, meanwhile, in the meantime, the while.

intermittō, 3, **-mīsī**, **-missus**, check; leave between (126).

interpōnō, 3, **-posuī**, **-positus**, interpose, put (place, hold) between. *Pass.*, lie between, intervene.

intervāllum, **-ī**, *n.*, distance.

intrā, *prep. with acc.*, within, behind; (over) within (113).

intrō, 1, enter, make (one's) way into; step in (49): enter, gain (harbor).

intus, *adv.*, within, inside; on board (70).

inveniō, 4, **-vēnī**, **-ventus**, find, find out, discover.

invīsus, **-a**, **-um**, odious; hated (48, 75).

invītus, **-a**, **-um**, unwilling, against (one's) will, against (one's) inclination, with reluctance; exceedingly loath, much against (one's) will. **haud invītus**, nothing loath.

ipse, ipsa, ipsum, himself, herself, itself, themselves, *gen.*, own: (the city) proper, (this, that) particular: on their own motion (24); in person; with his own hand (136): very, mere, even. *As noun*, he, the man himself, they, *gen.*, his (own), their (own).

īra, -ae, *f.*, anger, wrath.

īrātus, -a, -um, angry, in anger, in a passion, in (one's) wrath; hotly, angrily (103).

is, ea, id, this, the, that. *As noun*, he, a man (103), she, they, these, those, (the) people, (the) men; *neut.*, it, this, that; this thing, this purpose (54), the things, the events, those

things; a thing (132), a project (139): *gen.*, his, her, their; of theirs (138). **id quod**, what.

Isabella, -ae, *f.*, the name of a queen of Spain.

iste, ista, istud, that, this; that . . . of yours (134). *As noun*, he, this (131).

ita, *adv.*, thus, so; in this way, in the following way; with matters standing thus (119); by this means (104)· in such a manner (122); at such speed (139): so very (121).

Ītalia, -ae, *f.*, Italy.

itaque, *conj.*, and so, accordingly.

iter, itineris, *n.*, journey, way, road, route, march, traveling, trip, stage (138). **in itinere**, on the march, on the road, on the line of march, during the journey; **iter magnum**, forced march. See also **faciō**.

iterum, *adv.*, again, a second time, once again; the second time (64). See also **semel**.

iaceō, 2, **-uī**, lie, lie neglected (131). *Partic. as adj.*, **iacēns, -entis**, prostrate.

iaciō, 3, **iēcī, iactus**, throw, cast, shoot; throw out (anchors).

Iacsō, -ōnis, *m.*, (Andrew) Jackson.

iam, *adv.*, now, already, at length. **iam ante**, previously; **iam dēmum**, now at length, at length; **iam diū**, now for a long time, long since; **iam prīdem**, long since, long before.

Iāniculum, -ī, *n.*, the name of a hill separated from Rome by the Tiber.

Iasper, -erī, *m.*, (Sergeant) Jasper, a daring soldier of the Revolution.

Iuba, -ae, *m.*, the name of an African king.

iubeō, 2, iussī, iussus, order, command, direct, bid, tell, say (89); give orders, leave orders. *Pass.*, be under orders, be ordered.

iūdicō, 1, think, infer, believe, feel, be of the opinion.

Iūnius, -nī, *m.*, (Gaius) Junius, a soldier in Caesar's army in Gaul.

Iūnō, -ōnis, *f.*, Juno, queen of the gods, as being the wife of Jupiter.

iūs, iūris, *n.*, law, rules (132); court (45) : *pl.*, rights, privileges, prerogatives. *Abl. as adv.*, iūre, rightfully, with good right. See also **vocō.**

iuvenis, -is, *m.*, young man, youth, young fellow; *with adj. force*, youthful (25).

iuvō, 1, iūvī, iūtus, aid, help, assist, relieve, help out.

K., *abbreviation of* Kalendae, -ārum, *f.*, the Calends (*i.e.* the first day of a month).

L., *abbreviation of* Lūcius, -cī, *m.*

Labiēnus, -ī, *m.*, (Titus) Labienus, lieutenant to Caesar in the Gallic war.

labor, -ōris, *m.*, hardship, difficulty, trial; strain, toil, labor, work, exertion, effort, fatigue (124).

labōrō, 1, -āvī, -ātum est, work, toil; be hard pressed (136).

lacrima, -ae, *f*, tear.

lacus, -ūs, *m.*, lake.

laetus, -a, -um, joyful, glad, happy, rejoicing, delighted; with joy, with alacrity (96), in high spirits (50).

Lāodicēa, -ae, *f.*, the name of a city of Asia Minor.

largior, 4, -ītus sum, give freely, sacrifice.

Lārīsa, -ae, *f.*, the name of a town in Greece.

latebrae, -ārum, *f.*, hiding place, sheltered spot (99); ambush (105). in latebrīs, in hiding (32).

lateō, 2, -uī, hide, skulk, be in hiding, lie in wait. in īnsidiīs latēre, lie in wait.

latus, -eris, *n.*, flank (of army).

lātus, -a, -um, see ferō.

laudō, 1, praise, commend.

lectus, -ī, *m.*, bed, couch.

lēgātus, -ī, *m.*, captain, commander, lieutenant, officer, staff officer (44), subordinate officer (33); ambassador, messenger, envoy (42, 110, 130, 132, 133, 134, 135, 138); governor (23, 24, 25, 26, 27, 28, 29, 30, 62, 75, 76).

legiō, -ōnis, *f.*, regiment; legion (102 ff.). *Pl.*, troops.

lēniter, *adv.*, slowly, leisurely.

Lexingtō, -ōnis, *m.*, Lexington, a town in Massachusetts.

libenter, *adv.*, readily, cheerfully, with pleasure, happily, gladly, with alacrity. **haud libenter**, with discontent; **nec libenter**, and unhappily.

līberī, -ōrum, *m.*, children.

Līberia, -ae, *f.*, the name of a country of Africa.

līberō, 1, free, relieve.

lībertās, -ātis, *f.*, liberty, freedom, emancipation.

liburnica, -ae, *f.*, sloop, cutter, brigantine.

licet, 2, licuit or licitum est, *impersonal verb*, be permitted.

līgnātiō, -ōnis, *f.*, felling (of) timber.

Līma, -ae, *f.*, the name of a town of South America.

lingua, -ae, *f.*, tongue, language.

littera, -ae, *f.,* letter (of the alphabet). *Pl.,* letter, communication, message; document, paper (112); alphabet (113).

lītus, -oris, *n.,* coast, shore.

Līvius, -vī, *m.,* (Titus) Livy, a famous Roman historian.

locuplēs, -ētis, *adj.,* rich, wealthy, well-to-do.

locus, -ī, *m.* (*pl..* **loca, -ōrum,** *n.*), place, spot, point, region, locality, location, ground, position, post; part (110): station (in life) (79); position, light (118). *Pl.,* district, country (31, 33); location (65); quarters (91). **omnibus locīs,** everywhere. See also **cēdō** and **natūra.**

locūtus, -a, -um, see **loquor.**

Londīnium (-nī, *n.*) **Novum (-ī),** New London, a town in Connecticut.

longē, *adv.,* far, (to) a considerable distance, to a great distance; *with superl. or compar. of adj. or adv.,* (by) far, much.

longinquus, -a, -um, distant, remote, far away, at a distance. **haud longinquus,** at no great distance.

longus, -a, -um, long. **haud longus,** no great (distance); **longum est,** it is too long (127), 'twould be a long tale (87). See also **īnsula** and **nāvis.**

loquor, 3, locūtus sum, talk, speak, converse; state (126) ; *with* **cum** *and abl.,* talk (to).

Lovīsiāna, -ae, *f,* Louisiana.

Lūcānius, -nī, *m.,* (Quintus) Lucanius, a soldier in Caesar's army in Gaul.

lūdō, 3, lūsī, lūsum est, play, sport.

lūna, -ae, *f.,* moon.

Lūsitānia, -ae, *f.,* the ancient name of Portugal.

lūx, lūcis, *f.,* light, the light of day, dawn, daybreak. **prīma lūx,** early dawn, dawn, daybreak.

Lycāonia, -ae, *f.,* the name of a district in Asia Minor.

M., *abbreviation of* **Mārcus, -ī,** *m.*

maestus, -a, -um, sad, dejected, sorrowful, sorrowing; in dejection, in gloom, in (the garb of) mourning (42); disappointed (86).

magicus, -a, -um, magic, magical. See also **ars.**

magis, *adv., compar.,* more (129) ; see also **eō** (*adv.*). *Superl.,* **maximē,** particularly, especially; exceedingly, in the highest degree : *sometimes prefixed to give superlative force to an adj. or adv.*

magister, -trī, *m.,* captain. **puerōrum magister,** tutor, school teacher.

magnopere, *adv.,* earnestly; unreasonably (103).

magnus, -a, -um, great, large, big, of large size, huge, immense, extensive : abundant (stores), dead (earnest), excessive (heat), good (courage), grave (peril), hearty, heartfelt (thanks), heavy, severe, serious (loss), heavy, severe, violent (earthquake, storm), heroic (spirit), high (column, hope), important (exploit), keen (anticipation), liberal (reward), loud (noise), long (distance), much (assistance), strong (force, guard, spirit, etc.), tremendous (curse), valuable (treasure), wide (river). **haud magnus,** no great ; **nōn magnus,** of no great size. See also **iter.**

Compar., **maior, -or, -us**, (all the) greater (84); a considerable (55), some considerable (120); elder, older. *As noun*, **maiōrēs, -um**, *m.*, fathers (13).

Superl., **maximus, -a, -um**, extreme, utmost, supreme, exceedingly great, immense, mighty; much (104); general, wholesale, frightful (slaughter).

maior, -or, -us, see **magnus**.

male, *adv.*, not fully (140). See also **dīcō**.

mālō, mālle, māluī, prefer, choose.

malus, -a, -um, wicked, evil, unprincipled, vile. *As noun*, **malum, -ī, n.**, evil, misfortune, trouble, difficulty.

māne, in the morning, on the morrow, next morning; early in the morning (49).

maneō, 2, mānsī, mānsum est, remain, stay, tarry, live.

manipulāris, -is, -e, of the rank and file. *As noun*, **manipulāris, -is, m.**, soldier of the rank and file, private; *pl.*, men.

Mānlius, -lī, m., (1) Marcus Manlius, a Roman who defended the Capitol against the Gauls; (2) Gaius Manlius, lieutenant to Catiline.

manus, -ūs, f., hand; band, company, detachment, force.

Mārcius, -cī, m., Marcius (Rufus), an officer in Curio's army.

Mārcus, -ī, m., Marcus.

mare, -is, n., sea, ocean; the high seas (92).

Mārta, -ae, f., Martha.

Mārtius, -a, -um, of March.

māter, -tris, f., mother.

mātrimōnium, -ī, n., marriage. See also **dūcō**.

mātrōna, -ae, f., lady.

mātūrē, *adv.*, early, soon; speedily (94).

Maurī, -ōrum, m., the Moors.

maximē, see **magis**.

maximus, -a, -um, see **magnus**.

Mediterrāneus, -a, -um, Mediterranean.

medius, -a, -um, middle (of), center of. See also **nox**.

melior, see **bonus**.

memor, -oris, *adj.*, *with gen.*, with a thought (of), thinking (of), remembering.

memorābilis, -is, -e, noteworthy, remarkable.

memoria, -ae, f., memory, remembrance. See also **custōdiō** and **teneō**.

mēnsis, -is, m., month.

mentior, 4, -ītus sum, make up (a) story, fabricate.

merīdiēs, -ēī, m., midday, noon (129); the south (40, 43, 77).

metus, -ūs, m., fear (122); thought of danger (119).

meus, -a, -um, my; my own (138); on my part (140).

Miantōnimō, -ōnis, m., the name of an Indian chief.

mīles, -itis, m., soldier, common soldier, soldier in the ranks. *Pl.*, men, privates. See also **tribūnus**.

mīlle, *indeclinable adj.*; *pl.*, (*noun*) **mīlia, -ium, n.**, thousand. **mīlle passūs**, mile; **mīlia passuum**, miles.

minimē, see **minus**.

minimus, see **parvus**.

minor, -or, -us, see **parvus**.

minus, *adv.*, *compar.*, less; not very (80). *Superl.*, **minimē**, not at all, by no means; no (87).

mīrus, -a, -um, wonderful, strange.

misceō, 2, -uī, mistus or **mixtus,** mingle.

miser, -era, -erum, wretched, pitiful, unfortunate, luckless, poor; hard (42). *As noun,* poor fellow, poor woman, poor wretches, etc.

mittō, 3, mīsī, missus, send, dispatch; shoot, hurl, fire; throw away, discard, lose (129). *Partic. as noun,* **missī, -ōrum,** *m.,* messengers, *lit.* those sent (109).

modo, *adv.,* just before, just now, lately; just, but just: only (20, 131). **modo . modo,** at one time . . . at another. See also **sī.**

modus, -ī, *m.,* manner, fashion, way, means, chance. **eius modī,** of this sort; **nūllō modō,** not at all (83); **quō modō,** thus.

molestē, *adv.,* with irritation; see **ferō.**

moneō, 2, -uī, -itus, warn, advise, inform (49).

mōns, montis, *m.,* mountain, eminence, height.

mora, -ae, *f.,* delay, hesitation. **sine morā,** instantly (64).

morbus, -ī, *m.,* disease, illness, sickness.

moribundus, -a, -um, dying, at the point of death.

morior, 3, mortuus sum, die. *Partic.* (*and adj.*) **mortuus, -a, -um,** having died, dead: *as noun,* **mortuus, -ī,** *m.,* dead man; *pl.,* the dead.

moror, 1, delay, tarry, linger, dally, lounge; hold back, remain, wait, stop; be detained (9, 10).

mors, mortis, *f.,* death, dying, execution.

mōs, mōris, *m.,* custom. *Pl.,* ways (28), character (72).

moveō, 2, mōvī, mōtus, move; break (camp).

mox, *adv.,* soon, shortly, quickly.

Mūcius, -cī, *m.,* (Gaius) Mucius, a hero of ancient Rome.

mulier, -eris, *f.,* woman.

multitūdō, -inis, *f.,* throng, crowd, company, band, force, number, numbers; rain (of weapons).

multō, *adv.,* (by) much, (by) far.

multum, *adv.,* much, greatly. *Superl.,* **plūrimum,** very frequently (135).

multus, -a, -um, much. *Pl.,* many; many of, a large number of; in large numbers (28): *as masc. noun,* many, many persons, many people; *neut.,* many (things), many (stories), much (property). *Compar.,* **plūs, plūris,** *neut.* (*noun*), more (88): *pl.,* **plūrēs, -ēs, -a,** more, several (131); *as noun,* more (122). *Superl.,* **plūrimī, -ae, -a,** very many, numerous, a large number of; in large (great) numbers, in strong force: a cloud (multitude, shower) of.

mūniō, 4, -īvī, -ītus, intrench, strengthen, fortify. *Partic. as adj.,* **mūnītus, -a, -um,** strong, (strongly) fortified.

mūnītiō, -ōnis, *f.,* fortification, intrenchment. *Pl.,* fortifications; siege works (115, 123).

mūrus, -ī, *m.,* wall, (stone) fence (55).

mūtō, 1, change. **cōnsilium mūtāre,** change (one's) mind.

nam, *conj.,* for.

nancīscor, 3, nactus sum, find, discover; gain, secure; reach (83). *Perf. tense,* have (119).

nārrō, 1, relate, narrate, tell (of).

nāscor, 3, nātus sum, be born.

nātiō, -ōnis, *f.*, tribe.

natō, 1, -āvī, -ātum est, float.

nātūra, -ae, *f.*, nature, natural inclination. *Abl. as adv.*, nātūrā, naturally (134). nātūra locī, natural situation (41).

nātus, -a, -um, *see* nāscor.

nauta, -ae, *m.*, sailor, deck hand. *Pl.*, crew.

nāvigium, -ī, *n.*, vessel.

nāvigō, 1, -āvī, -ātum est, sail, cruise, coast, ply; head, journey, travel (11): be on shipboard (91); go to sea (5), ship (2).

nāvis, -is, *f.*, ship, vessel, boat. nāvis longa, warship, man-of-war. See also solvō.

-ne, *sign of a question.*

nē, *conj.* ; (*purpose*) so as not to, not to, in order not to, so that . . . not, to the end that . . . not, lest; (*after verbs of fearing*) that, lest; (*after* recūsāre) that (132). nē quis, so that no one (54, 57); nē qua, so that no (102); nē quid, so that . . . not . . . anything (47) ; nē ūllus, that no (84).

nē . . . quidem, not even; not . . either (93).

nec, see neque.

necessārius, -a, -um, necessary, essential, needed, needful.

necō, 1, put to death, kill. fame necāre, starve to death.

necopīnāns, -antis, *adj.*, off (one's) guard.

negō, 1, -āvī, (-ātus), declare that . . . not, say "no."

negōtiātor, -ōris, *m.*, trader.

negōtior, 1, trade, have (business) dealings; be a trader (134).

negōtium, -tī, *n.*, business, commission.

nēmō, *defective noun, m.*, no one, none, not a man. *Gen. and abl. supplied by* nūllīus *and* nūllō.

neque, nec, *conj.*, and . . . not, nor; *when followed by* enim *or ' (sometimes) by* vērō,, not. neque neque, neither . nor; not nor yet (126). See also alius, diū, fēlīciter, libenter, quisquam, sciō, tamen, ūllus, umquam, and volō.

Nervius, -vī, *m.*, a Nervian. *Pl.*, the Nerviī (a people of northern Gaul).

nesciō, 4, -scīvī, not understand, not know, be ignorant of.

nihil, *indeclinable noun*, nothing. *Acc. as adv.*, not . . . at all (68).

Nīna, -ae, *f.*, the name of one of the ships of Columbus.

nisi, *conj.*, unless; *as adv.*, except, excepting.

nix, nivis, *f.*, snow.

nō, 1, -āvī, -ātum est, swim, float.

noctū, *adv.*, at night, by night, in the night, during the night, under cover of night; one night (68).

nocturnus, -a, -um, during the night, night (*adj.*).

nōlō, nōlle, nōluī, be unwilling, not be willing, not wish, not desire, not want; object, decline, refuse.

nōmen, -inis, *n.*, name, title; honor (35).

nōn, *adv.*, not.

nōndum, *adv.*, not yet.

nōnnūllī, -ae, -a, a number of. *As noun*, some.

nōnus, -a, -um, ninth.

noster, -tra, -trum, our. *As noun*, nostrī, -ōrum, *m.*, our men (soldiers, troops, forces, force).

nōtus, -a, -um, *partic. as adj.*, known.

Noveborācēnsis, -is, -e, of New York, New York (*adj.*).

novus, -a, -um, new, strange, odd, unexpected ; revolutionary, upstart (138); *as part of a town or country name*, New. (ali)quid novī (*as neut. noun*), anything new (*lit.* of new). *Superl.*, last, hindermost (127). See also agmen and rēs.

nox, noctis, *f.*, night, darkness, nightfall. *Abl. as adv.*, nocte, under cover of the darkness (130). media nox, midnight; nocte intempestā, at dead of night.

nūdus, -a, -um, bare, naked, without clothing.

nūllus, -a, -um, no, not a; nūllō, (*as masc. noun*), *supplying the lacking abl. of* nēmō, no one, none (39, 58, 82). See also modus and pars.

numerus, -ī, *m.*, number, numbers, company, contingent, class; amount (66). quōrum in numerō, among whom.

Numidae, -ārum, *m.*, the Numidians; *with adj. force*, Numidian (117).

numquam, *adv.*, never. nōn numquam, sometimes (63).

nunc, *adv.*, now, to-day.

nūntiō, 1, announce, report, send word; *with dat.*, inform.

nūntius, -ī, *m.*, messenger, envoy, herald; news, information, message.

nūper, *adv.*, lately, just before.

ob, *prep. with acc.*, on account of. See also causa and rēs.

oblīvīscor, 3, oblītus sum, forget; *with gen.*, be forgetful (of).

obscūrus, -a, -um, dim; lowly (79).

obses, -idis, *c.*, hostage.

obsideō, 2, -sēdī, -sessus, besiege, beset, blockade, hem in, surround; guard, watch.

obsidiō, -ōnis, *f.*, siege.

obstinātus, -a, -um, determined, dogged.

obtineō, 2, -tinuī, -tentus, hold, have, enjoy (34). rēgnum obtinēre, rule.

occāsiō, -ōnis, *f.*, opportunity, chance.

occidēns, -entis, *m.*, the west.

occīdō, 3, -cīdī, -cīsus, kill, slay, put to death, murder, slaughter, massacre; cut down, cut to pieces, cut off.

occupō, 1, occupy, take possession of, capture, seize, seize (upon); fill (89). *Partic. as adj.*, occupātus, -a, -um, guarded (133) : busy, busied; interested (129).

occurrō, 3, -currī, -cursum est, *with dat.*, meet, head off.

octāvus, -a, -um, eighth.

octō, *indeclinable adj.*, eight.

Octōber, -bris, -bre, of October.

oculus, -ī, *m.*, eye.

officium, -ī, *n.*, duty, task; respect (131).

ōlim, *adv.*, once upon a time, once, at one time, on one occasion, one day, one time.

omnīnō, *adv.*, altogether, entirely.

omnis, -is, -e, all, every; whole, the whole (of), all (of); any (113, 129). *As noun, masc. pl.*, all, every one, everybody, they all; all (those) (118); *neut. pl.*, everything, all the (those) things, every expedient (120), all sorts of things (123). See also locus and sciō.

onerāria, -ae, *f.*, transport, merchant vessel.

onustus, -a, -um, laden, loaded.

opera, -ae, *f.*, services; coöperation (135); attention (91, 108). See also dō.

oppidānī, -ōrum, *m.*, townspeople, townsmen, inhabitants of (the, one's) town.

oppidum, -ī, *n.*, town, city.

opportūnus, -a, -um, auspicious, favorable, opportune.

opprimō, 3, -pressī, -pressus, crush, overwhelm; catch (139).

oppugnātiō, -ōnis, *f.*, siege, attack, assault; (the) attacking (122).

oppugnō, 1, attack, assail, besiege, beset, invest; press the siege (140).

optimus, -a, -um, see bonus.

opus, -eris, *n.*, work, task; (earth) work. *Pl.*, fortifications, defenses, (siege) works. opus est, there is need (46).

ōrātiō, -ōnis, *f.*, speech, argument, representations, remarks, words.

orbis, -is, *m.*, circle. See also cōnsistō.

ōrdō, -inis, *m.*, (regular) order; rank, class; command, position (63). *Pl.*, ranks (107, 125); centurions (127).

ōrō, 1, beg.

ostendō, 3, ostendī, ostentus, display, disclose, show, point out, set forth; impart (the) information (133). sē ostendere, appear, show one's self.

ōtiōsus, -a, -um, at leisure, off duty; quiet (33).

P., *abbreviation of* Pūblius, -lī, *m.*

pācō, 1, reduce to order. *Partic. as adj.*, pācātus, -a, -um, subdued, submissive.

Paelignus, -ī, *m.*, see Fabius.

paene, *adv.*, almost.

palam, *adv.*, openly, in full view; frankly, freely, boldly; with no show of secrecy (126).

palūs, -ūdis, *f.*, swamp, marsh, glade.

pandō, 3, pandī, passus, spread. *Partic. as adj.*, passus, -a, -um, full spread (sails), outstretched (hands).

parcō, 3, pepercī, *with dat.*, be merciful (to), have pity (on), have mercy (upon), spare.

pāreō, 2, -uī, obey, comply; *with dat.*, give heed (to), obey, respond (to); be in subjection (to) (140).

pariō, 3, peperī, partus, win, gain.

parō, 1, prepare, get ready, make preparations for (51); fit out, make ready, put in order; *with infin.*, prepare, make preparations, plan. *Partic. as adj.*, parātus, -a, -um, in readiness, ready.

pars, partis, *f.*, part, proportion, division, section, remnant; quarter, direction, side. *Pl.*, rôle (131). ab eā parte, in that quarter, on that side; ex omnibus partibus, on all sides; in omnīs partēs, in every direction; in alterā parte . . . in alterā, on the one hand . . . on the other; in utramque partem, pro and con (103); nūllam in partem, no (sign be made) one way or the other (119); quāscumque in partēs, whithersoever; unā ex parte, on one side.

Parthī, -ōrum, *m.*, the Parthians.

parvus, -a, -um, small, little, scant; weak (force), low (hill). *Compar.*, minor, -or, -us, less, of no great size (85); lighter (shock); younger (68). *Superl.*, minimus, -a, -um, very small, (but) the slightest (91).

passus, -ūs, *m.*, pace. See mīlle.

passus, -a, -um, see pandō and patior.

patefaciō, 3, -fēcī, -factus, throw

open; disclose, divulge. *Partic. as adj.*, patefactus, -a, -um, open (64).

pater, -tris, *m.*, father.

patior, 3, passus sum, allow, permit, suffer; endure, bear, suffer.

patria, -ae, *f.*, fatherland, country; ancestral domain (75), rightful country (93).

paucī, -ae, -a, few, a few (of), the few. *As masc. noun*, a few, a mere handful, (only) a few (45); *neut.*, a few (things, words, questions).

paulātim, *adv.*, slowly, by slow degrees, gradually.

paulō, *adv.*, a little, somewhat. paulō ante, a little before (earlier), shortly before, a little while before; a little while ago (69); paulō post, a little later, shortly afterward, a short time afterward.

paulum, *adv.*, a little, a little way, a little (short) distance; a short time.

pāx, pācis, *f.*, peace, state of peace.

Pecsuot, -otis, *m.*, the name of an Indian killed by Miles Standish.

pecūnia, -ae, *f.*, money, funds; pay (94), bribe (94). See also solvō.

pedes, -itis, *m.*, foot soldier. *Pl.*, infantry, footmen, foot soldiers.

pedetemptim, *adv.*, gradually, little by little, warily, slowly.

peditātus, -ūs, *m.*, foot soldiery, infantry, foot, foot soldiers, footmen; force of infantry (138).

Pennsylvēnia, -ae, *f.*, Pennsylvania.

per, *prep. with acc.; (of space)* through, across, over, along; around in (the grass), on (the sea); *(of time)* through, for; *(agency)* through *(translated freely* "from" *or* "by"). See also simulātiō and tenebrae.

percutiō, 3, -cussī, -cussus, strike, strike down.

perdūcō, 3, -dūxī, -ductus, conduct. *Pass.*, be protracted, last (129).

peregrīnus, -ī, *m*, foreigner

pereō, -īre, -iī, perish, die, lose (one's) life, be killed, fall.

perficiō, 3, -fēcī, -fectus, complete, finish, carry to completion, carry out; do, perform; construct, build.

perfidia, -ae, *f.*, treachery, treason.

perfuga, -ae, *c.*, renegade, traitor; *with adj. force*, deserting (123).

perfugiō, 3, -fūgī, desert, flee; *with ad and acc.*, take refuge (with) (111).

perīculōsus, -a, -um, perilous, beset with dangers.

perīculum, -ī, *n.*, danger, peril, risk; crisis (104), dangerous state (112).

perlegō, 3, -lēgī, -lēctus, read through.

permōtus, -a, -um, *partic. as adj.*, startled, surprised, taken aback, confused; stirred (up), alarmed, shaken, worried, concerned; incensed (66), inspired (83), shamed (120).

perpaucī, -ae, -a, very few, a very few.

perpetuus, -a, -um, everlasting, ever troublesome (139). in perpetuum *(as neut. noun)*, for all time (108).

perrumpō, 3, -rūpī, -ruptus, break through, break down, destroy.

persevērō, 1, -āvī, -ātum est, persist, remain firm; *with infin.*, continue (to do a thing), persist (in doing a thing).

persuādeō, 2, -suāsī, -suāsum est, *with dat.*, make it agreeable (to), persuade, induce.

perterritus, -a, -um, *partic. as adj.*, terrified, thoroughly frightened, in great fear, panic-stricken, thrown into a panic, in terror, scared out of (one's) wits; in their terror (129).

pertinācia, -ae, *f.,* obstinacy, persistence.

pertineō, 2, -tinuī, *with* **ad** *and acc.,* be not far from (129); have a bearing upon, be of importance for (140).

perturbō, 1, throw into confusion, disconcert.

perveniō, 4, -vēnī, -ventum est, arrive, come, venture, make (one's) way: *with* **ad** *and acc.,* reach, arrive (at); be reduced (to) (125): *with* **in** *and acc.,* reach; effect an entrance (into) (85). **pervenīre in potestātem,** *with gen.,* surrender (to).

pēs, pedis, *m.,* foot. See also **captus** (under **capiō**).

pessimus, -a, -um, see **malus.**

petō, 3, -īvī, -ītus, look for, seek; ask, ask for, beg, sue for (peace); desire, try to get; get, find, secure: head for, make for (128, 139); hunt down (133); attack (131): *with* **ab** *and abl.,* request (132).

Petrēius, -ēī, *m.,* (Marcus) Petreius, commanding officer of the army that defeated Catiline.

Petrosidius, -dī, *m.,* (Lucius) Petrosidius, a standard bearer in Caesar's army in Gaul.

Philadelphia, -ae, *f.,* Philadelphia.

Philippus, -ī, *m.,* (King) Philip, an Indian chief.

Philomēlium, -lī, *n.,* the name of a city of Asia Minor.

pīlum, -ī, *n.,* javelin.

Pindenissus (or **-um**), **-ī,** *m.* or *n.,* the name of a city of Asia Minor.

Pinta, -ae, *f.,* the name of one of the ships of Columbus.

pīrāta, -ae, *m.,* pirate, robber.

piscis, -is, *m.,* fish.

plānē, *adv.,* clearly, full well; fully, utterly.

plānitiēs, -ēī, *f.,* plain, level ground.

plērīque, plēraeque, plēraque, most of, the majority of. *As masc. noun,* the majority, the most part, nearly all.

plūrimī, -ae, -a, see **multus.**

plūrimum, see **multum.**

plūs, plūris, *n.,* see **multus.**

Pōcahonta, -ae, *f.,* the name of an Indian princess.

pōculum, -ī, *n.,* cup.

poena, -ae, *f.,* penalty. See also **dō** and **repetō.**

Poenī, -ōrum, *m.,* the Carthaginians.

polliceor, 2, pollicitus sum, promise, agree, declare (89); offer, make offer of. **bene pollicērī,** make fair promises (135).

Pollūx, -ūcis, *m.,* the name of a god worshiped by the Romans.

Pompēiānī, -ōrum, *m.,* the Pompeians (*i.e.* adherents of Pompey).

Pompēius, -ēī, *m.;* (1) Gnaeus Pompey, the opponent of Caesar in the civil war; (2) Gnaeus Pompey, an interpreter attached to Caesar's army in Gaul; (3) Pompey, a slave name (99).

Pomptīnus, -ī, *m.,* (Gaius) Pomptinus, lieutenant to Marcus Cicero.

pōnō, 3, posuī, positus, place, put, station, fix; establish, build: *with* **in** *and abl.,* stake (upon) (112). *Partic. as adj.,* **positus, -a, -um,** located, situated. **castra pōnere,** encamp, pitch camp.

Pontiac, -acis, *m.,* the name of an Indian chief.

populus, -ī, *m.*, people (*i.e.* nation).

porrigō, 3, -rēxī, -rēctus, huld out, stretch out; display.

Porsinna, -ae, *m.*, the name of a king of Etruria.

porta, -ae, *f.*, gate, door.

portō, 1, carry, bring; accommodate (91).

portus, -ūs, *m.*, harbor, bay, port.

possum, posse, potuī, be able (can, etc.).

post, *adv.*, after, afterward, later. See also paulō and postquam.

post, *prep. with acc.*, after, later than; behind. See also tergum.

posteā, *adv.*, afterward, later, thereafter.

(posterus), -a, -um, next, following. *As noun*, posterī, -ōrum, *m.*, descendants, posterity.

postquam or post . . . quam, *conj.*, after, when; when at length (64), as soon as (82).

postrēmō, *adv.*, finally, at last, at length, in the end.

postrīdiē, *adv.*, the next day, on the following day. postrīdiē eius diēī, on the following day (123).

postulō, 1, demand, require, ask.

potestās, -ātis, *f.*, power, control, possession; opportunity (109, 121). See also perveniō.

potior, 4, -ītus sum, *with abl.*, gain, get, secure; capture, gather in (117), get (take) possession of; occupy (129).

praeda, -ae, *f.*, plunder, booty, prize.

praedium, -ī, *n.*, estate, plantation, ranch, farm.

praefectus, -ī, *m.*, commander; captain (70, 74, 81), general (123), officer (70, 125), governor (4).

praemittō, 3, -mīsī, -missus, send ahead, send forward.

praemium, -ī, *n.*, reward, present, bonus, largess; bribe (71).

praeoccupō, 1, forestall, anticipate; reach first (125).

praepōnō, 3, -posuī, -positus, *with dat.*, put in charge (of).

praesēns, -entis, see praesum.

praesertim, *adv.*, especially.

praesidium, -ī, *n.*, garrison, guard, escort; guard(ing) (138).

praestō, 1, -stitī, -stitus, show, exhibit, manifest, display; perform (105); guarantee (107).

praesum, -esse, -fuī, be in charge, be in command; *with dat.*, be in charge (of), be in command (of). *Partic.* praesēns, -entis, present (135); *as adj.*, instant (death).

praeter, *prep. with acc.*, by, past, beyond.

praetereā, *adv.*, besides, furthermore, in addition.

praetereō, -īre, -iī, -itus, pass by; *perf. tense*, be past, be gone (131).

praetervehor, 3, -vectus sum, sail past.

praetōrius, -a, -um, of the commander; see cohors.

premō, 3, pressī, pressus, press hard, harass, beset.

prīdem, see iam.

prīdiē, *adv.* (*sometimes as prep. with an acc.*), (on) the day before.

prīmō, *adv.*, at first, at the outset, in the beginning.

prīmum, *adv.*, first. See also cum (*conj.*) and ubi (*conj.*).

prīmus, -a, -um, first, chief, foremost, leading; the beginning of, the first part of; early, earliest; the very

(88). **in prīmīs** (*as masc. noun*), in the front rank (136). See also **aciēs, agmen,** and **lūx.**

prīnceps, -ipis, *m.*, chief citizen. *Pl.*, chief men, leading men.

Prissilla, -ae, *f.*, Priscilla.

prīstinus, -a, -um, former, old-time ; past (133).

prius, *adv.*, first, previously.

priusquam, *conj.*, before; *after a negative*, until (88, 109).

prō, *prep. with abl.*, in return for, instead of; as, for (10, 16, 83); for, in behalf of, in defense of (14, 35, 61, 63); before, in front of (107).

probō, 1, approve.

procul, *adv.*, far, far away, remote, at a distance ; in the distance (94, 113); from a distance (87, 125). **haud procul,** at no great distance, near at hand, near by.

prōcurrō, 3, -cucurrī or **-currī, -cursum est,** run forward, charge.

prōdō, 3, -didī, -ditus, betray; disclose (52).

prōdūcō, 3, -dūxī, -ductus, bring out, lead out, (cause to) march out.

proelium, -ī, *n.*, battle, fight, fighting, (scene of) battle ; battle (in the open) (122). See also **committō** and **dēsistō.**

profectiō, -ōnis, *f.*, departure.

proficīscor, 3, profectus sum, set out, set forth, start, start off, start out, proceed ; depart (27), slip away (62).

prōgredior, 3, -gressus sum, advance, progress, proceed, move forward, move on, take up (the) march, go forward, go ahead; go forth (75); march, travel; sail, coast; push out (2), venture (3, 6).

prōiciō, 3, -iēcī, -iectus, throw (out), hurl ; throw over (98); lay down (arms). *Pass.*, fall forward (130).

prōlābor, 3, -lapsus sum, fall forward, slip down (57).

prōmunturium, -ī, *n.*, promontory, cape.

prōnūntiō, 1, announce, make announcement.

prope, *adv.*, near, near by. *Compar.*, rather near, quite near, very near, too near; *as prep. with acc.*, quite near to (107).

prope, *prep. with acc.*, near, close to, by, in the neighborhood of.

properō, 1, -āvī, -ātum est, hasten, hurry, scurry ; *with infin.*, make haste (78).

propinquus, -a, -um, near-by, near. *As noun,* **propinquī, -ōrum,** *m.*, relatives.

prōpōnō, 3, -posuī, -positus, set forth, explain.

propter, *prep. with acc.*, on account of, because of ; through (fear).

prōsper (or **-erus**), **-era, -erum,** good (fortune, luck).

prōspiciō, 3, -spēxī, (-spectus), look forth, look out.

prōtinus, *adv.*, straight on ; forthwith (129).

prōvideō, 2, -vīdī, -vīsus, foresee, determine ; look after, look out for (136).

prōvincia, -ae, *f.*, province, colony, territory, district.

proximus, -a, -um, next, nearest, adjoining, neighboring, near-by ; next, following, next succeeding; that (night) (119).

Prūsia (or **-ās**), **-ae,** *m.*, the name of a king of Bithynia.

pūblicus, -a, -um, public, official (112). See also rēs.

puella, -ae, *f.*, girl, maiden, maid.

puer, -erī, *m.*, boy, lad; slave (133). See also magister.

pueritia, -ae, *f.*, boyhood, childhood.

pugna, -ae, *f.*, battle.

pugnō, 1, -āvī, -ātum est, fight, war; keep up (the) fight (106).

pulcher, -chra, -chrum, beautiful, fair, pretty, charming; splendid, fine, (2, 98).

pulvis, -eris, *m.*, dust (90, 118); powder.

putō, 1, think, believe.

Q., *abbreviation of* Quīntus, -ī, *m.*

quadrīduum, -ī, *n.*, four days, a period (space) of four days.

quaerō, 3, quaesīvī, quaesītus, seek, search, look for, hunt for; secure, get, find, recover; ask, inquire (122).

quaestus, -ūs, *m.*, profit, gain.

quam, *conj. and adv.*, than, rather than; *with the superl. of adjs. and advs.*, as . . . as possible.

quamquam, *conj.*, although.

quandō, *adv.*, see sī.

quantus, -a, -um, how great; what, what a. *As noun,* quantum, -ī, *n.*, how much? See also tantus.

quārē, *conj.*, therefore, wherefore, (and) accordingly, (and) so, (and) consequently; because of which, on which account, (and) on this account, as a consequence of which; whereat, whereupon.

quārtus, -a, -um, fourth.

quasi, *conj.*, *with partic.*, as if, pretending (to).

quattuor, *indeclinable adj.*, four.

-que, *conj.*, and; and (so) (139)

queror, 3, questus sum, complain.

quī, quae, quod, *rel. pron.*, who, which (*gen.*, whose). *With antecedent implied: masc. pl.*, (some) who, (people) who, (those) who (90, 93, 120, 129, 140); *neut. sing.*, (a thing) which (37), (one) which (131); *neut. pl.*, (the things) which (110).

At the beginning of a sentence: as noun, who, which, he, she, it, this, they, these; *neut.*, this thing, these things, this: *as adj.*, which, what, this. (*When a personal or demonstrative pronoun is used to render a relative, it is often desirable to supply a conjunction, such as* "and," "but," *etc.*) See also modus. *For the corresponding interrog. and indef. pron.*, see quis.

quīdam, quaedam, quoddam (quiddam), a certain; a (3); a sort of (137). *Pl.*, some, certain, certain of. *As masc. noun,* a certain one; *pl.*, certain, some (people).

quidem, *adv.*, indeed; at any rate (93). See also nē . . . quidem.

quiēscō, 3, quiēvī, (quiētus), rest, repose; take (one's) nap (71). somnō quiēscere, be sunk in sleep.

quīn etiam, indeed, in fact, as a matter of fact, nay more, even; why (*not interrog.*).

Quīnctius, -tī, *m.*, see Flāminīnus.

quīndecim, *indeclinable adj.*, fifteen.

quīnquāgēsimus, -a, -um, fiftieth.

quīnquāgintā, *indeclinable adj.*, fifty.

quīnque, *indeclinable adj.*, five.

Quīntus, -ī, *m.*, Quintus.

(quis) quī, quae, (quid) quod, *indef. pron.*, any one, any, etc. (see nē and sī).

(quis) quī, quae, (quid) quod, *in-*

terrog. pron., who? what? (*the latter, both noun and adj.*).

quisquam, —, quicquam, *in negative clauses*, any one, anything. nec quisquam, and no one; nec quicquam, and . . . nothing.

quisque, quaeque, quodque (quidque): *adj.*, each, every; *noun*, each (man) (120).

quīvīs, quaevīs, quodvīs (quidvīs): *adj.*, any whatsoever; *noun*, any one whatsoever, anything whatsoever (77).

quō, *adv.*, whither, to which place; to which, into which: to the place to which (118); thither, there.

quō, *conj.*, in order that, so that.

quod, *conj.*, because, since, as, because of the fact that; on the ground that; that (60, 100); as for the fact that (45).

quondam, *adv.*, once, in days gone by, at one time, on one occasion, one time; previously (33).

quoniam, *conj.*, since, inasmuch as.

quoque, *adv. and conj.*, also, too, as well; even.

quotiēns, *conj.*, as often as.

rāmus, -ī, *m.*, branch.

rapiō, 3, rapuī, raptus, seize, catch, catch up, snatch away; carry away, steal, plunder (38).

rārus, -a, -um, (*in pl.*), scattered, far apart, few.

ratiō, -ōnis, *f.*, manner, way.

ratus, -a, -um, see reor.

Rebilus, -ī, *m.*, see Canīnius.

recipiō, 3, -cēpī, -ceptus, receive, admit, harbor (140); regain, recover, retake. in nāvigium recipere, get (take) on board: sē recipere, with-

draw, retreat, retire, return, go back, march back, fall back; march, proceed (117); *with* in *and acc.*, take refuge (in) (115).

recūsō, 1, object to, reject; shun, shrink from (15).

redeō, -īre, -iī, -itum est, return, come back, get back, make (one's) way back, go back; come again (125); *with* ad *and acc.*, be reduced (to) (112). domum redīre, arrive home (5).

redintegrō, 1, renew.

redūcō, 3, -dūxī, -ductus, lead back, conduct back, withdraw, remove (122), bring back, carry back, take back, pull back; bring (123); *with* ad *and acc.*, restore (to) (93).

referō, -ferre, rettulī, -lātus, carry (back); repay (favor).

refugiō, 3, -fūgī, flee for protection; retire in haste (129).

rēgīna, -ae, *f.*, queen.

regiō, -ōnis, *f*; *sing. and pl.*, region, territory, district, locality, country, neighborhood.

rēgnum, -ī, *n.*, sway, control; kingdom, realm. See also obtineō.

regredior, 3, -gressus sum, return, withdraw.

religiō, -ōnis, *f.*, religion, (religious) belief, religious system; religious considerations (131).

religō, 1, fasten, bind.

relinquō, 3, -līquī, -lictus, leave, leave behind, abandon; leave, set sail from; raise (siege): leave, allow (116). *Partic. as adj.*, relictus, -a, -um, remaining (88).

reliquiae, -ārum, *f.*, remnants.

reliquus, -a, -um, the rest of, the remaining. *Pl.*, the other, other, the remaining, the rest of; the follow-ing (109); *as noun*, the others, those remaining, the remnant, the remainder, the rest. **reliquus esse**, be left, remain (115, 125).

remittō, 3, -mīsī, -missus, send back; subtract (114).

reor, 2, ratus sum, expect (136). *Partic.*, ratus, -a, -um, thinking, be-lieving.

repente, *adv.*, suddenly, (all) of a sudden.

repentīnus, -a, -um, sudden, unex-pected.

reperiō, 4, repperī, repertus, find, discover.

repetō, 3, -petīvī, -petītus, exact (*lit.* demand back). **poenās repetere**, *with* ab *and* abl., discipline, punish.

reportō, 1, carry back, bring back.

repperī, see reperiō.

reprimō, 3, -pressī, -pressus, stop, suppress, check.

rēs, reī, *f.*, thing, things, action; affair, business, circumstance, fact, hap-pening, matter, matters; act (121), casualty (106), concession (50), development (103); engagement, the fighting (129, 136); errand (14), event (42), incident (88), issue (72), observation (48), occur-rence (71), performance (58), plan (94), point (129), proceeding (69), result (99), situation (108, 114), transaction (118), turn (of events) (92, 125), undertaking (40), ven-ture (100). *Pl.*, business (139), cause (126), demonstration (121), means (127), things, appliances (122). **haec rēs** *or* **quae rēs** (*all cases, sing. and pl.*), this; **quam ob rem**, wherefore, and so, accord-

ingly; **rēs gestae**, exploits; **rē vērā**, in very truth; **rēs novae**, insurrec-tion, revolution (25); **rēs pūblica**, commonwealth, state, (one's) coun-try (60). See also **committō** and **gerō**.

resistō, 3, -stitī, -stitum est, *with dat. case, if any*, resist, offer resistance, oppose, make opposition; hold (one's) own, stand (one's) ground, make a stand (136); go (against), hold out (against), hold (one's) ground (against).

respondeō, 2, -spondī, -spōnsum est, answer, reply; make answer, send answer; declare.

respōnsum, -ī, *n.*, answer, reply.

retineō, 2, -tinuī, -tentus, hold back; hold down (91); keep (101); maintain, hold fast to (113); save (133).

rettulī, see referō.

revocō, 1, recall, call back.

rēx, rēgis, *m*, king, chief, ruler.

Rhēnus, -ī, *m.*, the ancient name of the Rhine.

rīdeō, 2, rīsī, (rīsus), laugh, smile.

rīpa, -ae, *f.*, (river) bank, bank (of river).

rīvus, -ī, *m.*, stream; brook (82).

rogō, 1, ask, beg, request.

Rōma, -ae, *f.*, Rome.

Rōmānus, -a, -um, Roman. *As noun,* Rōmānī, -ōrum, *m.*, the Romans. See also **vir**.

Rūfus, -ī, *m.*, see Mārcius.

rursus, *adv.*, again, in turn, once more.

Sabīnus, -ī, *m.*, (Quintus) Sabinus, lieutenant to Caesar in the Gallic war.

Saburra, -ae, *m.*, the name of a gen-

eral in the army of the African king
Juba.

sacerdōs, -ōtis, *c.,* priest, priestess;
medicine man; minister (97).

saepe, *adv.,* often, ofttimes, on many
occasions, many times, frequently,
repeatedly. *Compar.,* over and over
again (87), repeatedly (122).

saevitia, -ae, *f.,* brutality, roughness,
savagery, barbarity, bloodthirstiness.

sagitta, -ae, *f.,* arrow.

sagum, -ī, *n.,* cloak.

saltem, *adv.,* at least, at any rate.

saltō, 1, **-āvī, -ātum est,** dance

salūs, -ūtis, *f.,* safety, well-being (91);
salvation, escape, saving the day
(125); life, lives (50, 72, 130).
salūtī esse, *with a second dat.,* save,
prove the salvation (of), save the
day (for) (63).

Samarobrīva, -ae, *f.,* the name of a
city of northern Gaul.

Sanga, -ae, *m.,* see **Fabius.**

Santa (-ae) Marīa, -ae, *f.,* the name
of one of the ships of Columbus.

Saratōga, -ae, *f.,* Saratoga.

satis, *adv.,* sufficiently, enough; quite,
rather (58), very (56). See also
sciō.

Savanna, -ae, *f.,* Savannah.

saxum, -ī, *n.,* rock, cliff.

scapha, -ae, *f.,* skiff, open boat, row-
boat.

scelerātus, -a, -um, rascally, wicked,
villainous.

scīlicet, *adv.,* of course, to be sure,
naturally; evidently (133).

sciō, 4, **scīvī, scītus,** know, understand. **nec satis scīre,** and be somewhat undecided (104); **omnia
scīre,** know all (about the subject)
(31).

scrībō, 3, **scrīpsī, scrīptus,** write;
state (114).

sē, sēsē, see **suī.**

secundum, *prep. with acc.,* along.

secundus, -a, -um, following; favorable
(131). See also **flūmen.**

secūris, -is, *f.,* battle-ax, ax, toma-
hawk.

secūtus, -a, -um, see **sequor.**

sed, *conj.,* but; *resuming,* now (136).

sēdecim, *indeclinable adj.,* sixteen.

sedeō, 2, **sēdī, sessum est,** take a
seat, sit.

sēdēs, -is, *f.,* seat (of war) (82). *Pl.,*
location, abode (65); district, habi-
tat (66).

semel, *adv.,* once. **semel atque
iterum** *or* **semel iterumque,** time
and again, several times.

semper, *adv.,* always, ever, at all
times.

Semprōnia, -ae, *f.,* the name of a
woman implicated in the conspiracy
of Catiline.

senātus, -ūs, *m.,* Parliament (34, 35);
Congress (39, 43, 44); session of
Congress (44); (the Roman) senate
(42, 132, 134, 137).

senex, senis, *m.,* old man; *with adj.
force,* aged.

sententia, -ae, *f.,* view, sentiment,
opinion, suggestion.

sentiō, 4, **sēnsī, sēnsus,** realize, know,
feel; see, perceive, notice; find (96).

septem, *indeclinable adj.,* seven.

September, -bris, -bre, of September.

septimus, -a, -um, seventh. **septimus quīnquāgēsimus,** fifty-seventh.

septuāgēsimus, -a, -um, seventieth.

septuāgintā, *indeclinable adj.,* seventy.

Sepyra, -ae, *f.,* the name of a small
town of Asia Minor.

sequor, 3, secūtus sum, follow. vestīgiīs sequī, follow the trail (61).
servō, 1, save, rescue, preserve, keep.
servus, -ī, *m.*, slave; helper (74).
sex, *indeclinable adj.*, six.
sexāgintā, *indeclinable adj.*, sixty.
Sextīlis, -is, -e, of August.
sī, *conj.*, if, in case; if perchance,
on the chance that, in the hope that;
(to see) if (121). sī modo, if only,
provided (that); sī quandō, if at any
time, whenever; sī quī (*noun*), if
any; sī quid novī, if anything new.
sīc, *adv.*, thus, so, in this manner, in
this way, through (by) this means;
in such a way (54, 133).
sīca, -ae, *f.*, dagger.
Sicilia, -ae, *f.*, Sicily.
Siculus, -ī, *m.*, (a) Sicilian.
sīcut, *conj.*, just as; thus, for example.
sīgnum, -ī, *n.*, sign, signal; watch-
word, countersign (99). *Pl.*, standards.
silentium, -ī, *n.*, silence, quietness
(86). *Abl. as adv.*, silentiō, silently,
in silence.
silva, -ae, *f.*, forest, woods, wood,
grove.
similis, -is, -e, similar; *with dat.*,
similar (to), resembling, like.
simul, *adv.*, at the same time, simul-
taneously; at one and the same
time (105, 136). simul atque, as
soon as (124); simul cum, together
with (139).
simulātiō, -ōnis, *f.*, pretense, show.
per simulātiōnem, under pretense
(122).
simulō, 1, pretend, make believe, make
it appear (49); affect, pretend (135).
sine, *prep. with abl.*, without. See
also mora and timor.

singulī, -ae, -a, one at a time, one by
one, isolated (66).
socius, -a, -um, allied (137). *As noun*,
socius, -ī, *m.*, ally, assistant, partner
(98). *Pl.*, allies, friends; partici-
pants (135); friendly natives (140).
soleō, 2, solitus sum, be accustomed,
be wont, be apt, be in the habit (of
doing a thing); *imperf. and perf.
tenses*, used. *Translated imper
sonally*, be (one's) wont, be (one's)
custom.
sōlum, *adv.*, only. nōn sōlum
sed etiam, not only . . . but also.
sōlus, -a, -um, alone, in solitude; un-
aided, single-handed; in single
ccmbat (72).
solvō, 3, solvī, solūtus, unfetter (91);
pay (debt). nāvem (-ēs) solvere,
cast off, set sail; pecūniam solvere,
defray expense (89).
somnus, -ī, *m.*, sleep, slumber, nap.
See also dō.
sonus, -ī, *m.*, sound, noise.
sōpītus, -a, -um, *partic. as adj.*, asleep.
spatium, -ī, *n.*, space, room; period
(120), respite (129).
speciēs, -ēī, *f.*, show, display, parade.
pretense, guise. ad speciem, as a
blind (122).
spectō, 1, -āvī, (-ātus), look, verge, lie.
speculor, 1, spy, view.
spernō, 3, sprēvī, sprētus, scorn, disregard.
spērō, 1, hope, hope for.
spēs, -eī, *f.*, hope, reliance (125); expectation (128), anticipation (135);
chance (125), prospect (126), promise (111).
spoliō, 1, spoil, plunder, despoil, pil-
lage; prey upon (81, 92, 98).
sprētus, -a, -um, see spernō.

Spurinna, -ae, *m.*, the name of a priest who predicted the death of Julius Caesar.

Standisius, -sī, *m.*, (Miles) Standish.

statim, *adv.*, at once, immediately, instantly, promptly, without delay, without parley (71) ; at the very outset (120).

statuō, 3, statuī, statūtus, set up (35); decide, determine, make up (one's) mind.

stīpendium, -ī, *n.*, pay. *Pl.*, military service; see faciō.

stō, 1, stetī, stand, be stationed; ride (at anchor); stand, stop, halt (85).

strēnuus, -a, -um, active, energetic, sturdy.

strepitus, -ūs, *m.*, bustle, noise, confusion.

sub, *prep. with abl.*, under, beneath; *with acc.*, toward.

subitō, *adv.*, suddenly, unexpectedly, without warning.

sublātus, -a, -um, see tollō.

subsequor, 3, -secūtus sum, follow rapidly; follow (124).

subsidium, -ī, *n.*, support, reënforcement, relief, help. See also veniō.

suī, sibi, himself, him; herself, her; itself, it ; themselves, them. See also : sē with cōnferō, coniungō, dēdō, dēmittō, dō, gerō, habeō, ostendō, recipiō, tegō, and teneō: inter sē with agō, cohortor, and concurrō: sēcum with habeō.

sum, esse, fuī, be, become (111), prove to be; remain, stop (137); stand, be located ; happen (127). See also auxilium, salūs, and ūsus.

summus, -a, -um, see superior.

sūmō, 3, sūmpsī, sūmptus, take, procure, get; swallow (133); put on (100).

super, *prep. with acc.*, above, over (72); upon, on top of (56).

superbia, -ae, *f.*, haughtiness, arrogance.

superior, -ior, -ius, superior, stronger; higher (130); past, former, earlier, previous. *Superl.*, suprēmus, -a, -um, supreme, *and* summus, -a, -um, greatest, very great, great; the top of (86): acute (crisis); full (speed), all (speed), the top of (one's speed); grave (peril), hardest, heaviest (work), hearty (approval), (commander) in chief, most distressing (scarcity), most splendid (valor), pressing (need), severest (hardship), utmost (daring), utter (despair, lawlessness).

superō, 1, surpass, excel, prevail (104); defeat, overcome, outdo, worst, beat.

supīnus, -a, -um, on (one's) back, upon (one's) back, face upward; placed flat on (one's) back (94).

suprā, *adv.*, above.

suprēmus, -a, -um, see superior.

surgō, 3, surrēxī, surrēctum est, rise up, arise, rise.

suscipiō, 3, -cēpī, -ceptus, undertake.

suspēnsus, -a, -um, *partic. as adj.*, anxious.

suspīciō, -ōnis, *f.*, suspicion; impression (127).

suspicor, 1, suspect, think.

sustineō, 2, -tinuī, -tentus, withstand, sustain, break the force of (118); stay (hunger).

sustulī, see tollō.

suus, -a, -um, his, of his, her, their, of theirs ; his own, her own, etc. *As noun*, suī, -ōrum, *m.*, his men (followers, following, forces, force); their men (followers): his own people (16); their own lines (121).

Synnada, -ōrum, *n.*, the name of a city of Asia Minor.

Syria, -ae, *f.*, the name of a country of Asia.

T., *abbreviation of* Titus, -ī, *m.*

tabernāculum, -ī, *n.*, tent, wigwam.

tacitus, -a, -um, *partic. as adj.*, silent, motionless; quiet, in silence.

Taeconderōga, -ae, *f.*, Ticonderoga.

Tallapūsa, -ae, *m.*, Tallapoosa, a river of Alabama.

tam, *adv*, so.

tamen, *adv. and conj.*, however, but, nevertheless, notwithstanding, still. nec tamen, and yet . not.

tantopere, *adv.*, so greatly.

tantum, *adv.*, merely, only, but.

tantus, -a, -um, so great, so large, such, such great, such large ; so base, such base (41), so grievous (34), so remarkable (110), so severe (33), such (absolute) (86), such serious (134); overwhelming (134). quantō . . . tantō, (*with two comparatives*) the . . . the; tantus quantus, such . . . as.

tardē, *adv.*, slowly, with little speed.

Taurus, -ī, *m.*, the name of a mountain range of Asia Minor.

Tebarānī, -ōrum, *m.*, the name of a people of Asia Minor.

tēctum, -ī, *n.*, roof; structure, building.

Tecumsa, -ae, *m.*, Tecumseh, an Indian chief.

tegō, 3, tēxī, tēctus, cover, conceal; bury (64). sē tegere, get under cover.

tēlum, -ī, *n.*, missile, weapon; shaft shot, bullet. *Pl.*, ammunition (59, 83, 92). See also inmittō and interficiō.

temerē, *adv.*, rashly, hastily, incautiously, lightly (82).

temeritās, -ātis, *f.*, rashness, rash action, hasty act, incautiousness, folly.

tempestās, -ātis, *f.*, storm.

templum, -ī, *n.*, temple (71); church.

tempus, -oris, *n.*, time, period, season, occasion, hour (100); circumstances (139). *Pl.*, days, times; ages (45).

tenebrae, -ārum, *f.*, darkness. per tenebrās, in the darkness (gloom).

teneō, 2, -uī, hold, occupy, garrison; have (128); keep to (139). memoriā tenēre, remember (34); sē tenēre, remain constantly (133).

tergum, -ī, *n.*, back. ā tergō and post tergum, in the rear. See also vertō.

terra, -ae, *f.*, the earth, land; country, land, district; the ground; dirt, earth (110).

terreō, 2, -uī, -itus, frighten, intimidate, overawe, scare. *Partic. as adj.*, territus, -a, -um, frightened, terror-stricken, alarmed, abashed.

tertius, -a, -um, third.

Thrācēs, -um, *m.*, the Thracians, a nation dwelling to the north of ancient Greece.

Tiberis, -is, *m. (acc. sing.*, -im), the Tiber.

Tillius, -lī, *m.*, (Lucius) Tillius (Cimber), one of the murderers of Julius Caesar.

timeō, 2, -uī, be afraid, fear, be apprehensive ; fear, be afraid of, be in fear of.

timor, -ōris, *m.*, fear, apprehension, alarm, panic (117), demoralization (122). sine timōre, with no thought of danger, unconcerned.

tolerō, 1, keep at bay; tide over (112).

tollō, 3, sustulī, sublātus, raise, put up, lift; set up (shout, cry); weigh (anchor): dislodge, drive away (139). *Pass.*, (hope) be dispelled (given up, gone). *Partic. as adj.*, sublātus, -a, -um, puffed up (108).

tot, *indeclinable adj.*, so many.

tōtus, -a, -um, whole, the whole of, total, all, entire.

tractō, 1, handle, manage; have on (one's) hands, be engaged in (40).

trādō, 3, -didī, -ditus, give up, surrender, hand over, pass over; pass (hand) up (86); cede; transfer (91): assign (112); impart (27): say (88), state (131). trāditum est, it is related (stated, *lit.* handed down); the story runs (88).

trādūcō, 3, -dūxī, -ductus, take across, bring across.

trāgula, -ae, *f.*, dart.

trāns, *prep. with acc.*, across, over.

trānseō, -īre, -iī, -itus, cross, cross over, come over, go over; come over, desert (119).

trānsportō, 1, take over, carry over; carry away (91, 92).

Trasumennus, -ī, *m.*, the name of a lake of central Italy.

trēs, trēs, tria, three.

Trēverī, -ōrum, *m.*, the name of a people of northern Gaul.

tribūnus, -ī, *m.* (with or without mīlitum), captain (27), major (28), staff-officer (32); (military) tribune (103 ff.).

tribūtum, -ī, *n.*, tribute, tax.

trīduum, -ī, *n.*, three days.

trīgintā, *indeclinable adj.*, thirty.

tū, tuī, you; *reflexive,* yourself (14).

tulī, see ferō.

Tullius, -lī, *m.*, (Lucius) Tullius, lieutenant to Marcus Cicero.

tum, *adv.*, then, at that time, on that occasion, on this occasion; at the time (28, 83); at such times (7); for the time being (122); now (139): thereupon, whereupon; later (113): furthermore, in the second place (16, 114). See also cum (*conj.*).

tumultus, -ūs, *m.*, alarm, confusion.

turma, -ae, *f.*, company (of cavalry), squadron. (*A* turma *enrolled about* 30 *men.*)

turris, -is, *f.*, (*acc. sing.* -im), tower.

tūtō, *adv.*, safely, in safety.

tūtus, -a, -um, safe; (place) of safety.

ubi, *adv.; (interrogative)* where? (*Relative*) where; upon which (11), in which (33); *beginning a new sentence*, there, (and) there, (but) there, etc. (*cf. what is said of the translation of the relative* quī).

ubi, *conj.*, when. ubi prīmum, on the first occasion that, the first time that.

ūllus, -a, -um, any; some (65); a single (137). nē ūllus, that no; nec ūllus, and . . . no, and . . . none.

ulterior, -ior, -ius, farther; *in some proper names*, South (60, 70). *Superl.*, ultimus, -a, -um, last, final.

ultimus, -a, -um, see ulterior.

ultrō, *adv.*, voluntarily, actually. ultrō citrōque, back and forth, up and down.

ululātus, -ūs, *m.*, yell, cry, shriek, war-whoop.

Umbrēnus, -ī, *m.*, (Publius) Umbrenus, a freedman implicated in Catiline's conspiracy.

umerus, -ī, *m.*, shoulder.

umquam, *adv.*, ever. **neque umquam,** and never.

ūnā, *adv.*, together. **ūnā cum, *with abl.*,** along with, together with, in company with, with; side by side with (83).

Uncās, -ae, *m.*, the name of an Indian chief.

unde, *adv.*, whence, from which, from whence ; from thence (39).

ūndecimus, -a, -um, eleventh.

ūndēvīgintī, *indeclinable adj.*, nineteen.

undique, *adv.*, on all sides, in all quarters, everywhere, all about, in all directions, in every direction ; from every side, from all sides, from every quarter, from all quarters.

ūniversī, -ae, -a, all, one and all, in a body.

ūnus, -a, -um, one, a single; (but) one (125); the one, the single (126). *As noun, masc. sing.*, one (132). **ad ūnum,** to a man, to the last man, utterly.

urbs, urbis, *f.*, city; the city (*i.e.* Rome) (42, 45, 86).

usque, *adv.*, even. **usque ad, *with acc.*,** as far as, even to; until.

ūsus, -ūs, *m.*, use, assistance, service ; experience (133). **ūsuī esse,** (*freely*), be useful, be helpful, be used ; be needed, be needful (110, 122, 123). See also **veniō.**

ūsus, -a, -um, see **ūtor.**

ut, utī, *conj.*; (*causal*) inasmuch as (126) : (*purpose*) to, in order to, in order that, so that, that ; for the purpose (of doing a thing), with the idea (of doing a thing) : (*relative*), as; (just) as (135) : (*result*) so that, that, as to : (*substantive*) that (110) : (*temporal*) when (131, 138).

uterque, utraque, utrumque, each (of two), either, both. *As noun, masc. sing.*, each, each man (of two).

utī, see **ut.**

Utica, -ae, *f.*, the name of an African city.

ūtor, 3, ūsus sum, *with abl.*, use, make use of, enjoy, have, employ, have recourse to, have occasion to use, bring into play, put into execution : accept, profit by (129), depend upon (71); devote (109); give utterance to (92); keep up (127); stoop to (63); *with a second abl.*, use (have) . . . (as) (129).

uxor, -ōris, *f.*, wife ; squaw.

vagor, 1, wander, drift.

valētūdō, -inis, *f.*, health.

validus, -a, -um, strong, hardy, powerful ; large (army).

vallēs, -is, *f.*, valley, glade.

vāllum, -ī, *n.*, wall, rampart, intrenchment.

varius, -a, -um, varying, various, of various kinds.

Vārus, -ī, *m.*, see **Attius.**

Vasingtō, -ōnis, *m.*, (George) Washington.

-ve, *conj.*, or; and (120).

vectus, -a, -um, see **vehō.**

vehementer, *adv.*, exceedingly much; deeply (42), energetically (94), earnestly (104), highly (139), zealously (135).

vehō, 3, vēxī, vectus, carry, bring,

convey, ferry over. *Pass.*, be carried, proceed, sail, ride. **equō vectus,** on horseback.

vel, *conj. and adv.; with superl. of adjs. or advs.*, even (98). **vel . . . vel,** either . . . or, both . . . and.

vēlum, -ī, *n.*, sail. See also **dō.**

vēndō, 3, vēndidī, vēnditus, sell.

venēnum, -ī, *n.*, poison.

venia, -ae, *f.*, pardon.

veniō, 4, vēnī, ventum est, come, proceed, march; arrive (126); draw near (118); *with* **in** *and acc.*, arrive (in). **auxiliō venīre,** (*freely*) come to help; *with a second dat.*, come to the help (of) : **in dēditiō-nem venīre,** surrender; **in manūs venīre,** *with gen.*, fall into the hands (of) : **subsidiō venīre,** (*freely*) come to the rescue; *with a second dat.*, come (go) to the help (of) : **ūsū venīre,** be experienced, happen (133) (**ūsū** *is perhaps an irregular dat. form*).

vēnor, 1, hunt.

ventus, -ī, *m.*, wind.

verbum, -ī, *n.*, word.

vereor, 2, -itus sum, fear, be afraid. *Partic.*, **veritus, -a, -um,** fearing, apprehensive; apprehensive of, alarmed at.

vērō, *conj.*, indeed, but, nevertheless, however, whereas ; in truth, as a matter of fact, in fact : moreover (27); and (29, 42, 120).

Verrēs, -is, *m.*, (Gaius) Verres, a (Roman) governor of Sicily.

versor, 1, be involved, be; move about; bear a part (79).

versus, see **ad . . versus.**

Verticō, -ōnis, *m.*, the name of a Gaul friendly to the Romans.

vertō, 3, vertī, versus, turn. **terga vertere,** wheel about

vesper, -erī and **-eris,** *m.*, evening. **sub vesperum,** toward evening.

vestīgium, -ī, *n.*, track, mark. See also **īnsequor** and **sequor.**

vestīmentum, -ī, *n.*, garment. *Pl.,* clothing, clothes, dress.

vestis, -is, *f.*, clothing.

veterānī, -ōrum, *m.*, veterans, veteran soldiers, veteran troops.

vetus, -eris, *adj.*, old-time, one-time.

via, -ae, *f.*, route, road, way, highway, track, trail, path; journey (126).

vīcīnus, -ī, *m.*, neighbor.

victōria, -ae, *f.*, victory.

victus, -a, -um, see **vincō.**

vīcus, -ī, *m.*, village, hamlet.

videō, 2, vīdī, vīsus, see, view, behold, observe, watch; catch sight of, sight; see, find, discover (134).

videor, 2, vīsus sum, seem, appear. *Used impersonally,* **vidētur,** seem best (103).

vigilia, -ae, *f.*, watch (*i.e.* division of the night). *Pl.,* wakefulness (104).

vigilō, 1, -āvī, -ātum est, keep awake, be alert, be awake; sit up (39).

vīgintī, *indeclinable adj.*, twenty.

vīlla, -ae, *f.*, farmhouse; farm (53).

vincō, 3, vīcī, victus, defeat, conquer, subdue, overcome, worst, beat, repulse; be victorious, prevail. *Partic. as adj.*, **victus, -a, -um,** defeated, beaten.

vinculum, -ī, *n.*, chain. *Pl.,* fetters, chains.

vir, virī, *m.*, man, gentleman; husband (73). **vir Britannicus,** (an) Englishman; **vir Rōmānus,** (a) Roman

Virginia, -ae, *f.*, Virginia.

virtūs, -ūtis, *f.,* valor, bravery, courage, grit; coolness (110).

vīs, —, *f.,* force (73), violence (131); vigor (136), (dead) earnest (136): amount (70, 74, 82), cloud (of dust) (118). *Pl.,* strength. See also **capiō.**

vīta, -ae, *f.,* life. *Sing. often found where Engl. would use pl.* See also **agō.**

vītō, 1, avoid, make (one's) way around; avert (danger) (122).

vīvō, 3, **vīxī, vīctum est,** live; eke out an existence (39).

vīvus, -a, -um, alive (132). *As noun,* **vīvī, -ōrum,** *m.,* the living (91).

vix, *adv.,* scarcely, hardly.

vocō, 1, call, summon, invite; call, name. **in iūs vocāre,** prosecute, bring to trial (45).

volō, velle, voluī, desire, wish, please; be anxious, want, aim, plan; be willing, be ready. **nec velle, and . . .** be unwilling, and . . . refuse (86).

vōx, vōcis, *f.,* voice; tones (95), articulation (131); remark, question (14).

vulnerō, 1, wound. *Partic. as adj.,* **vulnerātus, -a, -um,** wounded; *as noun,* **vulnerātī, -ōrum,** *m.,* the wounded.

vulnus, -eris, *n.,* wound, injury.

vultus, -ūs, *m.,* countenance, expression.

PEARSON'S LATIN PROSE COMPOSITION

By HENRY CARR PEARSON, Horace Mann School, Teachers College, New York.

Complete $1.00
Part II, Based on Caesar 50
Part III, Based on Cicero 50

THIS book combines a thorough and systematic study of the essentials of Latin syntax with abundant practice in translating English into Latin; and affords constant practice in writing Latin at sight. It meets the most exacting college entrance requirements.

¶ Part I is a summary of the fundamental principles of Latin grammar and syntax, and contains clear, concise explanations of many points that are troublesome to the ordinary pupil. It is divided into graded lessons of convenient length, each lesson including English-Latin exercises for practice. References to all the leading grammars are also given.

¶ Part II contains short, disconnected English sentences and some continuous narrative based on Books I-IV of Caesar's Gallic War. Part III presents material for translation into Latin based upon Cicero. There are also exercises for general review preparatory to college entrance examinations.

¶ A valuable feature of the book is the Review Lessons, introduced at intervals. These contain lists of important words for vocabulary study, and together with the summaries of grammatical principles afford excellent material for review work and practice in sight translation. For purposes of emphasis and intensive study, typical Latin sentences, illustrating important grammatic usages, idioms, and phrases are placed at the head of each chapter based on Books I and II of Caesar and the first Catilinian oration of Cicero.

AMERICAN BOOK COMPANY

MORRIS & MORGAN'S LATIN SERIES FOR SCHOOLS AND COLLEGES

ESSENTIALS OF LATIN FOR BEGINNERS. Henry C. Pearson, Teachers College, New York. 90 cents.

A SCHOOL LATIN GRAMMAR. Morris H. Morgan, Harvard University. $1.00.

A FIRST LATIN WRITER. M. A. Abbott, Groton School. 60 cents.

CONNECTED PASSAGES FOR LATIN PROSE WRITING. Maurice W. Mather, formerly of Harvard University, and Arthur L. Wheeler, Bryn Mawr College. $1.00.

CAESAR. EPISODES FROM THE GALLIC AND CIVIL WARS. Maurice W. Mather, formerly of Harvard University. $1.25.

CICERO. TEN ORATIONS WITH EXTRACTS FROM THE EPISTLES TO SERVE AS ILLUSTRATIONS. J. Remsen Bishop, Eastern High School. Detroit, Frederick A. King, Hughes High School, Cincinnati, and Nathan W. Helm, Phillips Exeter Academy, Exeter, N. H. $1.25.

CICERO. SIX ORATIONS. Bishop, King, and Helm. $1.00.

SELECTIONS FROM LATIN PROSE AUTHORS FOR SIGHT READING. Susan Braley Franklin and Ella Catherine Greene, Miss Baldwin's School, Bryn Mawr. 40 cents.

CICERO. CATO MAIOR. Frank G. Moore, Dartmouth College. 80 cents.

CICERO. LAELIUS DE AMICITIA. Clifton Price, University of California. 75 cents.

SELECTIONS FROM LIVY. Harry E. Burton, Dartmouth College. $1.50.

HORACE. ODES AND EPODES. Clifford H. Moore, Harvard University. $1.50.

HORACE. SATIRES. Edward P. Morris, Yale University.. $1.00.

PLINY'S LETTERS. Albert A. Howard, Harvard University.

TIBULLUS. Kirby F. Smith, Johns Hopkins University.

LUCRETIUS. William A. Merrill, University of California. $2.25.

LATIN LITERATURE OF THE EMPIRE. Alfred Gudeman, University of Pennsylvania.
    Vol. I. Prose: Velleius to Boethius $1.80
    Vol. II. Poetry: Pseudo-Vergiliana to Claudianus . 1.80

SELECTIONS FROM THE PUBLIC AND PRIVATE LAW OF THE ROMANS. James J. Robinson, Hotchkiss School. $1.25.

Others to be announced later

AMERICAN BOOK COMPANY

VIRGIL'S AENEID

Edited by HENRY S. FRIEZE, late Professor of Latin, University of Michigan. Revised by WALTER H. DENNISON, Professor of Latin, University of Michigan

First Six Books . . . . . $1.30   Complete $1.50
Complete Text Edition . . $0.50

IN its present form this well-known work has been thoroughly revised and modernized. It is published in two volumes: one containing the first six books, the other the entire twelve books—an arrangement especially convenient for students who read more than the minimum College Entrance Requirements in Latin. Both volumes are printed on very thin opaque paper, thus making each an extraordinarily compact and usable book.

¶ The introduction has been enlarged by the addition of sections on the life and writings of Virgil, the plan of the Aeneid, the meter, manuscripts, editions, and helpful books of reference.

¶ The text has been corrected to conform to the readings that have become established, and the spellings are in accord with the evidence of inscriptions of the first century A.D. To meet the need of early assistance in reading the verse metrically, the long vowels in the first two books are fully indicated.

¶ The notes have been thoroughly revised, and largely added to. The old grammar references are corrected, and new ones added. The literary appreciation of the poet is increased by parallel quotations from English literature. The irregularities of scansion in each book are given with sufficient explanations.

¶ The vocabulary has been made as simple as possible, and includes only those words occurring in the Aeneid. The illustrations and maps, for the most part, are new and fresh, and have been selected with great care, with a view to assisting directly in the interpretation of the text.

AMERICAN BOOK COMPANY

A NEW CICERO

Edited by ALBERT HARKNESS, Ph.D., LL.D., Professor Emeritus in Brown University; assisted by J. C. KIRTLAND, Jr., Professor in Phillips Exeter Academy; and G. H. WILLIAMS, Professor in Kalamazoo College, late Instructor in Phillips Exeter Academy

Nine Oration Edition . . $1.25	Six Oration Edition . . $1.00

FOR convenience this edition of Cicero has been published in two forms. The larger edition includes the four orations against Catiline, the Manilian Law, Archias, Marcellus, Ligarius, and the Fourteenth Philippic. The smaller edition contains the first six of these orations, which are those required by the College Entrance Examination Board, and by the New York State Education Department.

¶ Before the text of each oration is a special introduction, which is intended to awaken the interest of the student by furnishing him with information in regard to the oration.

¶ The general introduction presents an outline of the life of Cicero, a brief history of Roman oratory, a chronological table of contemporaneous Roman history, a short account of the main divisions of the Roman people, the powers and the duties of magistrates, of the senate, of the popular assemblies, and of the courts of justice.

¶ The notes give the student the key to all really difficult passages, and at the same time furnish him with such collateral information upon Roman manners and customs, upon Roman history and life, as will enable him to understand, appreciate, and enjoy these masterpieces of Roman oratory. The grammatical references are to all the standard Latin grammars.

¶ The vocabulary gives the primary meanings of words, with such other meanings as the student will need in translating the orations. Special attention is devoted to the important subject of etymology. There are many maps and illustrations.

AMERICAN BOOK COMPANY

LATIN DICTIONARIES

HARPER'S LATIN DICTIONARY

Founded on the translation of Freund's Latin-German Lexicon. Edited by E. A. ANDREWS, LL.D. Revised, Enlarged, and in great part Rewritten by CHARLTON T. LEWIS, Ph.D., and CHARLES SHORT, LL.D.

Royal Octavo, 2030 pages. Sheep, $6.50; Full Russia, $10.00

¶ The translation of Dr. Freund's great Latin-German Lexicon, edited by the late Dr. E. A. Andrews, and published in 1850, has been from that time in extensive and satisfactory use throughout England and America. Meanwhile great advances have been made in the science on which lexicography depends. The present work embodies the latest advances in philological study and research, and is in every respect the most complete and satisfactory Latin Dictionary published.

LEWIS'S LATIN DICTIONARY FOR SCHOOLS

By CHARLTON T. LEWIS, Ph.D.

Large Octavo, 1200 pages. Cloth, $4.50; Half Leather, $5.00

¶ This dictionary is not an abridgment, but an entirely new and independent work, designed to include all of the student's needs, after acquiring the elements of grammar, for the interpretation of the Latin authors commonly read in school.

LEWIS'S ELEMENTARY LATIN DICTIONARY

By CHARLTON T. LEWIS, Ph.D.

Crown Octavo, 952 pages. Half Leather $2.00

¶ This work is sufficiently full to meet the needs of students in secondary or preparatory schools, and also in the first and second years' work in colleges.

SMITH'S ENGLISH-LATIN DICTIONARY

A Complete and Critical English-Latin Dictionary. By WILLIAM SMITH, LL.D., and THEOPHILUS D. HALL, M.A., Fellow of University College, London. With a Dictionary of Proper Names.

Royal Octavo, 765 pages. Sheep $4.00

AMERICAN BOOK COMPANY

SELECTIONS FROM THE WORKS OF OVID

Edited by FRANK J. MILLER, Ph.D. (Yale),
Professor of Latin, University of Chicago

Annotated Edition . . . $1.40	Text Edition $0.50

THESE selections are fairly representative, and are edited in such a way as to illustrate the style and subject-matter of each poem, and at the same time to show the exact relation of every part to the complete work.

¶ The book includes over 3,800 lines from the Metamorphoses, thus more than meeting the requirements in Ovid of the College Entrance Examination Board, and in addition the following: Selections from Heroides, Amores, Ars Amatoria, Remedia Amoris, Fasti, Tristia, and Epistulae ex Ponto ; Life of Ovid, Poetic Forms of Ovid's Works; with notes on the selections, and vocabulary.

¶ The notes have been prepared with special reference to the needs of both the school and the college student. They include : General assistance in the translation of difficult and obscure passages ; judicious references on points of syntax to all the modern school grammars in common use ; notes and comments upon points of antiquarian interest ; and suggestions and illustrations of the relations of Ovid's stories to their earlier sources, and especially of their effect upon English literature.

¶ The vocabulary, which has been prepared especially for this volume, gives the literal meaning of each word, and also all of the typical meanings which occur in the text. Generous assistance in word derivation is offered as well.

AMERICAN BOOK COMPANY

STAMPED BELOW

IAL FINE OF 25 C
SESSED FOR FAILURE TO
ON THE DATE DUE. T

Made in the USA
Coppell, TX
05 February 2022

72928489R00146